여성성불의 이해

구자상 지음

불교시대사

머리말

불교는 만인성불의 가르침이다. 비록 시대나 장소에 따른 다소의 변천은 있다 할지라도 이것만은 변함없는 사실이다. 만약 이것을 부정하는 사람이 있다면 그는 진정한 불교도가 아닐 것이다.

그런데 최근 여성불교니 불교페미니즘이니 하는 말들이 유행처럼 번지고 있다. 왜 그럴까? 불교는 만인성불의 가르침이라는 나의 믿음이 잘못된 것일까? 내가 알기에 고타마 붓다는 인류 최초로 출가여성단체를 창설하였을 뿐만 아니라 여성 역시 남성과 똑같은 깨달음을 얻을 수 있다고 천명하였다. 그렇다면 이런 말들이 새삼 있어야 할 이유는 무엇일까? 지금까지의 불교는 진정 남성들의 불교였단 말인가?

몇 년 전 페미니즘과 관련한 책들을 뒤적이다 생긴 몇몇 의문들로 시작된 연구이지만, 만약 이 문제들이 해결되지 않는다면 불교는 더 이상 남녀 평등한 현대인의 보편종교가 될 수 없다는 생각이 들었다. 이리하여 먼저 기존의 페미니스트들이 불교의 성차별적인 요소로서 지적하고 있는 문헌들을 탐문하기 시작했다. 처음 연구를 시작했을 때는 적지 않은 충격도 받았다. 여성출가의 전제조건으로서 제정된 비구니팔경법(比丘尼八敬法)을 비롯하여 같은 출가자임에도 불구하고 비구와는 전혀 다른 벌칙이 부과되는 동죄이벌(同罪異罰)의 계율들, 여성은 결코 부처가 될 수 없다는 여인오장설(女人五障說), 여성은 남자의 몸을 받아야만 비로소 부처가 될 수 있다는 변성남자설(變成男子說), 여인은 정토에 태어나지 않는다는 여인불생설(女人不生說)

등 내가 알고 있는 만인성불의 불교와는 너무나 다른 교설들이 곳곳에서 발견되었기 때문이다. 순간 페미니스트들의 비판처럼 불교는 정말 성차별 하는 종교일지도 모른다는 생각마저 들었다.

그런데 연구를 진행해 나가면서 나를 혼란스럽게 하는 것이 또 하나 있었다. 불전에는 같은 여성임에도 불구하고 어떤 여성에 대해서는 부정적인 교설이 있고, 또 어떤 여성에 대해서는 긍정적인 교설이 있었기 때문이다. 하지만 이것에 대한 해답은 의외로 쉬운 곳에 있었다. 처음 불교를 접하면서 누구나 배우게 되는 고타마 붓다의 대기설법(對機說法)과 차제설법(次第說法)이 바로 그것이었다.

아직까지도 불교를 현실 저 너머의 이상세계로의 탈출쯤으로 아는 사람들이 많다. 아마도 이것은 극락왕생에 목표를 둔 정토사상의 영향 때문일 것이다. 그러나 고타마 붓다는 이상주의자가 아니라 현실주의자였다. 일체개고(一切皆苦)라고 하듯이, 고타마 붓다는 고(苦)의 현실을 깊이 인식하고 그 토대 위에서 깨달음을 얻고, 또 사람들 각자의 근기에 맞는 깨달음의 길을 제시하였다. 그리고 정토사상 역시 단순한 현실도피가 아니라 철저한 현실인식으로부터 출발하는 불교사상 가운데 하나이다.

그런데 여기에는 필연적으로 모순이 발생할 수밖에 없다. 왜냐하면 가르침을 받아들이는 사람들의 근기가 각각 다르므로 그 교설 또한 각각 다를 수밖에 없다는 점 때문이다. 이것이 이른바 대기설법이며 차제설법이다. 이것은 여성관련 교설에 있어서도 예외일 수는 없다. 특히 당시 인도의 여성은 여성멸시적인 전통과 관습에 속박된 존재였으며, 그들 스스로도 그러한 틀을 숙명처럼 여기고 살던 시대였다. 만약 고타마 붓다가 이러한 여성의 현실을 무시한 채 남녀 평등한 깨달음의 길을 가르쳤다면 어떻게 되었을까? 아가 지금쯤 역사책 속에서나

그 흔적을 발견할지도 모른다. 진정한 교사(敎師)란 상대방이 처한 환경이나 소질, 능력 등을 철저히 고려하여 그에 알맞은 가르침을 펴는 사람일 것이다. 부처를 또한 세간해(世間解), 천인사(天人師)라고 하듯이, 고타마 붓다는 뛰어난 지도자이자 교사였다. 그리고 페미니스트들이 지적하는 성차별적 요소들은 바로 이러한 고타마 붓다의 현실인식, 즉 남성과 다른 근기의 여성들을 깨달음의 세계로 이끄는 다양한 방편들로 인한 것이다.

물론 오늘날 페미니스트들의 활동을 부정하는 것은 아니다. 그들의 노력으로 인해 현대 사회 내에서의 여성의 지위나 역할 등에 대한 인식전환과 성과도 있었다. 그러나 그들의 주장처럼 불전의 성차별적 요소들은 불교 본래의 성차별성에서 유래한 것은 아니다. 종교와 현실을 따로 분리할 수 없듯이, 이것들은 불교가 전개되면서 현실과의 관계 속에서 습합된 것들이다. 그리고 이처럼 불교의 본질적인 것이 아니기에 그 비판도 정당화될 수는 없는 것이다.

그동안 이에 맞서는 주장도 없지는 않았다. 그러나 이들의 주장은 주로 불교의 평등성만을 강조할 뿐 그러한 요소들이 등장한 구체적인 현실은 읽어내지 못했다. 그러다 보니 불전의 성차별적 언설들에 대해서도 단순히 방편 내지 후대의 삽입 등으로 대충 얼버무리는 경향도 있었다. 이에 본서에서는 먼저 성차별적인 불전을 시대적으로 분류하고, 그러한 요소들이 등장한 시대의 불교적 현실을 찾아내는데 역점을 두었다. 이를 위해 《마누법전》을 비롯해 당시의 현실상을 엿볼 수 있는 자료 및 기존 연구자들의 연구 성과들을 최대한 검토하였다. 그리고 이러한 작업을 통해 당시의 불교적 현실과 불전에 나타난 성차별적인 요소와의 상관관계를 제시하는 동시에 그 본래적인 의미 및 의도 등을 규명하기 위해 나름대로 힘썼다. 비록 충분하지는 않지만

보다 실효성 있는 여성불교 내지 불교페미니즘의 논의를 위해서라도 전개 과정상의 불교적 현실에 대한 정밀한 고증과 그에 따른 불전의 이해는 반드시 필요하다고 본다. 또 그럴 때에만 남녀 평등한 현시대에 맞는 새로운 불교, 새로운 불전화 사업도 가능하다는 것이 본서의 최종적인 입장이다.

이 책은 본래 박사학위논문으로 쓴 것을 단행본의 형태로 다듬은 것이다. 다소의 수정을 가하고, 특히 딱딱한 논문체의 글을 가급적 현대적인 말로 풀어서 전공자가 아니라도 읽을 수 있드록 하였다. 아직 부족한 점은 있지만, 한걸음 더 나아가기 위한 과정이라 생각하고 부끄럽지만 책을 세상에 내놓게 되었다. 독자여러분들의 많은 비판을 바란다.

글을 쓴다는 것은 많은 인내와 희생을 요구하는 작업인 것 같다. 그러다보니 자연스레 많은 사람들에게도 폐를 끼쳤다. 무엇보다 은사이신 강동균 교수님을 비롯하여 부족한 글을 꼼꼼히 읽고 지도해 주신 논문심사위원들이 없었다면 이 책은 세상에 나올 수 없었을 것이다. 이외에도 많은 인연들의 조언과 수고가 있었다. 특히 설송 선생님께 많은 신세를 졌다. 이 자리를 빌어서 감사의 마음을 전한다. 비록 어설픈 학자의 길이지만, 가족들의 배려가 없었다면 불가능했을 것이다. 늘 곁에서 함께 하는 아내와 아이에게 미안함과 고마움을 함께 전한다. 끝으로 부족한 글임에도 기꺼이 출판을 허락해 준 출판사 관계자 여러분께도 감사의 말을 전한다.

2009년 8월 부산 금정마을에서
구자상 씀

일러두기

1. 《대정신수대장경(大正新脩大藏經)》은 《대정장》으로, 《남전대장경(南傳大藏經)》은 《남전》으로 약칭하였다.

2. 담무참 번역의 《대반열반경(大般涅槃經, Mahāparinirvāṇa-sūtra)》(《대정장》 제12권)은 동일명의 초기경전인 《대반열반경(Mahāparinibbāna-suttanta)》(《대정장》 제1권, 《남전》 제7권)과의 혼란을 피하기 위해 《대승열반경》으로 명명하였다.

3. 본문에서의 인용문헌은 간략하게 기술하고, 구체적인 서지사항은 인용 및 참고문헌을 통해 밝혔다.

4. 본문에 사용된 〔 〕 표기는 문맥을 부드럽게 하기 위해 임의로 단어와 문장을 삽입하거나 내용을 부연 설명하기 위해 사용하였다.

5. 외국문헌의 경우, 독자들의 이해를 돕기 위해 최초 원문과 한글번역문을 제시하고, 이후 한글번역의 문헌명으로 표기하였다.

6. 원문의 표기는 팔리어(Pāli)를 기준으로 삼고, 필요할 경우 팔리어는 ⓟ로, 산스크리트어(Sanskrit)는 ⓢ로 표기하였다.

7. 팔리어와 산스크리트어의 표기는 원음에 충실하기보다는 한국인들이 발음하기 쉬운 표기법을 썼다. 예컨대 'bha'와 'va'는 '바', 'kha'와 'ka'는 '카', 'tha'와 'ta'는 '타' 등으로 표기하였다.

차 례

제 **1** 장

왜 여성의 성불을
말해야 하는가

1. 불교여성의 실제와 전망

최근 여성의 시각으로 모든 분야의 문제들을 재인식하려는 작업들이 활발히 전개되고 있다. 이른바 지금까지 정치, 경제, 사회, 문화 등 모든 분야의 문제들을 인식하기 위한 유일하고도 절대적인 문제틀로 간주되어 온 남성중심주의와 이 남성중심주의적 문제틀에서 규정되어 온 여성의 위치를 재조명하고, 향후 여성의 역할과 방향성을 제시하고자 하는 시도들이다. 물론 이러한 일련의 작업들은 여성의 정체성 찾기에 그 목적이 있다. 그리고 불교도 예외는 아니어서 현재 '여성불교' 내지 '불교여성학' 이라는 새로운 연구 분야가 형성되어 그 활동영역을 넓혀가고 있다.

불교여성학은 근래에 대두하기 시작한 '불교사회학'[1]과 관련성이 있어 보인다. 불교사회학이란 '불교' 와 '사회학' 을 접목한 현대적 용어로서, 정치, 경제, 사회, 문화 등 현실의 제반 문제들을 불교적 관점에서 접근하고 해석할 필요가 있다는 인식에 따라 성립한 불교의 한 분야이다. 다시 말하면 불교사회학은 현실과 괴리된 불교학이 아니라 우리들이 부딪히는 현실의 문제들을 불교적으로 진단하고 그 문제해결의 실마리를 불교의 가르침 속에서 탐색하고자 하는 학문이라고 할 수 있다. 그러나 불교사회학이 아무리 현실적 필요성을 갖는 것이라고 해도, 그것이 불교적 이념에 근거한 것이 아니라면 하나의 새로운 사상일 뿐 결코 불교라고 불릴 수는 없을 것이다.

---

1) '불교사회학' 의 시초는 일본의 아사노 켄진(淺野硏眞)으로, 1931년 《불교사상(佛敎思想)》(2월 · 3월)에 〈불교사회학시강(佛敎社會學試講)〉이라는 논문을 게재한 것을 비롯하여, 1934년 《불교대학강좌(佛敎大學講座)》(2월)에서 불교사회학의 주요 논제를 다루고 있다. 이어 1935년에는 《불교사회학연구(佛敎社會學硏究)》라는 불교사회학에 관한 최초의 책을 출판하기도 하였다.

그러면 불교사회학이 성립할 수 있는 불교적 근거는 무엇인가? 이것에 대해서는 다음과 같은 사실들에 주목할 필요가 있다.

첫째, 불교도 종교라는 측면에서 인간의 사회성을 인정하지 않을 수 없다는 점이다. 종교의 사회적 기원을 밝히고 있는 에밀 뒤르켐(Émile Durkheim)의 《종교생활의 원초적 형태(Lés formes élémentaires de la vie religieuse)》에 따르면, 모든 문화와 문명의 첫걸음이자 사회의 모든 면, 심지어 가장 저속하고 혐오스러운 면까지도 반영하고 있는 것이 종교이다. 특히 그는 종교가 완전한 사회의 실현을 추구할 뿐만 아니라 기존의 제도나 문화양식을 유지, 계승시키는 것으로 보고 있다.[2] 일본의 저명한 불교학자인 마스타니 후미오(增谷文雄)도 이 입장을 견지하고 있는데, 그 역시 종교현상은 그 시대의 문화상황을 반영하는 것임을 밝히고 있다.[3] 이처럼 종교란 문화의 한 단면으로서 사회와 불가분의 관계에 있다고 할 수 있는 것이다. 그렇다면 불교도 종교인 이상 사회적 현상과 무관할 수는 없다. 이와 같이 불교가 인간의 사회성을 토대로 한 종교라는 점에서 불교사회학도 이미 그 성립을 위한 충분조건을 갖추고 있다고 할 것이다.

둘째, 불교 자체가 본래 사회성을 가지고 있다는 점이다. 고타마 붓다의 출가목적은 고(苦)의 문제를 해결하기 위함이었다. 이 고는 크게 두 가지로 나눌 수 있는데, 하나는 '생로병사'로 대표되는 인간 본래의 근본적인 고이며, 다른 하나는 살인이나 폭력 등 인간의 사회성으로 인한 사회적인 고이다. 그리고 싯다르타 태자는 바로 이러한 고의 문제를 해결함으로써 이른바 붓다(buddha)가 되었다. 그런데 여기서

---

2) Émile Durkheim, 노치준 · 민혜숙 역, 《종교생활의 원초적 형태》, pp.21-45, pp.572-586.
3) 增谷文雄, 목정배 역, 《불타시대》, pp.21-22.

주목할 것은, 고타마 붓다가 단지 자신의 고의 문제에만 머물지 않고 중생고의 해결을 위해 45년간 전법(轉法)의 여행을 계속했다는 점이다. 이러한 사실은 고타마 붓다가 살인이나 폭력 등 인간의 사회성으로 인한 고의 해결을 위해서도 현실사회 속에 적극 참여하였으며, 또한 그럼으로써 불교가 성립하였음을 의미하는 것이다. 이와 같이 불교의 성립이 이미 사회성을 전제하고 있다는 점에서 불교사회학의 성립도 그 필연성을 내포할 수밖에 없는 것이다.

이상의 사실들에서 불교사회학의 성립이 정당화될 수 있다면, 이러한 불교사회학의 한 분야로 등장한 '불교여성학' 역시 성립할 수 있다고 보아야 한다.[4] 즉 불교여성학도 불교 속에 그 근거를 가지고 있는 불교의 한 분야라고 할 수 있는 것이다. 그러나 오늘날 실제로 개진되고 있는 불교여성학은 비록 불교에 있어서의 여성문제를 다루고는 있지만, 불교의 자생적 사상이라고 보기는 어렵다. 왜냐하면 그들이 사용하는 '불교페미니즘(buddhist feminism)'이라는 말에서도 알 수 있듯이, 불교여성학은 1960년대에 등장하기 시작한 페미니즘 사상에 토대를 둔 페미니즘의 한 특수 분야라고 볼 수도 있기 때문이다.

일반적으로 페미니즘이라고 하면 '남녀평등의 신념을 바탕으로 한 여성의 권리주장'이라고 해석되며, 단순히 '여성주의'라고도 한다. 그런데 페미니즘이라고 해도 여성억압의 원인과 그에 대한 처방을 어떤 관점에서 어떻게 접근해 들어가느냐에 따라 적지 않은 차이가 난다.[5] 하지만 현대에 있어 페미니즘은 대체로 과거나 현재의 성차별을 고발

---

4) 이외에도 현재 불교정치학, 불교경제학, 불교생태학, 불교윤리학, 불교의학, 불교사회복지학 등의 분야가 등장하여 그 활동영역을 넓혀가고 있다.

5) 페미니즘은 크게 프랑스 혁명(1787~1799년)에서 1920년대까지 여권운동이 태동하는 제1기와 1960년대 이후 여성해방운동이 본격화되는 제2기로 나눌 수 있는데, 제2기는 다시 자유주의 · 마르크스주의 · 급진주의 · 사회주의 페미니즘 등

하고, 그 원인을 분석하여 그것으로부터의 해방을 전망하는 이론적, 실천적 행위의 총체를 의미하고 있다. 물론 이러한 논의의 주된 목적이 동서양을 막론하고 오랜 가부장적 역사를 통해 외면당해 온 여성의 권리를 회복하는데 있음은 말할 필요도 없다.

페미니즘의 이러한 의미가 일반화된 것은 20세기 이후의 일이다. 특히 시몬 드 보부아르(Simone de Beauvoir)의 "여자는 태어나는 것이 아니라 만들어진다."는 명제는 페미니즘 담론의 이론적 토대를 제공하였다. 나아가 보부아르는 《제2의 성(Le Deuxiéme Sexe)》에서 성의 분리를 정당화할 여성적 천성은 없으며, 여성은 항상 남성에 비추어서 정의되었을 뿐만 아니라 여성에 관한 모든 신화는 남성들이 날조한 것이라고 주장하기도 한다.[6] 이와 같이 페미니즘은 기본적으로 여성억압의 원인규명과 해결방법을 모색하면서 이론적인 작업뿐만 아니라 현실에 대응하는 여성운동을 전개해 왔는데, 현재는 정치, 경제, 사회, 종교 분야에까지 그 영역을 넓히고 있다. 그리고 불교페미니즘도 바로 이러한 작업의 한 형태라고 볼 수 있는 것이다.

'불교페미니즘'이라는 학문방법론을 개척한 사람은 미국의 비교종교학자이자 페미니스트인 리타 그로스(Rita M. Gross)이다. 그녀는 전통적인 불교학이 대체로 남성 중심적인 시각에서 연구되어 왔다고 보고, 여성적인 시각, 즉 페미니즘적인 관점에서 불교를 분석하고 재구성하고자 한다. 특히 그녀는 남성성이나 여성성에 속박되거나 고착

으로 분류된다. 근래에는 포스트모더니즘적인 사유가 서구 페미니즘에 영향을 미치고 있는데, 특히 종교분야에서는 여성신학이 등장하여 개신교 내에서의 여성의 목소리가 높아지고 있으며, 그 영향으로 다른 종교권에서도 페미니즘적인 관점에서 여성을 재평가하는 작업들이 이루어지고 있다. 우리나라의 경우는 1970년대 초 그 이념이 도입된 이래, 1977년 이화여대에 '여성학' 강좌가 개설되면서 여성문제에 대한 논의가 확대되기 시작하였다.

6) Simone de Beauvoir, 조홍식 역, 《제2의 성》(하), p.535.

되지 않는 것이 인간의 진정한 자유라는 면에서 불교와 페미니즘이 공통점을 갖는다고 보고, 이것에 근거하여 불교와 페미니즘을 접목한 새로운 불교학의 연구영역으로서 불교페미니즘을 정립하고 있다.[7]

이렇게 보면 확실히 불교페미니즘은 불교 자체에 내재하는 문제의식으로부터 비롯된 학문이라기보다는 페미니즘이 불교에까지 확대된 현상이라고 할 수 있다. 즉 현재의 불교페미니즘은 불교의 가르침에 입각하여 여성문제를 고찰하려는 학문이라기보다는 페미니즘 사상에 입각하여 불교의 여성문제를 고찰하려는 학문이라고 볼 수 있는 것이다. 물론 그렇다고 해서 그들이 제기하는 문제의식들이 전혀 불교적이지 않다거나 틀렸다고 하는 것은 아니다. 실제로 그러한 문제의식들은 오늘날 불교에 있어 절실하게 요구되는 사항들이다. 다만 여기서 유의할 점은 '불교여성학'이든 '불교페미니즘'이든 어떤 명칭을 쓰던 간에 그것이 불교의 가르침에 입각하여 여성문제를 논의하는 불교의 한 분야로 정립되어야 한다는 것이다.

그리고 이러한 불교의 가르침에 입각한 여성학으로서의 불교여성학 내지 불교페미니즘을 정립하기 위해서는 우선 오늘날 불교 속의 여성이 안고 있는 문제가 무엇인지를 명확하게 인식하는 것이 중요하다. 이런 점에서 페미니즘을 "현대사회에 있어 성에 따른 차별이 존재한다는 인식에 입각하여 현재에 대해서는 여성이 받고 있는 사회적 모순과 여성 자신의 갈등에 초점을 맞추고, 미래에 대해서는 여성해방 및 여성의 보다 나은 생활방식을 전망하며, 과거에 대해서는 여성에 대한 정당한 위치부여나 평가를 구하는 담론"[8]이라고 규정한 일본의

---

7) 이것과 관련하여 최근 《불교평론》 제3호(2000년)에서 '불교와 페미니즘'이라는 주제를 다룬 바 있다.
8) 菱木政晴, 〈불교의 성차별(佛教の性差別)〉, 《일본불교학회연보(日本佛教學會年報)》 제56호, pp.127-128 재인용.

대표적인 여성학자인 에하라 유미코(江原由美子)의 정의에 주목할 필요가 있다. 이 정의의 핵심은 '현대사회에 있어서의 성차별 및 성에 의한 불평등한 존재의 인식'이라는 데 있다. 즉 페미니즘에 있어 제일 차적 과제는 비록 여성의 과거, 현재, 미래를 연구의 대상으로 삼는다고 해도 그것이 '현재의 성차별에 대한 인식'으로부터 출발하지 않으면 안 된다는 것이다.

이 점은 불교여성학의 전망에 있어 상당히 중요한 의미를 갖는다. 왜냐하면 만약 불교여성학이 현대불교에 있어서의 성차별적 인식으로부터 출발하지 않는다면 이것은 불교의 인간론 일반에 대한 논의일 뿐 결코 불교여성학이 될 수 없기 때문이다. 다시 말해 현대불교의 성차별적 인식을 배제한 불교여성학은 무의미할 뿐만 아니라 아무런 성과도 기대할 수 없는 것이다. 특히 우리나라의 경우, 비구니는 수행과 포교, 교학에 있어 그 능력과 역할이 비구 못지않음에도 불구하고 교단에서는 아직 이에 상응하는 지위를 확보하고 있지 못한 실정이다. 대표적인 예로, 현재 조계종의 경우 종정을 비롯하여 총무원장, 교육원장, 포교원장 및 각 부장급들을 모두 비구가 차지하고 있으며, 81명의 의원으로 구성된 중앙종회에서도 비구니의 의석은 단 10석에 불과하다. 뿐만 아니라 비구니의 성불평등 의식에 관한 한 설문조사에 따르면, 전체 설문대상자 중 74% 이상의 비구니가 비구로부터 성차별을 경험한 적이 있다고 한다. 그리고 그 가운데 가장 큰 비중을 차지하고 있는 것이 이른바 '비구니팔경법(比丘尼八敬法)'을 내세우며 깍듯이 대접할 것을 요구하거나 '감히 비구니가……' 등과 같이 비구니라는 이유만으로 차별하는 경우(33.7%)였으며, 그 다음으로 공식행사나 회합에서 발언권을 갖지 못하거나 의사결정권을 부여받지 못하는 경우(14.5%)였다.[9]

이러한 현상은 불교신자의 다수를 차지하고 있는 재가여성의 경우도 예외가 아니어서, 현재 그들의 발언을 대변할 수 있는 대표성 있는 기구를 아직 갖추고 있지 못하다. 즉 재가여성은 실질적으로 사찰운영의 중요한 구성원임에도 불구하고 현재 그들의 의견을 사찰운영에 반영할 기구가 거의 없고, 주로 가사노동의 연장선상인 공양간에서의 일만을 하고 있는 것이다.[10] 따라서 불교여성학도 일차적으로는 현대불교에 여전히 존재하는 이러한 성차별적 인식으로부터 출발하지 않으면 안 된다.

이렇게 현재의 문제가 명확하게 인식되었다면, 이제 이 문제를 해결할 수 있는 실마리를 철저하게 불교의 가르침 속에서 찾아야 한다. 주지하듯이, 불교는 고타마 붓다의 교설을 바탕으로 한 종교이다. 물론 시대적, 사회적 변화에 따른 다양한 사상의 변천은 있지만, 그 근본은 역시 고타마 붓다의 교설에 있다. 만약 이러한 대전제를 무시하는 사상이 있다면 우리는 그것을 결코 불교라고 부를 수 없을 것이다. 그리고 이러한 고타마 붓다의 가르침을 전승하고 있는 것이 이른바 불전(佛典)이다. 따라서 문제해결을 위한 모든 실마리도 철저하게 불전 속에서 찾을 수 있어야 한다.

그런데 고타마 붓다에 의해서 제창된 불교가 그 진리성에 있어 남녀를 차별할 수 없는 것임에도 불구하고, 경전과 율전 곳곳에는 이와 모순된 것들이 발견되고 있다. 고타마 붓다가 여성의 출가조건으로 제정했다고 전해지는 '비구니팔경법'을 비롯하여 계율 상의 '동죄이벌(同罪異罰)', '여인오장설(女人五障說)', '변성남자설(變成男子說)'

---

9) 유승무, 〈한국 비구니승가의 성불평등 의식 연구〉, 《불교와 사회복지》 4, pp.35-36.
10) 민성효, 〈한국 여성불자의 위상과 역할〉, 《불교평론》 제3호, pp.111-112.

등을 그 대표적인 예로 들 수 있다. 물론 이러한 것들은 페미니스트들에 의해 불교의 성차별적인 요소로 지적되고 있는 것이기도 하다. 그러면 우리는 이러한 불교 속의 상호모순 내지 양면성을 어떻게 이해해야만 할 것인가?

2. 불교여성을 위한 패러다임

앞서 말했듯이 불교에 관한 모든 사항은 불전 속에 기록되어 있다. 따라서 불교여성에 관한 논의도 기본적으로 불전의 기록에 의존할 수밖에 없다. 그러나 단지 불전 속에 나타난 기록만을 분석한다고 해서 모든 것이 규명되는 것은 아니다. 불교에 있어 여성에 관한 논의의 기준이 불전에 있음은 분명하지만, 주목할 것은 앞서 언급한 에밀 뒤르켐이나 마스타니 후미오의 말처럼 불교도 종교라는 점에서 당시의 문화적 상황을 반영할 수밖에 없다는 점이다.

이것의 단적인 예로 첫째, 불교가 기본적으로 인도전통의 출가주의를 채택하고 있었다는 점을 들 수 있다. 출가주의는 이미 전통 바라문 사회의 삶의 일부로서 인정되고 있었으며, 고타마 붓다 당시 수행자들의 이상적인 생활방식이기도 하였다. 뿐만 아니라 고타마 붓다는 승가 운영에 있어 기존의 방식을 그대로 채택하는 일면을 보이기도 한다.[11]

---

11) 현재 불교교단을 상징하는 '승가(僧伽, Saṃgha)'도 불교 고유의 명칭이 아니라 당시 부족이나 상공업자 등의 조합, 종교단체를 가리키던 말이었다. 특히 고타마 붓다가 출현하기 이전부터 밧지(Vajjī)족 연맹의 공화정체 등 그 운영의 성공적인 사례가 있었다. 따라서 고타마 붓다가 출가자 집단의 이상적인 형태로서 '승가'라는 명칭을 채용하고, 그 조직이나 운영방법, 의사결정 방법 등을 함께 수용했을 가능성이 크다.

이것은 결국 불교도 인도의 전통에서 완전히 자유로울 수 없음을 보여주는 것이다.

둘째는 고타마 붓다의 교수법인 '대기설법(對機說法)'이나 '차제설법(次第說法)'도 당시 인도적 환경과 무관하지 않다는 점이다. 당시의 인도는 엄격한 카스트 사회로서 신분적 차별뿐만 아니라 교육 및 그에 따른 지적 능력의 격차도 현저했다. 따라서 만약 고타마 붓다가 이러한 사실을 외면했다면 불법(佛法)의 전도도 결코 성공할 수 없었을 것이다. 결국 계율이나 보시, 생천(生天) 등 기존의 가치관 및 세계관을 빌어 진리에로의 단계적인 상승을 꾀한 대기설법이나 차제설법에 의한 불법의 전도도 고타마 붓다가 개별적인 근기(根機)뿐만 아니라 당시의 시대적, 사회적 한계를 직시하고 있었음을 보여주고 있는 것이다.

셋째는 고타마 붓다가 승가 내에 있어서는 세속적인 신분이나 계급을 부정했지만, 당시의 불평등한 바라문 사회를 개혁하기 위한 적극적인 태도를 취하지 않았다는 점이다. 특히 《잡아함경(雜阿含經)》 권16 제411경에는 다음과 같이 비구들의 세속적인 논의조차 금지되고 있다.

> 왕에 관한 일 · 도적에 관한 일 · 전쟁에 관한 일 · 재물에 관한 일 · 의복에 관한 일 · 음식에 관한 일 · 남녀에 관한 일 · 세간의 말에 관한 일 · 사업에 관한 일 · 바다에 관한 모든 일 …… 너희들은 그런 논의를 해서는 안 된다. 왕에 관한 일 등의 논설은 열반으로 가는 길이 아니다.[12]

---

12) "王事 · 賊事 · 戰事 · 錢財事 · 衣被事 · 飮食事 · 男女事 · 世間言語事 · 事業事 · 諸海中事 …… 汝等莫作是論 論說王事 乃至不向涅槃"(《대정장》 제2권, p.109하).

이렇게 보면 불교는 당시 인도의 현실상황과 맞물려 전개되었다고 보는 것이 옳다. 더구나 승가에 있어 비구의 상당수가 당시 사회의 지도층인 바라문 출신이었고,[13] 또 불교의 지반자체가 여성을 경시한 바라문 사회에서 이루어졌다는 점을 감안하면, 고타마 붓다 및 초기불교, 부파불교, 대승불교에 있어서의 여성관의 배경에는 당시의 바라문교 및 힌두사회의 여성관이 있었다고밖에 볼 수 없다.

그런데 이 주제와 관련한 지금까지의 논의들은 바로 이러한 불교의 현실성을 충분히 고려하지 않은 점들이 있었다. 먼저 기존의 연구들을 살펴보면, 비록 그 주제의 다양함으로 인해 단순화하기는 어렵지만, 내용상 크게 두 측면으로 나눌 수 있다. 첫째는 불교가 본질적으로 여성을 차별하고 있다는 입장이다. 이것을 대표하는 학자로는 일본의 종교학자 히시키 마사하루(菱木政晴)를 들 수 있는데, 그는 불교의 성차별을 단순한 세속적 요소의 반영이 아니라 불교의 핵심에서 유래한 것으로 보고 있다.[14] 특히 불교가 본래 남녀평등을 지향하고 성차별을 부정하는 것이었다면 그 문화 역시 성차별적이기 어렵다고 보고, '여인오장설'이나 '변성남자설', '여인불생(女人不生)' 등의 원인을 불교 자체의 성차별성에서 찾고 있다.[15]

---

13) 이와모토 유타카(岩本裕)에 의하면, 팔리의 《앙굿타라 니카야(Aṅguttara-nikāya)》에 41명, 이것에 대응하는 한역 《증일아함경(增一阿含經)》에 101명의 비구들이 나오는데, 바라문 출신은 《앙굿타라 니카야》의 경우 23명으로서 56%, 《증일아함경》의 경우 59명으로서 58%에 이른다(岩本裕, 《불교입문(佛敎入門)》, pp.134-135).

14) 菱木政晴, 앞의 논문, p.129.

15) 이외 다이애나 폴(Diana Y. Paul)과 텐진 팔모(Tenzin Palmo)도 기본적으로 히시키 마사하루와 그 맥락을 같이 하는데, 먼저 다이애나 폴은 유대교나 기독교처럼 불교도 남성에 의해 만들어진 조직으로서 가부장적 힘의 구조에 의해 지배된다고 보고 불교의 성차별에 동의하고 있다(Karma Lekshe Tsomo, 운월 역, 〈비구니 율장은 성차별적인가〉, 《명성 스님 고희기념 불교학논문집》, pp.232-233). 텐진 팔모 역시 불교가 여성혐오론을 정당화하고 있으며, 또한 그럼으로써 여

둘째는 불교의 성차별적 요소란 당시의 승가 내외적인 요소에 의한 것으로, 그것을 불교의 본질로 볼 수 없다는 입장이다. 이 경우는 그 내용상 다시 두 측면으로 나눌 수 있는데, 그 하나는 불교의 성차별적 교설들이 당시의 가부장적 사회제도를 반영한 것일 뿐 고타마 붓다의 본의와는 무관하다는 입장이다. 이것은 고타마 붓다 당시의 사회가 남성중심의 가부장적 사회였다는 점과 고타마 붓다도 당시의 사회질서 자체를 완전히 거부한 것이 아니라는 점에 주목하여, 성차별적 교설들을 당시 사회와의 타협 내지 화합의 차원에서 이해하고자 하는 입장이다. 대표적인 예로 비구니팔경법을 들면, 여성의 출가를 허용할 경우 기존 사회와의 마찰은 물론 비구 승가에도 적지 않은 혼란을 초래할 수 있기 때문에 이와 같은 단서를 붙였다는 것이다. 이 입장을 지지하는 학자로는 일본의 사토 미츠오(佐藤密雄)와 스리랑카 출신의 모한 위자야라트나(Môhan Wijayaratna) 등을 들 수 있는데, 먼저 사토 미츠오는 불음행(不淫行)을 강조하는 승가에 이성(異性)이 참가함으로써 생겨날 수 있는 문제들을 방지하기 위해 비구니팔경법이 제정되었다고 보고 있다. 특히 그는 비구니 승가가 먼저 성립하고 있었다면 비구 승가의 성립 역시 그와 같은 조건 속에서 이루어졌을 것이라고 주장한다.[16] 모한 위자야라트나의 경우도 사토 미츠오의 주장과 크게 다르지는 않는데, 다만 그는 새로운 비구니 승가를 외호할 신도의 확보나 그 조직상의 문제 등 여성의 현실적 측면에 주목하여 그 대안으로서 비구니팔경법이 제정되었을 것으로 보고 있다.[17]

성들이 다음 생에 남자의 몸으로 태어나기를 바랄 수밖에 없다는 입장을 밝히고 있다(하정남, 〈불교 페미니즘의 이상과 현실〉, 《불교평론》 제3호, p.43).
16) 佐藤密雄, 김호성 역, 《초기불교교단과 계율》, p.159.
17) Môhan Wijayaratna, 온영철 역, 《비구니승가》, pp.31-32.

다른 하나는 불교의 성차별적 교설들을 고타마 붓다의 직설이 아니라 보수적 비구들에 의해 경전편찬 과정에서 첨가되었다고 보는 입장이다. 이것은 불교가 그 교리상 성평등을 전제할 뿐만 아니라 고타마 붓다도 성평등주의자였다는 관점에서 '비구니팔경법'이나 '여인오장설' 등이 여성수행자들을 부정적으로 생각한 보수적 비구들에 의해서 첨가되었다고 보는 것이다. 이것은 우리나라 대부분의 학자들에 의해 지지되고 있는데, 대표적으로는 이영자, 전해주, 이창숙 등을 들 수 있다.[18] 일본의 경우는 타가미 타이슈(田上太秀)의 〈불교여성관의 바른 이해〉(《불교의 여성론》)와 우에키 마사토시(植木雅俊)의 《불교 속의 남녀관(佛敎のなかの男女觀)》 등이 주목되며, 서구의 경우는 리타 그로스의 《가부장제 이후의 불교(Buddhism after Patriarchy)》 등이 여기에 해당된다고 할 수 있다. 이들은 주로 비구니팔경법을 비롯한 불전의 성차별적 교설들이 고타마 붓다 입멸 후 경전화의 과정을 주도해 온 보수적 비구들에 의해 첨가된 것으로 본다는 점에서 공통점을 갖는다.

그러나 앞서도 언급했지만, 지금까지의 논의들은 불교의 현실적 측면이 충분히 고려되지 않은 점들이 있다. 예컨대 불교의 성차별을 주장하는 논의들은 대체로 불전상의 표현만을 근거로 그 성차별을 지적할 뿐 그 표현들의 현실성에 주목하고 있지 못하며, 또한 이에 맞서는

---

18) 이영자는 〈불교 여성관의 새로운 인식〉, 〈인도 불교교단에서의 여성〉 등 기존에 발표된 자신의 논문을 엮어 《불교와 여성》이라는 책을 출판하고 있으며, 전해주는 〈비구니교단의 성립에 대한 고찰〉(《한국불교학》 제11집), 〈변성성불론의 비판적 검토〉(《불교의 여성론》), 〈불교의 여성관〉(《불교교리강좌》) 등의 논문을 발표하고 있다. 이창숙은 〈인도불교의 여성성불사상에 대한 연구〉(박사학위논문)을 비롯하여 〈불교 페미니즘의 회복을 위해〉(《불교평론》 제3호), 〈원시불교의 재가여성관〉(《한국불교학》 제17집), 〈장로니게(Therī-gāthā)에 나타난 여성성도〉(《한국불교학》 제18집) 등의 논문을 발표하고 있다.

입장들도 단지 불교적 진리의 평등성이라는 피상적인 측면에서만 대응할 뿐 그 현실성을 제대로 읽어내지 못하고 있는 것이다. 따라서 본서는 불교·속의 여성을 제대로 평가하기 위해서는 불전 상의 여성상을 불교의 발생 및 그 전개과정상의 인도적 현실과 관련해서 이해해야 함을 밝히고, 나아가 그 성차별적 표현들의 구체적인 현실성을 찾아내는데 역점을 두고 전개할 예정이다. 특히 후자의 두 입장, 즉 성차별적 교설들을 하나의 방편으로 보는 입장과 후대의 보수적 비구들에 의한 첨가라고 보는 입장을 비판적으로 수용하면서, 불교의 성차별적 표현들이 불교의 발생 및 그 전개과정상의 인도적 현실과 무관하지 않음을 밝히는데 주력할 것이다. 그리고 결론적으로 이처럼 불교의 성차별적 요소들이 불교의 본질적인 것이 아니라 그 현실성과 맞물려 있는 것이기에 또한 오늘날의 현실에 비추어 충분히 재해석될 수도 있다는 점을 밝혀 볼 것이다.

3. 책의 범주와 주요 텍스트

본서는 기본적으로 인도불교에 한정하였다. 이것은 '비구니팔경법'을 비롯하여 '여인오장설', '변성남자설' 등 현재 진행되고 있는 논의의 핵심적인 내용들이 이미 인도불교 속에서 확립되어 있기 때문이다. 다만, 밀교는 인도불교의 범주이긴 하지만, 그 여성관의 경우 남녀의 성적 결합에 의한 대락사상(大樂思想) 등 힌두교의 성적 신비주의와 관련성이 있고, 또 오늘날의 논의에서도 크게 다루어지지 않기 때문에 본문에서는 제외하였다. 반면 '여인왕생사상(女人往生思想)'이나 '여인불생설(女人不生說)' 등으로 대표되는 정토교의 여성론은 그 중

국적인 전개와 밀접한 연관성을 갖기 때문에 그 범위를 중국 정토교
로 확장하여 다루었다.

본서는 크게 네 부분으로 구성되어 있다. 첫째는 본문의 기본전제
로서의 '고대 인도의 여성관'이다. 이것은 앞서 언급한 고타마 붓다
및 이후 불교사에 있어 여성관의 시대적, 사회적 배경을 밝히기 위한
것이다. 특히 여기서는 고대 인도여성의 남성 종속적인 지위가 형성
된 배경과 그 실태를 파악하는데 중점을 두고 전개하였다. 이것을 위
한 자료로는 고대 인도여성의 실태를 엿볼 수 있는 《마누법전(Manu-
smṛti)》[19]을 비롯하여 기타 이와 관련한 기존의 연구 성과들을 참고하
였다.

---

19) 인도에 있어 법에 관한 문헌은 '다르마 샤스트라(dharma-śāstra, 法典)'로 총칭
되는데, 시대에 따라 기원전 6세기경에서 기원전 2세기경에 편찬된 '다르마 수
트라(dharma-sūtra)', 기원전 2세기에서 기원후 5~6세기경에 편찬된 협의의 '다
르마 샤스트라' 또는 '스므리티(smṛti)', 7~8세기 이후의 주석서, 12세기 이후의
조직적 법률 논서인 '다르마 니반다(dharma-nibandha)'로 분류된다. 이 가운데
《마누법전》은 제2기, 즉 스므리티[또는 다르마 샤스트라] 문헌을 대표하는 작
품으로서, 대략 기원전 2세기에서 기원후 2세기 사이에 성립한 것으로 추정되
고 있다. 《마누법전》은 총 12장 2,684조로 이루어져 있는데, 우주창조 신화로부
터 시작해서 각종 의식과 행사, 조상의 제사, 베다(Veda)의 학습, 4주기(住期)의
규정, 여자의 의무, 왕의 의무 등에 대해 차례로 말하고, 제8장과 제9장에서는
민법과 형법에 상응하는 규정을 18부문으로 정리하고 있다. 이어 카스트의 의
무나 속죄 등에 대해 말하고, 마지막으로 업과 윤회, 해탈 등에 대해 논하고 있
다. 대표적인 주석서로는 9세기경의 밧타 메다티티(Bhaṭṭa Medhātithi)의 주석과
12세기경의 고빈다라자(Govindarāja)의 주석, 14세기경의 나라야나(Nārāyaṇa)의
주석, 15세기경의 쿨루카(Kullūka)의 주석 등이 있는데, 이 가운데 널리 인정되
고 있는 것은 쿨루카의 주석인 《마나바르타묵타바리(Manavarthamuktāvalī)》이
다. 이외에 《마누법전》과 관련하여 참고할 만한 자료로는 1887년 나라얀 람 아
차리야(Nārāyaṇ Rām Āchārya)가 편찬한 쿨루카 주석의 니르나야(Nirṇaya)판, 《쿨
루카의 마나바르타묵타바리를 주석한 마누법전(The Manusmṛti with the
commentary Manavarthamuktāvalī of Kullūka)》을 저본으로 한 와타세 노부유키(渡
瀨信之) 역의 《마누법전(マヌ法典)》과 타나베 시게코(田邊繁子) 역의 《마누의 법
전(マヌの法典)》, 이재숙・이광수 역의 《마누법전》 등이 있다.

둘째는 '초기불교의 여성관'으로서, 이것은 고타마 붓다를 비롯한 초기불전에 나타난 여성관을 밝힘으로써 이후 여성관의 변천을 설명하는 토대로 삼기 위한 것이다. 먼저 '고타마 붓다의 인간관'에 대해 논하였는데, 이것은 본 논의의 출발점이 되는 고타마 붓다의 여성에 대한 직접적인 언설이 거의 없는 만큼, 그 인간관을 통해 불전상의 상호모순을 이해하는 기초를 마련하고, 나아가 고타마 붓다의 여성에 대한 기본 입장을 밝혀보기 위한 것이다. 다음으로는 《숫타니파타(Suttanipāta)》와 《싱가라에의 가르침(Siṅgālovāda-suttanta)》, 《테리가타(Therī-gāthā)》 등 초기불전에 나타난 고타마 붓다의 여성에 대한 양면성을 규명하였는데, 특히 여성에 대한 부정적인 측면과 긍정적인 측면으로 나누어 그 교설들의 현실성을 찾아내는데 역점을 두고 전개하였다. 이와 더불어 율전상에 나타난 '동죄이벌' 및 '비구니 팔경법' 등의 문제점에 대해서도 다루었는데, 전자는 '바라이법(波羅夷法)'을 중심으로 분석하고, 후자는 고타마 붓다의 직설일 경우와 후대의 부가·창작설일 경우로 나누어 살펴보았다.

셋째는 '부파불교의 여성관'으로서, 여기에서는 '삼종설(三從說)'과 '여인오장설' 등 여성차별적인 인도적 사유가 불교 속으로 유입된 경위와 그 이후 여성관의 변화 등에 대해서 다루었다. 이 가운데 '삼종설'은 《옥야녀경(玉耶女經)》 등의 경전을 중심으로 고찰하고, '여인오장설'은 화지부(化地部) 전승의 《오분율(五分律)》과 설일체유부(說一切有部) 전승의 《중아함경(中阿含經)》 등을 중심으로 고찰했다. 아울러 불전의 편찬 과정상의 문제점 등에 대해서도 논구하였다.

넷째는 '대승불교의 여성관'으로서, '변성남자설', '여신성불설' 등 대승불교가 기존의 여성관을 어떻게 극복하고 있는가에 초점을 두고 전개하였다. 먼저 '변성남자설'에 대해서는 《법화경(法華經)》의 〈제

바달다품(提婆達多品)〉 등을 중심으로 고찰하고, '여신성불설'은《불설해룡왕경(佛說海龍王經)》과《승만경(勝鬘經)》등을 중심으로 고찰하였다. 나아가《무량수경(無量壽經)》이나《정토론(淨土論)》등 정토계의 불전에 나타난 '여인왕생'이나 '여인불생' 등의 의미를 규명하여 정토교가 어떻게 여성을 구제하려고 했는가에 대해서 논하였다.

제 2 장

고대 인도의
여성관

제1장에서 밝혔듯이, 불교의 여성관은 당시 인도사회의 여성관과 상당한 연관성을 갖는다. 따라서 여기서 다루게 될 '고대 인도의 여성관'은 불교 속의 여성을 다루기에 앞서 그 전제로서 인도 속의 여성을 살피는데 그 목적이 있다. 그런데 여기에는 적지 않은 어려움이 있다. 예컨대 고대 인도의 실상을 밝혀줄 자료가 거의 없다는 점이다. 또한 현존하는 자료들조차 체계적이지 않아서 자료 선별이 쉽지 않다는 점도 또 다른 어려움으로 지적된다.

따라서 여기서는 대략적이지만, 이와모토 유타카(岩本裕)등에 의한 기존의 연구 성과와 현존하는 자료들 중에서 고대 인도인들의 생활양식을 어느 정도 엿볼 수 있는 《마누법전》을 중심으로 불교의 발생 및 전개과정상에 있어서의 인도여성의 실상에 대해 살펴보고자 한다.

1. 고대 인도여성의 성적 자유와 지위

고대 인도에 있어 여성에 대한 평가는 상당히 부정적이다. 특히 '삼종지도(三從之道)'나 '여인오장(女人五障)' 등에서도 알 수 있듯이, 고대 인도는 여성 멸시적인 경향이 강한 사회였으며, 또한 여성은 남성 종속적인 존재였다는 견해가 지배적이다. 그러면 고대 인도에 있어 여성은 전적으로 부정적이고, 남성 종속적인 존재이기만 했던 것일까?

고대 인도여성의 실상을 파악할 수 있는 자료로는, 먼저 기원전 300년경 마가다국의 수도 파탈리풋타에 주재했던 그리스인 대사(大使) 메가스테네스(Magasthenes)의 단편을 들 수 있다. 그의 단편에는 당시 인도인의 풍습을 알 수 있는 약간의 기술이 보이는데, "부녀들은 구태

여 정절을 강요하지 않는 한 매춘하는데 지장이 없다."[1]는 말이 나온다. 이것은 당시 인도여성의 성문화를 보여주는 하나의 사례로서, 당시 여성들의 성생활이 어느 정도 자유로웠음을 보여준다. 또한 기원전 6~3세기경에 성립한 우파니샤드의 대표적인 사상가 야즈냐발키야(Yajñavalkya)도 "아내가 정절을 지키는지 부정(不貞)한지 누가 알겠는가?"[2]라고 하여, 당시 여성의 성적 도덕관념이 그다지 높지 않았음을 시사하고 있다. 이외에도 이와모토 유타카의 연구에 따르면, '바루나 프라가사(varuṇa-praghāsa)' 라는 제사가 집행될 때 제관이 제주(祭主)의 아내에게 정부(情夫)의 유무를 물었다고 하는데[3], 이것 역시 여성의 성도덕이 그만큼 확고하지 않았음을 보여주는 것이다.

이것으로 미루어 보면, 고대의 인도여성들이 어느 정도 성적 자유를 누리고 있었다고 해도 큰 무리는 아닐 것이다. 또한 인류사적으로 남성지배와 여성성의 억압이 동시적인 현상임을 감안하면, 이것은 인도여성이 처음부터 남성 종속적인 존재이기만 했던 것이 아님을 보여준다. 특히 고대 인도의 대표적인 서사시 《마하바라타(Mahābhārata)》에는 여성의 성적 자유로움이 일종의 관습과 같은 것으로까지 이야기되고 있다.

---

1) *Megasthenis Indica*, ed. Schwanbeck, Bonnae, 1846, S.115. Fragmenta Historicorum Graecorum, Ⅱ, ed. C. Müller, S.122b.
2) *śatapatha-Brāhmaṇa*, Ⅰ, 3, 1, 21.
3) 이와모토 유타카에 의하면, '바루나 프라가사' 는 농작물의 풍작과 가축의 증산, 자손의 번영을 기원하는 제사로서, 이 때 제관이 제주의 아내에게 어떤 남자와 교제하고 있는지, 남편 이외에 다른 남자와 성관계가 있는지 등을 물었다고 한다. 이에 제주의 아내는 정부의 이름이나 수를 말하게 되는데, 허위로 말하면 친족들에게 불행이 온다고 믿었기 때문에 대체로 사실대로 말하였다고 한다(岩本裕, 《불교와 여성(佛敎と女性)》, p.38).

일찍이 여자는 집에 속박되어 있지 않았다. 항상 자유롭게 돌아다니며 마음대로 몸을 허락했다. 그녀들은 처녀 때부터 난잡한 성생활을 했으며, 시집간 뒤에도 남편에게 충실하지는 않았다. 그러나 그녀들에게 죄가 있다고 생각하지는 않았다. 그것이 당시의 풍습이었기 때문이다. …… 덕행(德行)의 가르침에 정통한 현자들은 여자가 월경 뒤에는 남편에게 정절을 지키지 않으면 안 되지만, 그 외에는 자유라고 말하고 있다.[4]

여기서 '월경 뒤에는 남편에게 정절을 지키지 않으면 안 된다'고 하는 것은 《마누법전》(3·45-47)에 규정된 '리투 가마나(ṛtu-gamana)'를 의미한다. '리투 가마나'란 월경(ṛtu)이 시작되고 5일에서 16일까지는 임신이 가능한 시기로서, 혈통의 보존을 위해 이 기간만큼은 부부끼리만 성교할 것을 규정해 놓은 것이다. 그런데 위의 인용문에 나타나듯이, 이 규정 자체가 이미 리투 가마나의 시기 이외에는 남편이 있는 여성조차도 성적으로 자유로웠음을 말해준다. 또한 조금 후대(기원후 3~4세기경)의 자료이기는 하지만, 《카마수트라(Kāma-sūtra)》에는 타인의 아내를 유혹하는 다양한 수단과 방법 등이 기술되어 있다.[5] 이 점에 관해 저자 바챠야나(Vātsyāyana)는 자신의 아내를 타인의 유혹으로부터 지키기 위한 것이라고 말하고 있지만, 이것 역시 여성이 어느 정도 성적으로 자유로웠음을 말해주는 것이다.

그러면 이와 같은 여성의 성적 자유로움은 과연 어디에서 유래한 것일까? 이미 지적했듯이, 고대 인도에 관한 체계적인 자료가 부족하기 때문에 이것을 밝혀내기란 쉽지가 않다. 하지만 인류 초기사회에 관한 바호펜(J. J. Bachofen)이나 프리드리히 엥겔스(Friedrich Engels)

---

4) *Mahābhārata*, Ⅰ, 122, 2ff.
5) Vātsyāyana, 정태혁 역, 《카마수트라》, pp.169-220.

등의 가모장제 이론에 따르면, 이것은 모계제 사회의 성적 자유로움을 반영한 것으로 볼 수 있다. 먼저 바호펜은 가부장적 문명 이전에 여성이 지배하던 가모장적 시기가 있었으며, 상속은 아버지가 아니라 어머니를 통해 이루어졌고, 딸도 아들보다 더 많은 혜택을 누렸다고 한다. 또한 엥겔스도 가부장제 이전의 초기 시대, 즉 사적소유가 발생하기 이전 시대의 여성은 경제적으로 남성에게 의존하지 않았으며, 배우자 관계에 있어서도 집단 내 모든 남성이 집단 내 모든 여성의 잠정적인 배우자가 되는 난혼적 성격이었다고 한다.[6] 그리고 이것과 완전히 일치하는 것은 아니지만, 《마하바라타》에도 판두(Pāndu) 왕의 다섯 왕자와 드라우파디(Draupad)라는 한 여성의 일처다부적인 결혼형태가 나타나고 있다. 물론 여기에는 여자 가족의 탄대와 이에 대한 왕자들의 설득과정이 이어지고 있어, 아리야인의 풍습이라기보다는 선주민의 풍습이라는 지적이 있다.[7] 이외에 이와모토 유타카도 고대 인도여성의 성적 자유로움은 베다시대까지 남아 있던 모계제 사회에 있어서의 여성의 성생활을 반영한 것으로 보고 있다.[8]

한편, 고대 인도에 있어서 여성의 성적 자유로움은 일반적 추세였다고 보이는데, 이미 앞에서 언급한 바라믄 체제의 《마누법전》속에 '리투 가마나'라는 규정이 있다는 것 자체가 이것을 반증한다. 다시 말해 이것은 당시 사회전반에 걸쳐 용인되고 있던 여성들의 성적 자유로움에 대한 일종의 규제책으로서, 이것이 규범으로 제정될 만큼 그 정도가 심각했음을 말해 주고 있는 것이다.[9]

---

6) Rita M. Gross, 김윤성 · 이유나 역, 《페미니즘과 종교》, pp.45-47.
7) 김형준, 《이야기 인도사》, pp.71-74.
8) 岩本裕, 《불교와 여성》, p.9.
9) 이외에도 《마누법전》에는 "타인의 아내에게서 태어난 아들은 쿤다(kuṇḍa, 부정한 아들)와 골라카(golaka, 과부의 아들) 두 종류이다. 남편이 살아 있을 때 태어

이상과 같이, 고대 인도에 있어서 여성은 반드시 남성 종속적인 존재였다고 보기는 어렵다. 그러면 언제부터 '삼종지도'나 '여인오장'과 같은 여성 멸시적인 사고가 등장하게 된 것일까? 이것은 페미니스트들이 지적하는 불교의 성차별적인 요소와도 밀접한 연관성을 갖기 때문에 무엇보다 세밀한 관찰이 요구된다. 따라서 다음 절에서는 인도문화 속에서 언제, 어떻게 남성 종속적인 여성관이 형성되었는지 그 과정에 대해 살펴보기로 한다.

2. 성의 규제와 여성의 지위변화

마스타니 후미오(增谷文雄)에 의하면, 고대 인도의 역사는 크게 3시기로 구분된다. 제1기는 '리그베다(Ṛg-veda)시대'로서, 아리야인들이 서북인도의 판잡(Pañjāb)지역에 침입한 기원전 1300년 내지 1200년경의 시기를 말한다. 이후 아리야인들은 점차 남동쪽으로 진출하여 기원전 900년에서 600년〔혹은 500년〕경에는 쿠루(Kuru)지역에 정착하게 되는데, 이것이 제2기인 '브라흐마나(Brāhmaṇa)시대'이다. 그리고 제3기는 기원전 600년에서 300년경까지로 소위 '우파니샤드(Upaniṣad)시대' 혹은 '불타(佛陀)시대'라고 불리는 시기이다.[10]

이 시대구분에 의하면, 바라문교의 전통이 확립되기 이전인 '리그베다 시대'는 앞서 언급한 여성의 성적 자유가 어느 정도 묵인되고 있

난 자가 쿤다이며, 죽었을 때의 경우가 골라카이다."(3·174), "최상위 신분의 남자와 성교한 처녀에게는 어떠한 벌금도 부과하지 않는다. 그러나 최하위 신분의 남자와 성교한 경우는 집에 연금해야 한다."(8·365) 등으로, 여성의 성적 자유를 암시하는 구절이 보인다.

10) 增谷文雄, 앞의 책, pp.38-43.

던 시기라고 할 수 있다. 또한 그런 만큼 생활에 있어서도 어느 정도의 지위를 확보하고 있었는데, 이후 인도 여성의 굴레가 된 조혼이라든가 결혼지참금 제도도 없었던 것으로 보인다.[11] 이것에 대한 근거로서 이와모토 유타카는 제사 및 종교의식이 여성에게 개방되어 있었다는 점을 들기도 한다. 특히 그는 가정제사가 아내의 참가 없이 집행되지 않았을 뿐만 아니라 자녀의 결혼식에 있어서도 아내는 찬가를 부르며 공물을 올리는 등 남편을 보조했다고 한다.[12] 심지어 《리그베다(Ṛg-veda)》에는 남성을 능가할 정도로 강력한 위상의 여성상까지 보이고 있다.

> 현명한 나는 여기에 정복자로서 남편을 정복하리라. 나는 통수자이며, 머리이며, 강력한 전사이다. 남편은 정복자인 나의 의도에만 복종하기를. 나의 아들은 적을 절멸시키는 자이다. 그러나 나의 딸은 지배자이다. 나는 또한 정복자이다. 남편에게 있어 내가 부르는 소리는 최고의 명령이다. (10 · 159)[13]

---

11) 김형준, 앞의 책, p.75. 《마누법전》에 의하면, 남녀의 이상적인 결합은 '30세의 남성과 12세의 여성', '24세의 남성과 8세의 여성' (9 · 94)이기 때문에, 법전이 편찬되던 시기에는 이미 조혼의 풍습이 있었다고 볼 수 있다. 그러나 여성의 결혼지참금에 대해서는 특별한 언급이 없고, 다만 아버지가 대가를 받고 딸을 주는 행위는 일종의 매매행위로서 금지되고 있다.(3 · 51, 53, 9 · 98, 100)
12) 岩本裕, 《불교와 여성》, p.10. 《마누법전》에도 "바라문은 베다에 정통하지 않은 자에 의해서 집행되는 공희(供犧), 아무에게나 공희를 하는 제관에 의해서 집행되는 공희 및 여자 혹은 거세자인 제주(祭主)에 의한 공희에서 결코 식사를 해서는 안 된다."(4 · 205)고 하여, 여성의 제사 참여를 암시하는 조항이 보인다. 다만 내용상으로 볼 때 이것은 여성의 제사 참여를 부정적으로 보고 있는 사례이다.
13) 辻直四郎 역, 《리그베다 찬가(リグ・ヴェーダ讃歌)》, pp.376-377.
14) "상인의 길잡이는 유행할 때 좋은 벗(선지식)이며, 마음이 곧고 어질고 착한 아내는 집에 있을 때 좋은 벗(선지식)이다(商人之導師 遊行善知識 貞祥賢良妻 居家善知識)."(《대정장》 제2권, p.262중) 이외 《옥야경(三耶經)》의 "벗 같은 아내

또한 나카무라 하지메(中村元)에 의하면, 《잡아함경》 등 초기불전에 나타난 '아내는 최상의 벗'[14]이라는 사고도 베다의 "아내는 벗이다."라고 설해지고 있는 것을 받아들인 것이라고 한다.[15] 나아가 불교 여성의 출가 및 깨달음의 사정을 보여주는 《테리가타(Therī-gāthā, 장로니게(長老尼偈))》[16]에는 여성도 당시 재산의 소유자였음을 알려주고 있다.

> 나(수바(Subhā))는 친족들과 하인, 일꾼들을 버리고, 또한 풍요롭고 기쁨과 즐거움이 넘치는 마을과 전답, 막대한 재산을 버리고 출가했다.(340)

한편, 고대 인도의 여성관을 살펴봄에 있어서 간과할 수 없는 것 중의 하나가 베다에 있어 여성신격의 위치이다. 제1장에서 밝혔듯이 종교현상은 그 시대의 문화상황을 반영하는 것으로서, 여기에는 당시 사회의 여성에 대한 관념과 위상이 반영되어 있다.

고고학적 연구에 따르면, 이미 아리야인이 침입하기 이전의 인더스 문명에 여신(女神) 숭배의 관념이 있었다고 한다. 특히 하랍파(Harappa) 유적에서 다수의 여성형상 테라코타가 발견되었는데, 그 가운데 여자의 자궁에서 식물이 자라나는 모습의 테라코타는 그들이 마을 수호신으로서 대지의 여신을 숭배하고 있었음을 보여주는 것으로 보고되고 있다.[17] 이후 고대 인도를 대표하는 여성 신격으로는 새벽

(善知識婦)"(《대정장》 제2권, p.866중)도 동일한 맥락으로 볼 수 있을 것이다.

15) 中村元, 정태혁 역, 《원시불교 그 사상과 생활》, p.226.

16) 《테리가타》 및 《테라가타(Thera-gāthā, 長老偈)》와 관련하여 참고할 만한 자료로는 하야시마 코쇼(早島鏡正) 역의 《불제자의 시(佛弟子の詩)》와 나카무라 하지메(中村元) 역의 《불제자의 고백 니승의 고백(佛弟子の告白 尼僧の告白)》, 박용길 역의 《비구의 고백·비구니의 고백》 등이 있다.

17) Ram Sharan Sharma, 이광수 역, 《인도고대사》, pp.77-78.

의 여신 우샤스(Uṣas), 밤의 여신 라트리(Rātrī), 강의 여신 사라스바티(Sarasvatī), 대지의 여신 프리티비(Pṛthivī) 등이 있는데, 그 중에서도 가장 대표적인 여신은 우샤스이다. 우샤스는 밤의 여신 라트리의 누이이자 태양신 수리야(Sūrya)의 아내 혹은 연인으로서, 태양신에 앞서 암흑과 악마를 물리치고 모든 생물을 잠에서 깨워 활동을 재촉하는 여신으로 알려져 있다. 그리고 이와모토 유타카에 의하면, 우샤스는 《리그베다》에 20편의 찬가가 헌정되고, 그 이름이 3백회 이상 언급될 정도로 '리그베다시대' 제일의 여신으로서 신앙되고 있었다고 한다.[18] 이외에도 후기 힌두교에 있어 브라흐마니(Brahmānī, 브라흐만의 아내), 루드라니(Rudrānī, 루드라(시바)의 아내), 바이슈나비(Vaiṣṇavī, 비쉬누의 아내), 인드라니(Indrānī, 인드라의 아내) 등 신들의 아내로서 등장하는 여신들이 이러한 초기의 여신 숭배적 신앙의 부활이라는 주장도 있다.[19]

카모디(D. L. Carmody)에 의하면, 고대 사회에 있어 여신 숭배적 신앙은 여성에게 내재된 풍요성 및 창조성과 관련이 깊다. 즉 고대인들에게는 무엇보다 생존을 위한 식량의 확보와 종족의 보존이 중요했는데, 여성의 경제적 생산력과 출산력이 이것을 담보하고 있었다는 것이다. 특히 여성의 출산은 여신의 창조사업에 동참하는 성스러운 일로 여겨졌는데, 여성의 성스러움이 강조되는 사회에 여신 숭배적 신앙이 당연하듯이, 그러한 숭배에 의해 여성의 사회적 지위도 높을 수밖에 없었다는 것이 그의 주장이다.[20] 그리고 카모디의 이론과 상기의 고고학적 연구 성과를 종합해 보면, 고대 인도에 있어 여신숭배는 베

---

18) 岩本裕, 《불교와 여성》, pp.11-12.
19) 立川武藏, 김구산 역, 《여신들의 인도》, pp.71-72.
20) D. L. Carmody, 강돈구 역, 《여성과 종교》, pp.35-43.

다문명 이전의 친여성적인 문화 내지 여신숭배 신앙과 밀접한 관련이 있다고 할 수 있다.

이러한 사실들로 미루어 보면, 리그베다시대에 있어서 여성들은 단지 남성 종속적인 존재였다고 보기는 어렵다. 적어도 베다시대 초기에는 여성도 어느 정도 남성과 동등한 입장에 서 있었으며, 또한 남편과 재산의 공동 소유주였을 가능성도 배제할 수 없다. 나아가 앞서 언급한 우파니샤드시대의 대표적인 사상가 야즈냐발키야와 논쟁한 가르기 바착나비(Gārgī-Vācaknavī)라는 여성 철학자가 있었다는 점, 또 그의 아내인 마이트레이(Maitreyī)가 그와 함께 우주의 최고원리에 대해 논할 수 있는 지성의 소유자였다는 점 등은 여성도 남성과 같은 일정한 교육을 받았을 가능성까지 시사하고 있다.[21]

하지만 여성의 이러한 위상은 인도사적으로 볼 때 그다지 오래가지 못했다. 즉 아리야인들이 쿠루 지역에 정착한 브라흐마나 시대 이후에는 여성의 성적 자유라든가 재산권, 교육권 등이 더 이상 환영받지 못했다는 것이다. '브라흐마나시대'란 이른바 바라문교가 그 지배권을 확립한 시대로서, 이 시기의 문헌에 있어 여성은 상당히 부정적인 존재로 그려지고 있다. 이처럼 변화된 여성의 위상을 이와모토 유타카는 리그베다시대의 제일의 여신이었던 우샤스가 이 시대 이후 자취를 감추고 있다는 사실에서 찾는다. 즉 이것은 여성의 위상이 그만큼 전락했음을 보여준다는 것이다. 또한 앞서 언급한 '바루나 프라가사' 제사에서 제관이 제주의 아내에게 정부의 유무를 묻는 것도 이와 같은 사정을 단적으로 보여주는 것이다. 다시 말해 이 질문의 이면에는

---

21) 이와모토 유타카에 의하면, 소녀들도 소년들과 같은 기초교육을 받았으며(岩本 裕, 《불교와 여성》, pp.10~11), 카모디도 여성들이 베다를 공부하였을 뿐만 아니라 교육수준도 상당히 높았음을 지적하고 있다(D. L. Carmody, 앞의 책, pp.52~54).

이미 여성의 성적 자유가 부정한 것으로 전제되고 있을 뿐만 아니라 여성의 부정은 더 이상 묵인할 수 없다는 남성 중심적인 사고가 내재되어 있는 것이다. 이와 더불어 바라문교의 전통을 대변하는 《마누법전》에도 여성은 본질적으로 부정하고 성적 쾌락만을 추구하여 아무리 신분이 낮은 남자에게라도 몸을 허락하며 남편을 배반한다는 등의 비난이 열거되고 있다.[22] 특히 《마하바라타》에는 앞서 여성의 성적 자유를 하나의 관습으로 보던 것과는 달리, 여자는 모든 것을 다 먹어치우는 저주이며, 더구나 정절을 지키는 부인도 기회가 없었거나 발각을 두려워한 것에 지나지 않는다는 표현까지 나오고 있다.[23]

그러면 이처럼 여성의 지위가 전락한 까닭은 무엇일까? 마스타니 후미오에 의하면, 아리야인은 이미 인도침입 이전부터 남존여비사상을 기초로 한 강력한 가부장제를 실시하고 있었다고 한다.[24] 그리고 이후 그들이 인도에 정착하는 과정은 전쟁을 통해 선주민을 정복하는 과정이었는데, 문제는 이 과정에서 소수민족이던 그들의 문화가 다수를 차치하던 선주민의 문화에 오히려 흡수당할 위기에 처해 있었다는

---

22) 이것에 대해서는 본장 제3절 '《마누법전》에 나타난 여성상'에서 다시 상세하게 다룰 것이다.

23) 岩本裕, 《불교와 여성》, p.13. 《마하바라타》는 기원전 10세기경 북인도의 쿠루평원(현재의 델리 근교)에서 일어났던 바라타족의 영토를 둘러싼 친족 간의 전쟁을 다루고 있는데, 이것이 현재의 형태로 정리된 것은 기원후 3~4세기경이며, 그 원형은 이미 기원전 4세기경 이전에 완성되었을 것으로 추정되고 있다. 하지만 이처럼 내용에 일관성이 없고 모순점이 있다는 것은, 이것이 단지 어느 시기의 특정한 민족이 아니라 오랜 기간에 걸쳐 다양한 민족의 이질적인 문화들이 서로 뒤섞여 있음을 보여준다. 다시 말해 이 속에는 농경문화를 이루었던 선주민의 인더스 문명과 유목문화를 가진 아리야인의 베다문명, 그리고 이후 서북인도를 중심으로 들어온 다양한 이민족의 문화들이 충돌하면서 함께 뒤섞여 있다는 것이다. 그리고 앞서 언급한 《마하바라타》의 일처다부제와 여기에서의 가부장적 사고는 바로 이러한 사실을 단적으로 보여주고 있는 것이다.

24) 增谷文雄, 앞의 책, p.94.

것이다. 특히 《마누법전》에 종성의 혼합이 모든 것을 멸망에 이르게 한다(8 · 353)²⁵⁾고 하듯이, 선주민과의 혼혈이 그들의 문화뿐만 아니라 민족적 순수성마저 붕괴시키고 있었다. 결국 이러한 위기상황에서 그들의 종족과 문화를 지키는 방법은 오직 혼혈을 금지하고, 기타 엄격한 민족적인 구별을 통해 현재의 종족과 문화를 유지시킬 수밖에 없었던 것이다.²⁶⁾ 바로 이러한 자각의 시기가 '브라흐마나 시대'였으며, 또한 그 결과로서 등장한 것이 이른바 종성제도였다. 그리고 이와 함께 이제 더 이상 여성의 성적 자유로움도 묵인될 수 없게 되었다. 즉 종성간의 혼혈을 막고 순수혈통을 보전하기 위해서는 여성에 대한 사회적인 제약과 정조의무가 불가피하였던 것이다. 그리고 《마누법전》의 다음 규정은 그들의 이러한 의지를 단적으로 보여주고 있다.

〔왕은〕 친족 및 자신의 자질을 내세워 남편을 깔보거나 다른 남자와 성교하는 아내를 대중이 모인 곳에서 개한테 씹어 먹히도록 해야 한다. (8 · 371)

---

25) 《마누법전》 제10장에는 잡종신분의 종류와 그들의 생업에 대해 기술한 다음, 아리야인의 남자와 아리아인의 여자 사이에서 태어난 자가 최상임을 밝히고 있다. (10 · 69)
26) 이것에 대해 《마누법전》은 "미혹하여 열등한 출생의 여자를 아내로 맞이한 바라문은 곧 그 자손과 함께 일족을 슈드라(śūdra)로 만든다."(3 · 15), "슈드라의 아내와 동침한 바라문은 지옥에 떨어진다. 그녀에게 아들을 낳게 했을 때는 바라문의 종성을 잃는다."(3 · 17), "최하위 신분의 남자가 최상위 신분의 여자와 성교했을 때는 사형에 처한다."(8 · 366), "슈드라가 보호자(남편 혹은 친족)가 있는 바라문의 아내 혹은 보호자가 없는 바라문의 아내와 성교했을 때, 보호자가 없는 경우는 죄를 범한 부분과 전 재산을, 보호자가 있는 경우는 목숨을 포함한 일체를 잃는다. 바이샤(Vaiśya)는 1년간 투옥한 후 전 재산을 벌금으로 몰수한다. 크샤트리야(Kṣatriya)는 1,000빠나(paṇa, 고대 인도의 은화단위)의 벌금을 지불하고, 노새의 오줌으로 삭발하는 형벌에 처한다."(8 · 374-375) 등으로 경계하고 있다.

이처럼 '브라흐마나 시대' 는 이전의 강력한 가브장제를 중심으로 사회적 체제가 재편되는 동시에 여성의 자유와 권리도 점점 박탈당하는 시기였다. 그런데 여기서 주목할 것은 불교의 등장이 바로 이 시기와 맞물려 있다는 사실이다. 다시 말하면 페미니스트들에 의해 성차별적 요소로 지적되는 것들이 바로 이 시기 이후 인도의 여성관과 상당한 유사성을 보이고 있는 것이다. 그리고 현존하는 자료 중에서 이 시기의 실상을 가장 잘 보여주는 자료가 《마누법전》이다. 《마누법전》에 주목하는 이유는 다음과 같은 두 가지 사실 때문이다. 첫째는 기원전 2세기에서 기원후 2세기에 걸쳐 완성된 《마누법전》이 편찬 이후 거의 천년 이상 변질되지 않고 보존되어 왔다는 점이다. 이것은 고대 인도에 관한 자료가 부족한 현 상황에서 편찬 당시까지 인도사회의 실상을 파악할 수 있는 최적의 자료가 되는 셈이다. 둘째는 《마누법전》과 초기불전의 편찬 시기가 거의 일치한다는 점이다.[27] 이것은 불전 속의 여성관을 이해하는데 있어 매우 중요한 단서를 제공한다. 다시 말해 《마누법전》과 마찬가지로 불전 편찬의 주도세력도 남성인 비구였기 때문에 불전에는 편찬 당시 그들의 여성관이 반영되었을 가능성이 높다. 따라서 《마누법전》의 여성관을 통해 불전 편찬 당시 비구들의 여성관을 어느 정도 이해할 수 있을 것으로 보며, 또한 그럼으로써 불전 속의 여성관을 이해하는 데도 적지 않은 도움을 줄 것으로 본다.

---

27) 《마누법전》은 기존의 관습과 제도 등이 4백년(기원전 2세기~기원후 2세기)이라는 기간을 통해 편찬된 것이기 때문에, 어느 것이 어느 시기의 것이라고 확실히 단정 지을 수는 없다. 다만 바이샤 계급이 성장하는데 결정적 역할을 한 상업에 대한 언급이 농업에 비해 현저히 많다는 점(8·398-406, 9·331-332, 10·83-95), 바라문 계급을 능가할 정도로 강력한 왕권을 시사하는 기사가 다수 등장하고 있다는 점(7·3-35, 78, 103, 110, 11·100), 업·윤회·해탈 등(6·35-82) 불타시대의 사회적, 사상적 특징과 일치하는 요소들이 많다는 점 등을 고려하면, 이것을 통해서 불교의 성립 및 전개과정상의 인도의 여성관을 이해해도 크게 무리는 아니라고 본다.

3. 《마누법전》에 나타난 여성상

《마누법전》에서 여성관련 항목은 그 내용상 크게 세 부분으로 나눌 수 있다. 첫째는 여자의 본성, 둘째는 여자의 의무, 셋째는 여자의 존재이유이다. 먼저 여자의 본성에 관한 항목을 열거하면 다음과 같다.

이 세상에서 남자를 타락시키는 것이 여자의 본성이다. …… 여자들은 이 세상에서 어리석은 사람뿐만 아니라 현명한 사람도 애욕과 분노의 힘으로 굴복시켜 악도(惡道)로 이끈다.(2·213-4)

[왕이 대신과 정책을] 협의할 때는 바보, 벙어리, 맹인, 동물, 고령자, 여자, 야만족, 병자, 불구자를 추방해야 한다. …… 특히 여자는 협의된 내용을 퍼뜨리고 다닌다. 그 때문에 그들에 대해 주의해야 한다.(7·149-150)

여자는 비록 여럿이고 청렴해도 증인이 될 수 없다. 왜냐하면 여자의 마음은 변덕스럽기 때문이다.(8·77)

여자는 용모를 따지지 않으며, 연령도 개의치 않는다. 용모가 좋던 나쁘던 간에 남자라는 이유만으로 받아들인다. 이 세상에서 여자들은 아무리 주의해서 단속해도 남자에 대한 열정, 변덕스러움 그리고 천성적인 냉정함으로 남편을 배반한다.(9·14-5)

마누는 창조할 때 여자들에게 침대, 좌석, 장식품, 애욕, 분노, 부정(不正), 적대심, 악행을 배분했다.(9·17)

이 인용문들을 종합해 보면, 여자의 본성은 기본적으로 부정(不正)할 뿐만 아니라 감각적이고 쾌락적이다. 물론 이것은 여성의 성적 자유가 박탈된 시대, 즉 남성중심의 강력한 가부장제가 확립된 '브라흐

마나 시대' 이후의 여성관임은 말할 필요도 없다.[28] 뿐만 아니라 《마누법전》에는 다시 이것을 근거로 여성에 대한 제반 규정들이 제정되고 있다. 특히 부정한 아내의 죄과가 그대로 그 남편에게 전이된다는 신념하에[29] 여성에 대한 남성의 강력한 감독의무까지 부과하고 있다.

> 프라자파티(praja-pati, 창조주)가 창조할 때 부여한 여자의 본성이 이와 같음을 알고, 남자는 여자들을 단속하기 위해 최선의 노력을 다해야 한다.(9 · 16)

한편, 여성에 대한 이와 같은 부정적 시각은 베다시대 초기에 인정되던 여성의 교육권이나 제사권까지 박탈하기에 이른다. 인류사적으로 여성에 대한 교육권이나 종교권의 통제는 여성의 열등성과 종속성을 강화하는 수단이었다. 이와 마찬가지로 《마누법전》도 여성을 사제나 구루(guru)가 아닌 아내와 어머니로서의 역할만을 강요하고 있는 것이다.

> 여자들도 육체의 청결을 위해 일련의 의식을 빠짐없이 적절한 시기에 적절한 순서로 행해야 한다. 다만 성구(聖句, 베다)를 독송하지 않고 해야 한다.(2 · 66)
> 여자들에게는 성구를 수반한 제식의례가 없다는 다르마가 확립되어 있

---

28) 《마누법전》에서 여성관련 항목은 크게 긍정적인 부분과 부정적인 부분으로 나눌 수 있는데, 지금까지의 내용을 종합하면, 시대적으로 전자가 후자에 선행한다고 보는 것이 옳을 것이다.
29) "바라문을 살해한 자의 죄는 그 [살인자]의 음식을 먹는 자에게, 부정한 아내의 죄는 그 남편에게, 학생과 제주(祭主)의 죄는 그 스승(구루(guru))과 제관에게, 그리고 도둑의 죄는 왕에게 그 죄가 전가된다"(8 · 317).

다. (9 · 18)

　처녀, 나이 어린 부인, 학식이 적은 자, 바보, 비탄에 빠져 있는 자, 입
문의 청정한 의식을 하지 않는 자는 아그니호트라(agnihotra, 화제(火
祭))의 헌공자가 되어서는 안 된다. (11 · 36)

　이 인용문들은 여성이 베다 및 그것에 의거한 제사로부터 완전히 배
제되고 있었음을 보여준다. 더구나 《마누법전》에는 베다학습자의 여
성과의 접촉을 금지함으로써[30] 베다가 이미 남성의 전유물이며 여성
에게는 베다학습의 기회조차 주어지지 않았음을 시사하고 있다. 그런
데 여기서 문제는 고대 인도인들에게 있어 베다는 창조주의 계시서인
동시에 모든 가치를 초월한 신격 그 자체였다는 점이다. 또한 《마누법
전》에는 베다가 이 세상에서는 명성을, 사후에는 무상(無上)의 행복
을 주는 것임을 명시하고(2 · 9), 심지어 베다를 학습하지 않는 자를
슈드라와 같은 것으로까지 규정하고 있다. (2 · 172)[31]
　이와 같이 고대 인도인들에게 있어 베다 및 제사는 절대적 가치를

---

30) "베다학습자는 벌꿀, 고기, 향료, 화환, 조미료, 여자, 신맛 나는 모든 음식, 살
　생을 피해야 한다. …… 도박, 언쟁, 중상모략, 거짓말, 여자를 주시하거나 만지
　는 것, 타인을 해치는 것을 피해야 한다"(2 · 177-179).
31) 이외에도 《마누법전》에는 "바라문은 …… 베다의 보유자이기 때문에 다르마에
　따라서 이 일체세계의 주인이 된다."(1 · 93), "연령, 백발, 재산, 친족때문에 뛰
　어난 것이 아니다. 선인(仙人, Ⓟiṣi, Ⓢṛṣi)들은 베다 및 그 부속학문에 정통한
　자가 우리들에게 있어 위대한 자라고 하는 다르마를 만들었다."(2 · 154), "바라
　문 이외의 자에 대한 공물은 그 공물과 같은 과보를 받고, 이름뿐인 바라문에
　대한 경우는 2배, 학식이 높은 바라문에 대한 경우는 10만 배, 베다에 전념하는
　자에 대한 경우는 무한한 과보를 받는다."(7 · 85), "불이 그 불길로써 순식간에
　장작을 태워버리듯이, 베다를 아는 자는 그 지식의 불로써 일체의 죄를 불사른
　다."(11 · 247), "베다는 조상, 신들 및 인간의 영원한 눈이다."(12 · 94), "베다의
　영원한 가르침은 존재하는 일체를 지탱한다. …… 베다의 가르침을 아는 자는
　군대의 지휘권, 왕권, 징벌권 및 일체세계의 지배권을 얻는다."(12 · 99-100) 등
　으로 베다의 절대성을 강조하고 있다.

갖는 동시에 인간으로서의 최소한의 조건이기도 하였다. 따라서 여성이 이것들로부터 배제되고 있었다는 것은 곧 슈드라와 마찬가지로 인간으로서의 가치를 그만큼 박탈당하고 있었음을 의미한다. 그리고 그 강도는 점점 더해져 출산에 앞선 여성의 생리적인 현상까지도 부정한 것으로 간주하기에 이른다. 카모디에 의하면, 고대사회에 있어 월경에 대한 금기는 본래 여성의 파괴적인 힘으로부터 주위 사람들을 보호하기 위한 것이었다. 다시 말해 월경에 대한 금기는 원래 그것의 불결함이나 부정함 때문이 아니라 여성의 파괴적인 힘에 대한 두려움 때문이었다. 따라서 여기서 월경이 불결하고 부정한 것으로 취급되고 있다는 것은 그만큼 여성의 위상이 낮아졌으며, 이미 남성중심의 사회가 확고하게 정착되었음을 의미한다.[32] 더그나 《마누법전》에는 월경의 부정함으로부터 남성을 보호하기 위한 주의사항까지 말해지고 있다. 이것을 순서대로 정리하면 다음과 같다.

　　…… 월경 중인 여자는 월경이 끝난 후 목욕함으로써 청결해진다. (5 · 66)
　　천민(caṇḍāla), 월경 중인 여자, 베다를 어긴 자(patita), 출산한 지 채 10일이 안 된 산모, 사체, 사체를 만진 자, 이러한 자들과 접촉했을 때는 목욕함으로써 청결해진다. (5 · 85)
　　정욕이 아무리 거세게 일더라도 월경 중인 아내와 성교해서는 안 되며, 같은 침대에 함께 누워서도 안 된다. 왜냐하면 월경의 더러움으로 가득한 아내와 성교할 때 그 남자의 지력(知力) · 위력(威力) · 체력 · 시력 및 수명이 줄어들기 때문이다. 월경의 더러움으로 가득한 그녀를 피할 때, 그의 지력 · 위력 · 체력 · 시력 및 수명은 늘어난다. (4 · 40-42)

---

32) D. L. Carmody, 앞의 책, pp.42-45.

물론 《마누법전》도 여성의 존재가치를 완전히 부정하는 것은 아니다. 예컨대 마누에 의한 세계창조와 관련해서, "창조주는 자신의 신체를 둘로 나누어 반은 남자, 반은 여자로 만들었다."(1·32)고 하여, 여성도 남성과 마찬가지로 신(神)의 분신임을 명시하고 있다. 그러나 앞서 언급했듯이, 여자는 본성 자체가 부정(不正)하기 때문에 필연적으로 남자의 제재를 받을 수밖에 없다는 결론을 이끌어내고 있다. 그리고 이러한 사고가 구체적으로 나타난 것이 이른바 '삼종지도(三從之道)' 이다.

> 어리거나 젊거나 혹은 늙거나 여자는 어떤 것도 독립적으로 해서는 안 된다. 비록 집안의 일일지라도. 어릴 때는 아버지, 젊을 때는 남편, 남편이 죽었을 때는 아들의 지배를 받아야 한다. 여자는 독립을 누려서는 안 된다. 아버지, 남편 혹은 아들로부터 벗어나려고 해서도 안 된다. 왜냐하면 벗어남으로써 여자는 두 집안을 비난의 대상으로 만들어버리기 때문이다.(5·147-149)
> 아내는 낮이나 밤이나 자신의 남편에게 종속되어야 한다. …… 어릴 때는 아버지가 지키고, 젊을 때는 남편이 지키며, 늙으면 아들이 지킨다. 여자는 독립해서는 안 된다.(9·2-3)

이 인용문에 의하면, 여성의 주체성은 철저히 부정된다. 나아가 여성의 지위란 아래와 같이 오직 남성의 속성, 즉 그녀가 속한 부계 내지 남편의 신분 등에 의해서만 결정될 뿐이다.

> 아내가 어떤 특질을 지닌 남편과 법도에 따라 맺어질 때 그녀는 그것과 같은 특질을 지니게 된다. 마치 하천이 바다와 결합하는 것과 같다.(9·22)

물론 이것에 대해 여성을 보호하기 위한 차원이라고 말할 수도 있다. 그러나 《마누법전》은 다시 "남편은 아내의 몸으로 들어가 태아가 되어 다시 이 세상에 태어난다. …… 아내는 받아들인 자와 같은 아들을 낳는다. 따라서 자손이 청정하기 위해서는 주의해서 아내를 단속해야 한다."(9·8-9)고 하여, 여성이 아니라 오히려 그 자신과 아들을 보호하기 위한 것임을 밝히고 있다.

그리고 이제 집안의 모든 재산도 가장에게 귀속되어 베다시대 초기에 인정되던 여성의 재산권 및 상속권도 박탈당한다.[33] 물론 《마누법전》에도 여성의 재산권에 대한 언급이 없는 것은 아니다.

> 자식을 낳지 못한 여자, 아들이 없는 여자, 가족이 없는 여자, 정절을 지키는 여자, 과부, 병든 여자의 재산에 대한 보호가 이루어져야 한다. 정의로운 왕은 그녀들이 살아있음에도 불구하고 친족이 그 재산을 빼앗을 때는 도둑질에 대한 형벌로서 처벌해야 한다.(8·28-29)
> 형제는 각각 자신과 동일한 신분이면서 미혼인 자매들에게 자기 몫의 4분의 1을 주어야 한다.(9·118)
> 아들에게 자식이 없는 경우는 모친이 유산을 취득한다.(9·217)

그러나 이 내용을 분석해 보면, 이것은 자신을 보호해 줄 남성이 없는 경우에만 해당될 뿐 만약 아버지나 남편, 아들 등 그녀와 관계된 남성이 있는 경우에는 해당되지 않는다. 이것은 다음의 사례를 보면 보다 분명해진다.

---

33) 增谷文雄, 앞의 책, p.129 참조.

아내 · 아들 · 종, 이 셋은 재산을 가질 수 없는 자라고 말해진다. 그들의 재산은 그들이 귀속한 자의 것이다. (8 · 416)

아들을 낳지 못한 자의 전 재산은 딸의 아들이 취득한다. (9 · 131)

아버지의 유산을 상속하는 자는 아들이다. (9 · 185)

자식 없이 죽은 자를 위해서 그의 과부는 친족으로부터 아들을 얻어야 한다. 그때 유산이 있으면, 그것을 그에게 주어야 한다. (9 · 190)

아내는 자신의 재산일지라도 남편의 허락 없이 사적으로 축적해서는 안 된다. (9 · 199)

이외에도 《마누법전》 곳곳에서 여성멸시적인 내용들이 발견되는데, 심지어 아내를 팔거나 유기하는 등 여성을 사물화하는 현상까지 나오고 있다. (9 · 46, 11 · 62) 특히 결혼조차도 이 연장선상으로서 아버지에 의한 일종의 증여행위이자 아내에 대한 남편의 소유권이 발생하는 원인으로서 규정하고 있다. (5 · 152)

이상과 같이 적어도 《마누법전》이 편찬되던 시기의 인도는 여성멸시적인 사고가 그 정점에 이르고 있었다. 그리고 이 시기가 불교사적으로 부파불교의 시대임을 감안하면, 이 시대의 대표적인 여성관인 '삼종오장설(三從五障說)'은 당시의 이러한 관념을 수용한 것임에 틀림없어 보인다. 또한 그렇기 때문에 대승불교의 '변성남자설(變成男子說)'도 단순한 성차별이 아니라 당시의 이러한 관념을 전제하면서 동시에 이를 극복하고자 한 것으로 볼 수 있는 것이다. 이것에 대해서는 제4장 '부파불교의 여성관'과 제5장 '대승불교의 여성관'에서 다시 상세하게 다룰 것이다.

그러면 여성은 과연 어떻게 해야만 구제될 수 있을까? 《마누법전》에 의하면, 이것은 남성에 대한 복종을 골자로 하는 '여자의 의무'를

완수함으로서 가능하다. 그리고 이것은 방법론적으로는 상기의 '변성남자설'과 일맥상통하는 것이기도 하다.

《마누법전》에 의하면, 고대의 인도인들은 생천(生天)신앙을 가지고 있었다.[34] 그러나 마스타니 후미오에 의하면, 이것은 남성들에게만 해당되는 것이었다. 그는 이것의 단적인 예로서 내세생천을 기원하는 소마제(Soma-yajña) 가운데 하나인 일체사(一切祠, Sarva-medhā)를 제시한다. 일체사는 모든 재산뿐만 아니라 아내조차도 신에게 바치는 제사로서, 이른바 여성의 희생을 통해서 남성의 생천을 기원하는 제사이다.[35] 다시 말하면 이것은 생천의 주체가 오직 남성이며, 여성은 그러한 남성에 대한 희생을 통해서만 구원받을 수밖에 없음을 말해주는 것이다. 이것은 당시 인도일반의 통념이었는데, 또한 이 때문에 '변성남자설'이 대승불교의 전형적인 여성구제론이 될 수밖에 없었다고 생각한다. 즉 이런 상황에서는 심지어 여성들에게조차 '여신성불설(女身成佛說)'보다는 '변성남자설'이 더 설득력이 있었다는 것이다.

《마누법전》에 있어 여성은 이처럼 자신의 행위로는 결코 생천할 수 없는 존재였다. 그러면 여성에게 남겨진 길은 무엇일까? 《마누법전》에 의하면, 이것은 결혼을 통해 오직 남편에 대한 의무를 다하는 것이다. 특히 인도전통의 업(業, karman) 이론에 의하면, 여성이라는 것 자체가 이미 전생에 있어 악업의 결과이다. 따라서 그들이 할 수 있는

---

34) 예컨대 "공손하게 공물을 받은 자와 공손하게 준 자는 천계로 간다. 그러나 반대일 때는 지옥으로 간다."(4 · 235), "남편 사후 순결을 결심하고 정절을 지키는 아내는 아들이 없어도 천계로 간다."(5 · 160), "사후 악덕을 지은 자는 끝없이 아래로 향하고, 악덕이 없는 자는 천계에 오른다."(7 · 53), "슈드라는 천계를 위해서, 혹은 이 세상과 저 세상을 위해서 바라문에게 봉사해야 한다."(10 · 122), "최선을 다해 재물을 베다에 정통하고 홀로 살아가는 바라문에게 주는 자는 사후에 천계를 누린다."(11 · 6) 등이 있다.

35) 增谷文雄, 앞의 책, pp.106-108 참조.

일이란 기껏해야 남편에 대한 의무를 어김없이 이행하여 사후 천계에 태어나고, 나아가 내세에는 다시 남자로 태어나기를 바랄 수밖에 없는 것이었다.[36] 다음은 이와 같은 사정을 단적으로 말해주는 기사들이다.

　　남편은 비록 그 성이 악하고, 제멋대로 행동하며 좋은 자질이 없더라도 정절을 지키는 아내에 의해서 항상 신처럼 섬겨져야 한다. 아내에게 단독의 공희란 없다. 서계(誓戒)나 단식도 없다. 남편을 섬김으로써 사후 천계에서 영화를 누린다. 정절을 지키는 아내가 남편의 세계를 바랄 때는 남편이 살아있을 때나 사후나 그가 좋아하지 않는 일을 해서는 안 된다. 남편 사후, 청정한 꽃이나 뿌리, 과실을 먹고 몸을 야위게 하는 것은 자유이다. 그러나 다른 남자의 일은 이름조차 입에 올려서는 안 된다. 죽도록 참고 견디며, 자기를 억제하고 정절을 지키면서 한 사람만을 남편으로 섬기는 아내로서의 최고의 생활방식(다르마)을 구해야 한다. …… 정절을 지키는 아내에게는 어떤 경우에도 제2의 남편이란 있을 수 없다. …… 아내는 남편을 배반함으로써 이 세상에서는 비난받고 재생해서는 자칼로 태어나며, 또한 죄에 따른 역병으로 온갖 고통을 당한다. …… 항상 마음과 말과 몸을 억제하며 살아가는 아내는 이 세상에서는 최고의 명성을, 그리고 저 세상에서는 남편의 세계(천계)를 얻는다. (5 · 154-166)

_____

36) 《마누법전》의 전체적인 맥락에서 보면, 여성의 생천도 처음부터 인정되었다고 보기는 어렵다. 다만 《마누법전》의 배경이 되는 시기에는 불교를 비롯한 신흥사상이 기존의 바라문 전통에 강하게 반발하고 있었고, 더구나 많은 대중들의 지지를 받고 있었다. 따라서 바라문교의 신봉자들도 문제의 심각성을 직시하고 자체적인 반성과 함께 그 대안을 모색할 수밖에 없었는데, 특히 불교가 평등한 깨달음의 주체로서 여성의 출가를 허용하고 여성의 절대적인 지지를 얻자, 바라문교도 어떤 식으로든 여성의 생천을 인정할 수밖에 없었을 것으로 본다. 여기서 바로 기존의 전통을 훼손하지 않으면서 여성의 생천을 인정하는, 즉 생천의 주체인 남편에 대한 의무를 완수함으로써 여성도 생천할 수 있다는 기술적인 변용이 일어난 것이 아닐까 생각한다.

위의 인용문에서도 알 수 있듯이, 여성의 구제는 오직 남성이라는 매개체를 통해서만 가능하다. 물론 이것은 여성에 대한 남성의 지배권을 정당화하는 것이기도 하다. 그리고 《마누법전》에는 다시 이러한 의무를 지키지 않는 아내를 단속하기 위해 다음과 같은 구체적인 처벌규정까지 열거하고 있다.

남편은 증오심을 품은 아내를 1년간 기다려야 한다. 1년이 지나면 그녀에게 준 물건을 빼앗고 그녀와의 동거를 끝내야 한다. 아내가 방탕한 남편, 술주정뱅이 남편 혹은 병든 남편을 무시할 때는 장신구와 소지품을 빼앗고 3개월간 유기해야 한다. …… 아내가 술을 마시고, 소행이 좋지 않고, 반항적이며, 병들고, 항상 살아있는 것에 위해(危害)를 가하고 혹은 낭비가 심할 때에는 당연히 [다른 여자로] 바꾸어야 한다. …… 새 여자를 들인다고 아내가 화를 내며 집을 뛰쳐나갈 때는 곧 바로 연금되거나 가족들이 보는 앞에서 버려져야 한다. (9·77-83)

이처럼 《마누법전》에 있어 아내는 생사를 불문하고 남편에게 절대적으로 복종해야 하는 존재이다. 그러나 남편에게는 그러한 절대성이 결코 강요되지 않았다. 단적인 예로, 《마누법전》에는 아내가 죽으면 다시 새로운 아내를 맞아들여야 한다고 강조하고 있다.

올바른 생활방식(다르마)을 아는 바라문은, 동일한 신분의 아내가 먼저 죽었을 때는 아그니호트라(agnihotra, 火祭)의 제화(祭火)로써 제구(祭具)와 함께 그녀를 화장해야 한다. 장례에서 먼저 죽은 아내에 대한 제화를 바친 다음은 재혼해서 다시 제화를 설치해야 한다. 이상의 규칙에 따라 항상 5대 공희를 소홀히 해서는 안 된다. 아내를 맞아들여 인생의 제2

주기(家住期)인 가장의 삶을 살아야 한다. (5 · 167-169)

　이처럼 여성의 존재가치는 계속해서 추락하는데, 심지어 여성을 죽인 살인죄가 곡물이나 가축을 훔친 죄에 비견되기에 이른다. (11 · 67) 이것은 《마누법전》에 규정된 각각의 살인보상금을 비교해 보면 보다 분명해진다. 먼저 바라문이 크샤트리야를 죽인 경우, 그에 대한 살인보상금은 수소 1마리와 암소 1,000마리, 바이샤는 수소 1마리와 암소 100마리, 슈드라는 수소 1마리와 흰 암소 10마리이다. (11 · 128-131) 그런데 여자의 경우는 그 신분에 따라 각각 가죽자루, 활, 염소, 양을 주어야 한다(11 · 139)고 규정하고 있다. 결국 이 규정에 따르면, 여성은 슈드라와 동격 내지 오히려 그보다도 못한 존재였던 것이다.

　이상과 같이 여성은 비록 명분상으로는 남성과 같은 신분일지 모르지만, 그 지위에 있어서는 전혀 다른 존재로 인식되고 있었다. 그러면 이처럼 열등하고 멸시되어 마땅했던 여성의 존재이유는 어디에 있었을까? 《마누법전》에 의하면, 고대 인도인의 4주기적인 생활방식에서 마지막 유행기에 들어가기 위한 자격은 '세 가지 부채'를 다 청산했을 때만 주어진다. (4 · 257, 6 · 35-37, 94) 여기서 '세 가지 부채'란 첫 번째는 옛 선인에 대한 베다학습의 부채, 두 번째는 모든 신들에 대한 제사의 부채, 세 번째는 조상에 대한 가계존속의 부채를 말한다. 이 가운데 세 번째 부채는 "남자는 장자가 태어남으로써 아들의 아버지가 되며, 조상에 대한 부채에서 해방된다."(9 · 106)고 하듯이, 이른바 조상에게 제사지내고 가계를 이어갈 아들에 관한 것이다.[37]

---

37) 고대 인도인의 통념에 따르면, 죽은 자는 부정(不淨)할 뿐만 아니라 그대로 방치하면 살아있는 자에게 해를 끼치는 존재였다. 따라서 그들에게 있어 장례식이란 이것을 방지하기 위해 죽은 자를 하루빨리 선조위(先祖位)에 도달하게 하

아들을 선호하는 경향은 이미 《리그베다》나 《마하바라타》에서도 발견된다. 예컨대 《리그베다》에는 아들의 탄생을 기원하는 주술적인 찬가가 있고(10 · 183),[38] 《마하바라타》에도 "큰 아들은 아버지와 같고, 아내와 아들은 남편의 신체이며, 하녀들은 그림자가 된다. 하지만 딸은 가장 큰 슬픔이다."라든지, "아들은 아버지의 자아이고 아내는 친구이지만, 딸은 불행이다."[39]고 하여 딸을 천시하고 아들을 선호하고 있다. 그리고 《마누법전》에도 "불임의 아내는 8년째에, 자식이 모두 죽어버린 아내는 10년째에, 여자만을 낳은 아내는 11년째에, 그리고 불평만 하는 아내는 그 자리에서 마땅히 교체되어야 한다."(9 · 81)고 규정하고 있다.

이와 같이 적어도 《마누법전》이 편찬되던 시기의 인도인에게는 아들의 생산이 인생의 가장 중요한 의무 가운데 하나였다. 특히 "아들은 아버지를 '푸트(put)'라고 불리는 지옥에서 구한다. 그 때문에 스바얌부(Svayaṃbhū, 自在者)에 의해서 아들은 '푸트라(putra)'라고 불렸다."(9 · 138)고 하듯이, 남자에게 있어 아들은 내세를 위한 일종의 사후보험 같은 것이기도 하였다. 그리고 여성의 존재이유는 바로 이러한 아들의 출산에 있었던 것이다. 이것은 다음의 글을 보면 보다 분명해진다.

　　자식을 낳기 때문에 큰 행복을 주며, 존경받을 만하고, 집안의 광명인

는 과정이었다. 그런데 문제는 장례를 담당하는 주체가 언제나 남성이었기 때문에, 이를 계승할 아들의 출산이 필연적이었다는 점이다. 뿐만 아니라 그들은 내세에서의 운명이 현세에 대를 이을 자손이 있는가에 달려 있고, 특히 아들을 낳은 자만이 천계에 도달한다고 믿고 있었다(이창숙 〈인도불교의 여성성불사상에 대한 연구〉, p.5).

38) 辻直四郎, 앞의 책, p.377.
39) 김형준, 앞의 책, p.70.

아내는 집에 있는 행복의 여신 슈리(śrī)와 조금도 다를 바 없다. 자식의 출산 및 태어난 자식의 양육 등 아내는 분명 일상적이고 세속적인 생활의 기반이다. 자식, 공덕을 쌓기 위한 정법행(正法行, dharma-caryā), 뒷바라지, 최고의 성희(性喜) 및 조상과 자신의 천계는 아내 하기에 달려 있다. (9·26-28)

이외에 "여자는 출산을 위해서, 남자는 아들을 낳기 위해서 창조되었다."(9·96)라든가, 인도인의 12정법(淨法) 가운데 임신 3개월에 아들의 출산을 위해 행해지던 성남식(成男式) 등도 바로 이러한 사실과 관련이 있다.[40] 또한 이 때문에 《마누법전》에도 임신하기 좋은 시기에는 남편으로 하여금 아내와 동침할 것을 종교적 의무로서 부과하고, 나아가 아들생산의 주역인 어머니에 대해서만큼은 그 평가를 달리하고 있는 것이다. 다만 여기서 주의할 것은 이것은 오직 아들을 낳은 여성에게만 해당될 뿐 그 외의 여성은 지금까지 살펴봤듯이 슈드라 이상의 비인간적인 대우를 받았다는 사실이다.

아사리(阿闍梨, ācārya, 스승)는 화상(和尙, upādhyāya, 선생)보다 열 배, 아버지는 아사리보다 백 배, 어머니는 아버지보다 천 배 그 무게 면에서 뛰어나다. (2·145)

스승은 브라흐만(Brahman, 梵天)의 현신(現身)이며, 아버지는 프라

---

40) 12정법이란 아이가 태내로부터 받은 생사의 원인이 되는 죄과를 정화하여 종교적 목적에 부합하는 인간을 만들기 위해 입태 이전부터 성혼에 이르기까지 수시로 집행되는 정화의식을 말한다. 마스타니 후미오에 의하면, 모두 성년 이전의 대례(大禮)로서 열거하면 다음과 같다. (1)수태식(受胎式), (2)성남식(成男式), (3)분발식(分髮式), (4)출태식(出胎式), (5)명명식(命名式), (6)출유식(出遊式), (7)양포식(養哺式), (8)결발식(結髮式), (9)입법식(入法式), (10)치발식(薙髮式), (11)귀가식(歸家式), (12)결혼식(結婚式). 增谷文雄, 앞의 책. pp.98-102.

자파티(Prajāpati, 창조주)의 현신이며, 어머니는 대지의 여신 프리티비(Pṛthivī)의 현신이다.(2 · 226)

　어머니에 대한 신애(信愛, bhakti)에 의해서 이 세계(地界)를, 아버지에 대한 신애에 의해서 중간세계(空界)를, 스승을 섬김에 의해서 브라흐만의 세계(天界)를 획득한다.(2 · 233)

　이상과 같이, 고대 인도에 있어 여성의 지위는 리그베다시대 이후 점점 추락하여, 불교가 흥기하던 시대에는 이미 그 정점에 이르고 있었다. 그러면 이러한 상황에서 승가의 책임자로서 고타마 붓다는 과연 어떻게 대처해야 했을까? 고타마 붓다의 여성관에 대해서는 다시 살펴보겠지만, 필시 고타마 붓다도 이러한 현실을 외면할 수 없었을 것이다.

　그러나 이것만으로 고타마 붓다를 반여성주의자로 취급해서는 곤란하다. 주지하듯이, 고타마 붓다는 인류역사상 최초로 출가여성 단체를 창설했으며, 또한 《테리가타》에는 이러한 출가여성들의 깨달음의 사례들이 수없이 열거되고 있다. 만약 고타마 붓다가 반여성주의자였다면 이것을 설명하기란 결코 쉽지 않을 것이다.

　다만 여기서 우리가 주목해야 할 것은, 고대의 인도사회는 고타마 붓다의 출현여부와 상관없이 언제나 바라문 사회였으며, 고타마 붓다 역시 그 시대의 실존인물이었다는 점이다. 더구나 불교의 흥기 자체가 이미 당시의 시대적, 사회적 상황과 맞물려 있었다. 다시 말하면 이미 인도사회에 고타마 붓다의 가르침, 즉 불교를 수용할 수 있는 토양이 형성되어 있었다는 것이다. 물론 고타마 붓다의 출현이 당시 사상적, 사회적 반향을 불러일으켰다는 것은 누구도 부인할 수 없는 사실이다. 그러나 이것이 결코 사회구조 자체를 바꿀 만큼은 아니었다. 이것에

대해 마스타니 후미오는, 불교가 인도문화사의 주류에 대해 적극적인 영향을 주지 못했을 뿐만 아니라 인도문화사라는 전체적인 맥락에서 보면 불교 또한 바라문 문화 가운데 하나의 파생적 존재에 지나지 않는다고 주장하기도 한다.[41] 이외에도 재가불자들이 여전히 일상생활에서는 바라문의 전통을 고수하고 있었다는 사실도 불교가 고대 인도인의 생활 속으로 완전히 침투하지 못했음을 말해주는 것이다.[42]

그러나 고타마 붓다가 바라문 사회의 종성제도를 비판한 사회개혁적인 성향의 소유자였다는 견해도 적지는 않다. 《숫타니파타》의 다음 게송은 바로 이러한 주장을 대변하는 예로서 자주 인용되는 것 중의 하나이다.

출생에 의해서 천한 사람이 되는 것이 아니며, 출생에 의해서 바라문이 되는 것도 아니다. 행위에 의해서 천한 사람이 되고, 행위에 의해서 바라문이 된다.(136)

이 게송은 출생에 의해 귀천이 결정되던 당시의 사회구조를 감안하면 일견 설득력이 있어 보인다. 그러나 주의할 것은 이것이 과연 종성제도 그 자체를 부정하고 있는가 하는 점이다. 표현상으로 보면 이것은 이미 기존의 종성제도를 전제하고 있다. 즉 당시의 제도권에서 최고 권위자였던 바라문을 표준으로써 그 행위를 문제 삼고 있는 것이다. 더구나 이것은 바라문 출신이면서 그 행위가 옳다면 더할 나위 없다는 것으로도 충분히 그 의미가 확대될 수 있는 것이다. 이외에도 앞서 언급한 《잡아함경》 권16 제411경의 경우처럼, 불전 곳곳에 출가자

---

41) 위의 책, pp.183-196 참조.
42) Ram Sharan Sharma, 앞의 책, p.16.

들의 사회참여를 금지하는 교설들이 있다는 것도 이 주장을 지지하기 어렵게 만드는 요인이다.

그러면 우리는 이것을 어떻게 이해해야 할까? 마스타니 후미오에 의하면, 이것은 사회조직으로서의 종성제도가 아니라 승가 내부에 관한 것으로서 이해해야 한다. 즉 이것은 종성제도 그 자체에 대한 부정이 아니라, 종성이 고타마 붓다의 제자가 되는데 아무런 문제가 되지 않는다는 것으로 받아들여야 한다는 것이다. 그리고 《증일아함경》 권 21 〈고락품(苦樂品)〉 제9경의 다음 기술은 이러한 사실을 뒷받침하고 있는 사례 가운데 하나이다.

이와 같이 들려주셨다.[43] 어느 때 부처님께서는 사위국의 기수급고독원(기원정사)에 계셨다. 그 때 세존께서 모든 비구들에게 고하기를, 여기에 있는 4대 강물은 아뇩달천(阿耨達泉)에서 흘러나온다. 무엇을 넷이라 하는가? 이른바 항가(恒伽, gaṅgā) · 신두(新頭, sindhu) · 바차(婆叉, vakṣu) · 사타(私陀, śītā)이다. 저 항가는 우두머리 물소의 입에서 나와 동쪽으로 흐르고, 신두는 사자의 입에서 나와 남쪽으로 흐르며, 사타는 코끼리의 입 속에서 나와 서쪽으로 흐르고, 바차는 말의 입 속에서 나와 북쪽으로 흐른다. 이때 4대 강물은 아뇩달천을 에워싸고서 항가는 동해로

---

43) 일반적으로 '이와 같이 들었다(聞如是).' 혹은 '이와 같이 나는 들었다(如是我聞).'로 번역되지만, 부처님 당시 청문(聽聞)의 주체인 아난이 아직 깨달음에 이르지 못한 상태였던 점을 감안하면 이 번역은 자칫 부처님의 가르침을 아난이 잘못 듣거나 나름대로 각색해서 들었을 가능성까지도 내포한다. 특히 한역 '들었다(聞)'에 해당하는 산스크리트어 'śruta'는 √śru의 과거수동분사로서 말 그대로 번역하면 '들려졌다'가 된다. 그런데 이렇게 번역할 경우에는 '이와 같이 나에게 들려졌다.'가 되어 한글문법상 조금 어색한 문장이 된다. 따라서 모든 경문(經文)의 주체는 아난에게 진리의 가르침을 들려주는 부처님이라는 입장에서, 이 말은 부처님께서 진리의 가르침을 아난에게 들려주셨다, 즉 '이와 같이 나에게 들려주셨다.'로 해석하는 것이 옳지 않을까 생각한다.

들어가고, 신두는 남해로 들어가며, 바차는 서해로 들어가고, 사타는 북
해로 들어간다. 그때 4대 강이 바다로 들어간 뒤에는 본래의 이름을 여의
고 단지 바다라고만 불린다. 이것 또한 그와 같이 사성(四姓)이 있다. 무
엇을 넷이라 하는가? 찰리(刹利, 크샤트리아)·바라문·장자·거사의
종이다. 여래에게 나아가 수염과 머리를 깎고 삼법의(三法衣)를 입고 출
가하여 도를 배우면 본래의 성(姓)을 여의고, 단지 사문 석가의 아들이라
고만 불린다.[44]

이 인용문도 기존의 종성제도를 전제하고 있는데, 단지 고타마 붓
다의 승가에는 그러한 구별이 없음을 강조하고 있다. 다시 말하면, 고
타마 붓다 역시 인도라는 지역적, 시대적 한계를 결코 뛰어넘을 수 없
는 역사적 실존인물이었다는 것이다. 이러한 사실들은 고타마 붓다 및
이후의 불교사가 당시의 사회적 상황과 무관할 수 없음을 말해주는데,
본서는 바로 이것을 밝혀봄에 있다. 즉 현대 페미니스트들이 비판하
는 불교의 성차별적 요소들, 예컨대 '비구니팔경법'이나 '동죄이벌',

---

44) "聞如是 一時 佛在舍衛國祇樹給孤獨園 爾時 世尊告諸比丘 今有四大河水從
阿耨達泉出 云何爲四 所謂恒伽·新頭·婆叉·私陀 彼恒伽水牛頭口出向東流
新頭南流師子口出 私陀西流象口中出 婆叉北流從馬口中出 是時 四大河水從
阿耨達泉已 恒伽入東海 新頭入南海 婆叉入西海 私陀入北海 爾時 四大河入海已
無復本名字 但名爲海 此亦如是 有四姓 云何爲四 刹利·婆羅門·長者·居士種
於如來所 剃除鬚髮 著三法衣 出家學道 無復本姓 但言沙門釋迦子"(《대정장》 제2
권, p.658중-하). 《사분율(四分律)》 권36에도 이와 유사한 기술이 있다. "여기에
있는 항하, 염마나, 살라, 아이라바제, 마하의 5대 강은 모두 바다에 들어가면
본래의 이름을 잃고 바다라고만 불린다. …… 나의 법 가운데서 찰리, 바라문,
비사, 수타의 4종성이 신심을 견고히 하여 집을 버리고 나와 도를 배우면 본래
의 이름을 여의고 모두 사문 석자라고 불린다(今五大河 恒河·閻摩那·薩羅·
阿夷羅婆提·摩河 皆投於海 而失本名 名之爲海 …… 於我法中 四種姓刹利婆羅
門毘舍首陀 以信堅固從家捨家學道 滅本名皆稱爲沙門釋子", 《대정장》 제22권,
p.824중-하).

'여인오장설', '변성남자설' 등도 바로 이러한 인도적 상황과 불가분
의 관계에 있다는 것이다.

제3장

초기불교의
여성관

여기서 '초기불교의 여성관'이라 함은 불교가 성립한 이후부터 부파불교가 성립하기 이전까지 초기불교에 있어서의 여성관을 말한다. 물론 이것에 대한 논의도 기본적으로는 불전(佛典)에 의존하지 않을 수 없다. 그리고 불교가 고타마 붓다의 교설을 근거로 하는 이상 불교의 여성관도 먼저 고타마 붓다의 여성관에서 그 근거를 찾지 않으면 안 된다.

그러나 앞으로 살펴보겠지만, 고타마 붓다의 여성에 대한 구체적인 언설을 찾기란 쉽지가 않다. 또한 고타마 붓다의 대기설법이라는 교수방법의 특성상 상호 모순적인 측면도 있기 때문에 단편적인 여성관련 문헌이나 표면적인 내용만을 가지고 판단할 경우 그 진실성이 왜곡될 위험도 있다. 따라서 본 논의를 시작하기에 앞서 하나의 표준으로서 고타마 붓다의 인간에 대한 기본입장을 살피고, 또한 그럼으로써 여성에 대한 고타마 붓다의 기본입장을 밝혀보고자 한다.

이 논의를 진행함에 있어 기본 텍스트로 삼은 것은 《숫타니파타》를 비롯한 초기의 불전이다. 비록 《아함경(阿含經)》조차 고타마 붓다에 의한 교설의 원형 그대로가 아니라는 지적이 있긴 하지만,[1] 현 상황에서 고타마 붓다의 직설을 복원하는 것은 사실상 불가능하므로 현재 학계일반에서 고타마 붓다에 의한 교설의 원형에 가장 가까운 것으로 인정되고 있는 이들 불전을 중심으로 그 일단을 살펴보고자 한다.

---

1) 사이구사 미츠요시(三枝充悳)도 《아함경》조차 고타마 붓다에 의한 교설의 원형 그대로가 아니라 변질 및 삽입 가능성이 있기 때문에 고타마 붓다의 교설을 바르게 이해하기 위해서는 광의의 인도학과 불교학에 근거하여 충분히 검토되어야 한다고 지적하고 있다(中村元·三枝充悳, 혜원 역, 《바웃드하 불교》, p.35).

1. 고타마 붓다의 인간관

고타마 붓다의 인간관을 논함에 있어 먼저 주목할 것은 '사성평등론'으로 대표되는 인간평등의 사상이다. 이미 언급했듯이, 고타마 붓다 당시의 시대는 바라문을 중심으로 한 엄격한 계급사회였다. 그리고 고타마 붓다는 처음부터 이러한 계급적 차별을 부정하는 입장을 취하고 있었다. 그러나 앞에서도 언급했듯이, 고타마 붓다는 적극적인 현실개혁론자는 아니었다. 따라서 여기에서의 평등은 세속적인 차원에서 귀천의 차별을 부정하는 평등론으로 이해해서는 곤란하다. 즉 상기의 평등론은 법(진리) 앞에서의 평등으로, 고타마 붓다의 가르침에 있어 어떤 차별도 없다는 의미로 이해해야 한다. 이러한 사고의 단초는 먼저 《숫타니파타》에서 발견된다.

> 여기에 모인 모든 살아있는 것은 지상의 것이나 공중의 것이나 모두 환희하라. 그리고 마음을 다해 내가 설하는 바를 들어라. (222)

이것은 고타마 붓다의 가르침이 무차별적인 것임을 말한 것으로, 이것에 의하면 인간뿐만 아니라 신과 동물까지도 그 가르침에 있어 예외일 수는 없다. 그러나 실제로 보면, 법을 듣고 이해하는 것은 인간이기 때문에 상기의 평등은 법 앞에 모든 인간은 평등하다는 의미로 이해될 수 있는 것이다.

그리고 이러한 이념을 바탕으로 성립하고 있는 것이 이른바 '사성평등론'이다. 나카무라 하지메(中村元)에 의하면, 인도에 있어 평등사상의 단초는 '우파니샤드 시대' 이전부터 인식되고 있었다. 특히 아무리 신분이 낮고 태생이 천한 자일지라도 '진실을 사랑하는 자'는 바

라문이라고 하는 말까지 있다.[2] 그러나 계급 부정론은 불교 이전에는 일반화되지 못했다.

불교는 비록 출가집단이라는 조건이 붙긴 하지만, 그 발생 초기부터 인간 사이의 계급적 차별에 대해 반대하는 입장을 취하고 있었다. 즉 행위에 의한 차별은 있을지언정 출생에 의한 인간 사이의 계급적·신분적 차별을 부정하고 있었던 것이다. 이것은 《숫타니파타》의 다음 일화를 통해서 분명하게 드러난다.

고타마 붓다가 어떤 마을에 머물고 있을 때, 두 청년이 '바라문이란 도대체 어떠한 것인가'에 대해 논쟁하고 있었다. 그 가운데 한 청년은 '출생에 의한 바라문'을 주장하고, 다른 청년은 '행위에 의한 바라문'을 주장하였다. 이것에 대해 고타마 붓다는 모든 생물에게 있어 출생에 의한 특징은 다양하고 다르지만, 인간에게는 출생에 의한 구별이 없음을 강조한다. 또한 바라문이 그의 출생이나 그가 속한 종성 때문이 아니라 덕행에 의해서 비로소 존경받는다는 것을 말하고 있다.

몸을 받은 생물 사이에는 각각 구별이 있지만, 인간 사이에는 그러한 구별이 존재하지 않는다. 인간 사이에 구별표시가 설해지는 것은 단지 명칭에 의해서일 뿐이다. (611)

출생에 의해서 바라문이 되는 것은 아니다. 출생에 의해서 바라문이 되지 못하는 것도 아니다. 행위에 의해서 바라문이 되는 것이다. 행위에 의해서 바라문이 되지 못하는 것이다. (650)

---

2) 中村元, 〈불교에 있어서의 인간론(佛教における人間論)〉, 《강좌 불교사상(講座佛教思想)》 4, p.60. 나카무라 하지메는 노예의 아들인 카바사(Kavasa)가 바라문으로 받아들여진 경우를 들어, 불교 이전에도 카스트의 차별을 부정하는 경우가 있었음을 지적하기도 한다.

그런데 이처럼 출생보다 행위를 묻는 것이 중시되면, 《장아함경(長阿含經)》 권6 《소연경(小緣經)》의 다음 인용문처럼 자연히 모든 인간에게 동일한 조건 아래에서의 기회의 균등도 주어질 수밖에 없게 된다.

> 찰리종(크샤트리아) 가운데 신체에 의한 2종[의 불선(不善)과 선(善)]을 행하고, 말과 마음에 의한 2종[의 불선과 선]을 행하면 몸이 무너지고 목숨이 끝날 때 고보(苦報)와 낙보(樂報)를 받는다. 바라문종, 거사종, 수타라종(슈드라)도 신체에 의한 2종[의 불선과 선]을 행하고, 말과 마음에 의한 2종[의 불선과 선]을 행하면 몸이 무너지고 목숨이 다할 때 고보와 낙보를 받는다.[3]

이와 같이 고타마 붓다의 인간평등론 이면에는 출생보다 행위를 존중하는 이념이 있다. 이것은 앞서 언급한 법 앞에 만인이 평등하다는 논리로서, 여기서의 법이란 이른바 고타마 붓다의 가르침을 말한다. 따라서 이러한 입장에 서면 종성이나 가문, 성(性)의 구별이 인간차별의 근거가 될 수 없음은 분명해진다. 그리고 이러한 고타마 붓다의 신념을 실현하고 있는 곳이 이른바 승가(僧伽, saṃgha)이다. 《장아함경》 권22 《세기경(世記經)》의 다음 구절은 이러한 승가의 기본입장을 잘 보여주고 있다.

> 찰리(크샤트리아) …… 바라문 · 거사 · 슈드라가 수염과 머리를 깎고, 삼법의(三法衣)를 입고서 출가 구도하여 칠각의(七覺意)[4]를 닦는다. 그

---

3) "刹利衆中 身行二種 口意行二種 身壞命終 受苦樂報 婆羅門種 居士種 首陀羅種 身行二種 口意行二種 身壞命終 受苦樂報"(《대정장》 제1권, pp.38하-39상).
4) 깨달음에로 이끄는 7가지 요소로서, 칠각지(七覺支), 칠각분(七覺分), 칠보리분(七菩堤分)이라고도 한다. 이것은 지금까지의 자기 자신의 언행을 주의 깊게 상기하고(念覺意), 그것들을 바른 지혜로서 잘 사량(思量)하면서(擇法覺意) 태만하

는 견고한 믿음으로써 도를 위해 출가하여 위없는 범행(梵行)을 닦고 현재세 안에 증득한다. 그리하여 '나는 생사를 이미 다 했으며, 범행을 이미 세웠으며, 뒷날 다시는 생존을 받지 않는다.'고 한다. 이 4종 가운데서 뛰어난 지혜와 행을 이루어 아라한을 증득하는 것을 가장 제일이라고 한다.[5]

나아가 고타마 붓다는 승가에 출가한 수행자들에 대해 구족계를 받고 난 이후의 햇수, 즉 법랍(法臘)에 의한 순서만을 인정할 뿐[6] 그 외에는 모두 '석자(釋子)'라고 하여 인간평등의 이상을 표방하였다.[7]

이처럼 승가에 있어 수행자들의 출신성분은 각기 달랐지만, 그에 따른 차별이란 존재하지 않았다. 물론 이러한 인간평등의 이념이 누구나 법 앞에선 평등하다는 불교적 이상에 근거하고 있음은 말할 필요도 없다. 다시 말해서 '법의 깨달음'이라는 불교의 궁극적 목표에 있어서는 모든 인간이 평등한 것이다.

그럼에도 불구하고 불전에 나타난 고타마 붓다의 여성에 대한 인식은 그다지 호의적이지 않다. 즉 앞으로 살펴볼 비구니팔경법이나 동죄이벌의 계율 등은 상기의 인간평등의 이념과는 거리가 먼 인도 전통의 남성 중심적인 편견을 그대로 보여주고 있는 것이다. 이 글의 목

지 않고 힘쓰면(精進覺意) 마음에 기쁨이 생기고(喜覺意), 그 기뻐함에 의해서 신체가 경쾌해지고(輕安覺意) 그로부터 마음이 편안하고 통일되어(定覺意) 모든 감정을 벗어난 평등한 태도가 달성되는 것(捨覺意)을 말한다.

5) "利利衆中剃除鬚髮 服三法衣 出家求道 彼修七覺意 彼以信堅固出家爲道 修無上梵行 於現法中自身作證 我生死已盡 梵行已立 所作已辦 更不受後有 婆羅門 · 居士 · 首陀羅剃除鬚髮 服三法衣 出家求道 彼修七覺意 彼以信堅固出家爲道 修無上梵行 於現法中作證 我生死已盡 梵行已立 更不受後有 此四種中 出明行成 得阿羅漢爲最第一"(《대정장》 제1권, p.149하).

6) 《사분율(四分律)》 권50, 《대정장》 제22권, p.939하. 《오분율(五分律)》 권17, 《대정장》 제22권, p.121상. 《마하승기율(摩訶僧祇律)》 권27, 《대정장》 제22권, p.446상. 《십송율(十誦律)》 권34, 《대정장》 제23권, p.242상.

7) 제2장 제3절 참조 바람.

적은 바로 이러한 모순을 분석하고, 그 진실을 구명하는 데 있다.

2. 고타마 붓다의 여성관

역사적으로 볼 때 고타마 붓다 당시의 인도는 아리야인과 원주민의 혼혈이 성행하고, 자유사상가의 등장으로 인한 일대 전환의 시대였다. 동시에 이 시기는 후기 베다시대로서, 바라문의 교권제도가 점차 붕괴되고 힌두교가 성립하던 시대이기도 하였다. 이러한 상황에서 여성은 상당히 멸시를 당하였으며 또한 그러한 풍조가 점차 정착되고 있었다. 그러면 이와 같은 힌두사회 속에서 성장한 고타마 붓다는 여성에 대해 과연 어떠한 생각을 가지고 있었을까? 불교에 있어 여성관의 출발점이 여기에 있음은 말할 필요도 없다.

고타마 붓다의 여성 관련 교설은 크게 두 측면으로 나눌 수 있다. 하나는 여성에 대한 부정적 측면이며, 다른 하나는 여성에 대한 긍정적 측면이다. 여기서 전자는 주로 출가여성에 대한 경우에 해당되는데, 대표적인 경전으로는 《숫타니파타》와 《앙굿타라 니카야》 등을 들 수 있다. 반면 후자는 주로 재가여성에 대한 경우로서, 《싱가라에의 가르침》을 비롯하여 《옥야경》, 《상윳타 니카야(Saṃyutta-nikāya)》 등에서 그 일단을 발견할 수 있다. 여기서는 후자와 관련해서 비록 고타마 붓다의 직설은 아니지만 《테리가타》 역시 중요한 단서를 제공한다고 보고 함께 다루어보고자 한다.

가. 반여성적인 교설들

앞서 지적했듯이, 고타마 붓다의 여성에 대한 부정적인 태도는 출

가자에 대한 교설을 통해서 보다 구체적으로 나타난다. 이와 관련한 것으로는 먼저 《숫타니파타》를 들 수 있다.

〔스승은 말했다.〕 나는 〔옛날 깨달음을 열려고 했을 때〕 애집(愛執)과 혐오(嫌惡), 탐욕(貪欲)〔이라는 세 사람의 악녀〕를 보고도, 그녀들과 음탕한 성교를 하고 싶다는 욕망조차 일어나지 않았다. 똥으로 가득 찬 이 〔여자가〕 도대체 무엇일까? 나는 그것에 발조차도 닿고 싶지 않았다.(835)

이것은 쿠루 지역의 바라문인 마간디야(Māgandiya)가 자신의 딸을 고타마 붓다에게 시집보내려 했을 때 고타마 붓다가 한 말이라고 전해진다. 그런데 여기서의 문제는 여성을 표현함에 있어 대소변이 가득한 부정한 존재로서 말하고 있다는 점이다. 표면상으로만 보면 이것은 성차별적 요소임에 틀림없다. 특히 본각은 이러한 성차별적 표현들을 여성에 대한 재래의 관념과 경전 제작과정 상의 남성우월주의의 극단적인 표출이라고 보고, 그 결과 여성의 지위 및 승가 내에서의 비구니의 위상이 점차 낮아져 비구니팔경법까지 성문화된 것으로 보고 있다.[8]

그렇다면 고타마 붓다는 왜 이런 말을 하였을까? 사실 대소변은 남녀를 불문하고 살아있는 모든 생명체에게 필연적인 현상이다. 이 당연한 사실을 굳이 여성을 빌어 말한 이유는 무엇일까? 주지하듯이 고타마 붓다의 대기설법은 상대에 따라서 같은 내용도 전혀 다르게 교설되는 것이 특징이다. 따라서 해당 교설의 진실을 알기 위해서는 무엇보다 그 교설의 상대가 누구인지 알 필요가 있다. 먼저 위에 인용된

---

8) 본각, 〈불전에 보이는 여성에 관한 문제〉, 《비구니와 여성불교》 제2권, p.135.

《숫타니파타》제835게송의 대상은 표면상으로 보면 마간디야라는 바라문이다. 그러나 인용된 내용을 분석해 보면, 이것은 고타마 붓다가 깨달음을 얻기 이전, 곧 출가수행자일 때의 여성에 대한 입장임을 알 수 있다. 즉 고타마 붓다가 수행자일 때 여성에 대한 욕망을 이와 같이 물리쳤음을 말하고 있는 것이다. 이것은 《앙굿타라 니카야》8집 17 · 18(〈계박(繫縛)〉)의 다음 인용문을 보면 토다 분명해진다.

모든 비구들이여, 여인은 여덟 가지 모습(八相)으로써 남자를 계박한다. 무엇을 여덟이라 하는가? 모든 비구들이여, 여인은 외모로써 남자를 계박한다. 모든 비구들이여, 여인은 웃음으로써 남자를 계박한다. 모든 비구들이여, 여인은 말로써 남자를 계박한다. 모든 비구들이여, 여인은 노래로써 남자를 계박한다. 모든 비구들이여, 여인은 눈물로써 남자를 계박한다. 모든 비구들이여, 여인은 화려한 차림새로써 남자를 계박한다. 모든 비구들이여, 여인은 화과(華果)로써 남자를 겨박한다. 모든 비구들이여, 여인은 몸을 접촉함으로써 남자를 계박한다. 모든 비구들이여, 여인은 이 여덟 가지 모습으로써 남자를 계박한다. 이것에 의해 유정(有情)은 동아줄에 묶인 것처럼 계박을 당한다.

모든 비구들이여, 남자는 여덟 가지 모습으로써 여인을 계박한다. 무엇을 여덟이라 하는가? 모든 비구들이여, 남자는 외모로써 여인을 계박한다. 모든 비구들이여, 남자는 웃음으로써 여인을 계박한다. 모든 비구들이여, 남자는 말로써 여인을 계박한다. 므든 비구들이여, 남자는 노래로써 여인을 계박한다. 모든 비구들이여, 남자는 눈물로써 여인을 계박한다. 모든 비구들이여, 남자는 화려한 차림새로써 여인을 계박한다. 모든 비구들이여, 남자는 화과로써 여인을 계박한다. 모든 비구들이여, 남자는 몸을 접촉함으로써 여인을 계박한다. 모든 비구들이여, 남자는 이 여덟 가

지 모습으로써 여인을 계박한다. 이것에 의해 유정은 동아줄에 묶인 것처럼 계박을 당한다.[9]

이 인용문은 여성이 남성에게 부정적인 존재가 될 수 있듯이, 남성 또한 여성에게 부정적인 존재가 될 수 있음을 말하고 있는 것이다. 그리고 이것을 불도 수행자에게 적용시킨다면, 남성과 여성은 상대의 성(性)에 대해 서로 수행의 장애가 될 수 있음을 의미한다. 즉 수행과정에서 남성과 여성은 상대의 외모, 행동, 말 등에 의해서 혼란을 겪을 수도 있다는 것이다.

이렇게 보면 앞서 언급한 《숫타니파타》 제835게송의 경우도 여성 자체에 대한 부정이라기보다는 오히려 출가수행자로서의 여성에 대한 마음가짐을 경계한 것으로 볼 수 있다. 다시 말해 이 인용문은 보편적 진리를 추구하는 출가수행자가 어떻게 여성에 대한 욕망을 물리쳐야 하는가를 상징적으로 표현하고 있는 것이다.

이런 관점에서 보면, 고타마 붓다의 성차별적 교설의 하나로 지적되고 있는 《앙굿타라 니카야》 4집 80(〈무희론품(無戲論品)〉)의 다음 인용문도 단순한 성차별로 규정하기는 어려워 보인다.

---

9) *Anguttara-nikāya*, Ⅳ, pp.196~197. 《남전》 제21권, pp.61~63. 이하, 팔리어 텍스트에 대한 인용 및 참조에는 다음과 같이 Pali Text Society(이하, P.T.S로 약칭한다.)본을 저본으로 한 일본어 번역판 《남전》을 참고하였다.
Vinaya-piṭaka(London, P.T.S, 1879~1883) ; 《팔리율》(《남전》 제1권-제5권)*
Dīgha-nikāya(London, P.T.S, 1890~1911) ; 《장부경전》(《남전》 제6권-제8권)
Majjhima-nikāya(London, P.T.S, 1888~1925) ; 《중부경전》(《남전》 제9권-제11권)
Saṃyutta-nikāya(London, P.T.S, 1884~1904) ; 《상응부경전》(《남전》 제12권-제16권)
Anguttara-nikāya(London, P.T.S, 1885~1910) ; 《증지부경전》(《남전》 제17권-제22권)
* *Vinaya-piṭaka*는 《남전》 등에 '율장(律藏)'으로 번역되고 있지만, 용어상의 혼란을 피하기 위해 이하, 《팔리율》로 명명한다.

아난이여, 여인은 쉽게 성내며, 질투가 심하며, 인색하며, 지혜가 없다. 아난이여, 이것이 여인은 법정에 앉지 못하고, 산업에 종사하지 못하며, 검포자(劍蒲闍, kammoja, 외국)에 나가지 못하는 이유이다.[10]

이 인용문은 '여인은 왜 법정에 앉지 못하고,[11] 산업에 종사하지 못하며, 외국에 갈 수 없는가?' 라는 아난(阿難, Ānanda)의 물음에 대해 고타마 붓다가 답변한 것이다. 물론 여기서도 고타마 붓다의 태도는 반여성적이다. 특히 안옥선은 이것을 남성 중심적 시각에서 여성 본래의 열등성과 부정성, 그로 인한 사회적 무능력을 강조한 극단적인 성차별적 사례라고 보고 있다.[12] 그러나 이 말은 출가비구로서 세속적인 희론(戱論)에 휩쓸리지 말고 불도에 정진하라는 것이 주된 내용이고,[13] 또한 《앙굿타라 니카야》에는 상기의 8집 17 · 18(〈계박〉)의 경우처럼 남성도 여성의 수행에 장애가 된다는 말이 있다. 따라서 이 인용문도 단순히 여성을 부정한 것이 아니라 출가비구가 경계해야 할 대상으로서의 여성을 말하고 있는 것으로 봐야 할 것이다.

다음으로 살펴볼 것은 여성의 출가조건으로서의 '비구니팔경법'이다. 이것에 대해서는 제1장에서 언급했듯이, 불교의 성차별적 요소로 이해하는 경우와 후대의 보수적 비구들에 의한 첨가 혹은 당시 사회

---

10) *Aṅguttara-nikāya*, II, p.83. 《남전》 제18권, p.144.
11) 여성은 증인이 될 수 없다는 뜻으로, 《마누법전》의 "여자는 비록 여럿이고 청렴해도 증인이 될 수 없다. 왜냐하면 여자의 마음은 변덕스럽기 때문이다.(8 · 77)" 와 일맥상통한다.
12) 안옥선, 〈초기경전에 나타난 여성성불 불가설의 반불교성 고찰〉, 《철학연구》 제68집, p.172.
13) "비구들이여, 비구는 계를 지키고, 다문(多聞)하며, 정진하고, 지혜를 갖추어야 한다. 비구들이여, 이러한 4법을 성취한 비구는 무희론도(無戱論道)를 행한다" (*Aṅguttara-nikāya*, II, p.76. 《남전》 제18권, p.144).

와의 타협 내지 화합의 차원에서 이해하는 입장이 있다. 그러나 고타마 붓다의 깨달음이 고(苦)로서 대표되는 현실에 대한 인식에서 출발하였듯이, 이것 역시 당시 인도여성의 현실과 관련해서 이해해야 할 점이 있다.

주지하듯이, 불교에 있어 여성의 출가는 고타마 붓다의 양모인 마하파자파티 고타미(Mahāpajāpatī Gotamī) 왕비의 세 번에 걸친 간청과 시자이자 종제인 아난의 중재에 의해서 이루어졌다. 이때 고타마 붓다는 8가지의 조건, 곧 비구니팔경법(比丘尼八敬法, ⓟaṭṭha garu-dhammā)을 준수하겠다는 서약 하에 여성의 출가를 허락했다고 한다. 비구니팔경법은 문헌에 따라 명칭과 내용이 다르거나 순서가 뒤바뀐 경우가 있는데,[14] 여기서는 율전 가운데 그 성립시기가 가장 빠른 것으로 인정되고 있는 《사분율》에 의거하여 간략히 살펴보기로 한다. 이것 역시 고타마 붓다의 여성관을 밝히는 하나의 단서가 될 것이다.

① 비록 〔법랍이〕 100세인 비구니라고 할지라도 새로 수계한 비구를 보면 마땅히 일어나 환영·예배하고, 깨끗한 자리를 펴서 내주며 앉도록 청해야 한다.

② 비구니는 마땅히 비구를 욕하거나 꾸짖어서는 안 되며, 〔비구의〕 파

14) 여기서 'aṭṭha'는 '팔(八)', 'garu'는 '중요한', '존중해야 하는', 'dhammā'는 법을 의미하기 때문에 직역하면 '팔중법(八重法)'이 되는데, 이것을 《사분율》(《대정장》 제22권, p.923상)에서는 '팔불가과법(八不可過法)', 《오분율》(《대정장》 제22권, p.185하)에서는 '팔불가월법(八不可越法)', 《십송율》(《대정장》 제23권, p.345중)과 《마하승기율》(《대정장》 제22권, p.471중)에서는 '팔경법(八敬法)', 《근본설일체유부비나야잡사(根本說一切有部毘奈耶雜事)》(《대정장》 제24권, p.350하)에서는 '팔존경법(八尊敬法)', 《율이십이명료론(律二十二明了論)》(《대정장》 제24권, p.670하)에서는 '팔존법(八尊法)' 등으로 번역하고 있다. 이하에서는 오늘날의 논의에서 주로 사용되고 있는 '비구니팔경법(比丘尼八敬法)'이라는 용어로 통일한다.

계(破戒)·파견(破見)·파위의(破威儀)를 비방하는 말을 해서도 안
된다.

③ 비구니는 마땅히 비구에 대하여 거조(擧罪), 억념(憶念), 자언(自
言)케 해서는 안 되며, 타인의 멱죄(覓罪), 설계(說戒), 자자(自恣)
를 막아서도 안 된다. 비구니는 마땅히 비구를 꾸짖지 못하며, 비구
는 마땅히 비구니를 꾸짖을 수 있다. [15]

④ 식차마나(式叉摩那)는 [2년 6법의] 학계(學戒)를 마치면 비구승으
로부터 대계(大戒:구족계)를 걸수(乞受)해야 한다.

⑤ 비구니는 승잔죄(僧殘罪)를 범하면 마땅히 이부승중(二部僧衆:비
구승과 비구니승)에게 보름 동안 마나타(摩那埵, mānatta, 별주(別
住:근신)의 참회)를 행해야 한다.

⑥ 비구니는 보름마다 비구승에게 교수(敎授)를 구해야 한다.

⑦ 비구니는 마땅히 비구가 없는 곳에서 하안거(夏安居)를 해서는 안
된다.

⑧ 비구니승은 안거가 끝나면 마땅히 비구 승가에서 보고(見), 듣고(聞), 의
심스러운(疑) 세 가지의 일에 대한 자자(自恣)를 구해야 한다. [16]

---

15) 여기서 '거죄(擧罪)'란 비구니가 비구의 죄를 들추어내는 것을 말하며, '억념
(憶念)'이란 비구에게 죄가 있음을 주지시켜 기억케 하는 것을 말한다. '자언(自
言)'이란 비구에게 자백참회(自白懺悔)시키는 것을 말하고, '멱죄(覓罪)'란 앞
뒤가 맞지 않는 고백을 하는 것으로, 만약 비구가 이것을 하더라도 비구니는 그
것을 중지시킬 수 없다고 한다. '설계(說戒)'란 매월 15일에 있는 포살(布薩)을
말하며, '자자(自恣)'란 안거 중 타인으로부터 자신의 행위에 대해 보고(見)·듣
고(聞)·의심스러운(疑) 것을 지적받고 참회하는 의식을 말한다.
16) ①雖百歲比丘尼見新受戒比丘 應起迎逆禮拜與敷淨座請令坐, ②比丘尼不應罵詈
比丘呵責 不應誹謗言破戒破見破威儀, ③比丘尼不應爲比丘作擧作憶念作自言
不應遮他覓罪遮說戒遮自恣 比丘尼不應呵比丘 比丘應呵比丘尼, ④式叉摩那學
戒已 從比丘僧乞受大戒 ⑤比丘尼犯僧殘罪 應在二部僧衆半月行摩那埵, ⑥比丘
尼半月從僧乞敎授, ⑦比丘尼不應在無比丘處夏安居, ⑧比丘尼僧安居竟 應比丘
僧衆中求三事自恣見聞疑(《대정장》제22권, p.923상-중).

이 비구니팔경법도 그 내용상 성차별적인 요소를 상당히 함축하고 있다. 이미 언급했듯이, 전해주 등은 이 비구니팔경법이 고타마 붓다의 직설이 아니라 후대에 첨가된 것으로 보고 있다. 그들의 주장을 정리해 보면, 먼저 고타마 붓다의 계율은 '수범수제(隨犯隨制)의 원칙'에 따라 제정되는데, 이 비구니팔경법은 그 원칙을 무시하고 있다는 것이다. 즉 여성이 출가하기도 전에 이미 그 전제조건으로서 제시되고 있다는 것이다. 둘째는 비구니 승가가 성립한 이후에 만들어진 '식차마나(式叉摩那)'라든가 '2년 6법'[17] 등의 개념들이 사용되고 있다는 점이다. 비구니팔경법에 의하면, 식차마나는 2년 동안 6법을 수행한 뒤에야 비로소 구족계를 얻을 수 있다. 그러나 출가 당시 석가족의 여성들은 식차마나가 아니었을 뿐만 아니라 2년 6법의 수행과정도 거치지 않았다. 따라서 비구니팔경법을 최초의 여성 출가와 연관지을 수 없다는 것이다. 셋째는 승가의 기본이념인 평등성이 비구니팔경법에서 부정되고 있다는 점이다. 고타마 붓다는 출가연수에 따른 순서 이외 일체의 차별을 부정하는 평등한 승가를 지향하였다. 그런데 이 원칙이 비구니팔경법에서만 인정되지 않았다는 것은 납득하기가 어렵다. 따라서 그들은 고타마 붓다가 비록 여성의 출가조건을 제정했다고 하더라도 적어도 현행과 같은 형태가 아니었을 것으로 보고 있다.

---

17) 《팔리율》의 〈경분별(經分別, Suttavibhaṅga, Ⅱ)〉에 의하면, 6법은 다음과 같다. ① 살생(殺生)을 여의는 계를 2년 동안 범하지 않는다. ②불여취(不與取)를 여의는 계를 2년 동안 범하지 않는다. ③비범행(非梵行)을 여의는 계를 2년 동안 범하지 않는다. ④망어(妄語)를 여의는 계를 2년 동안 범하지 않는다. ⑤음주(飮酒)를 여의는 계를 2년 동안 범하지 않는다. ⑥비시식(非時食)을 여의는 계를 2년 동안 범하지 않는다(Vinaya-piṭaka, Ⅳ, p.319. 《남전》 제2권, pp.514-515). 또한 이것은 5계 가운데 '불사음(不邪婬)'을 '비범행(非梵行)'으로 대치하고 여기에 '비시식계(非時食戒)'를 더한 것으로, 《사분율》도 순서상의 차이만 있을 뿐 그 내용은 일치한다. ①不得犯不淨行婬欲法, ②不得偸盜, ③不得故斷衆生命, ④不得妄語, ⑤不得非時食, ⑥不得飮酒(《대정장》 제22권, p.924중-하).

특히 나가사키 료우칸(永崎亮寬)은 비구니팔경법이 마하파자파티 고타미의 출가시점에 설해진 것이 아니라 불멸 이후 불전이 편집되는 과정에서 삽입되거나 변질된 것이라고 주장한다.[18] 이것은 제1차 결집에서의 비구니의 배제라든가 인도의 남성 종속적인 여성관과의 내용적 유사성 등을 고려하면 어느 정도 설득력을 갖는 이론이다.

그런데 비록 비구니팔경법이 고타마 붓다의 직설이라고 해도 이것만으로 고타마 붓다를 여성차별주의자로 취급하는 것에는 문제가 있어 보인다. 이 입장을 지지하는 학자로는 사토 디츠오와 모한 위자야라트나 등을 들 수 있는데, 필자 역시 당시의 현실을 감안하면 비구니팔경법을 비롯한 초기불교에 있어서의 성차별적 요소들이 고타마 붓다의 직설일 가능성을 완전히 배제할 수는 없다고 보고 있다.

앞서 언급했듯이 고타마 붓다는 여성의 현실을 철저하게 인식하고 있었다. 비구의 경우는 이미 전통적인 기반이 형성되고 있었기 때문에 그것을 조직함에 있어서도 큰 무리는 없었을 것으로 본다. 그러나 여성의 경우는 사정이 다를 수밖에 없었다. 먼저 출가생활은 기본적으로 재가의 보시에 의존하게 되는데, 당시 멸시의 대상이던 여성에게도 과연 그러한 보시가 이루어질 수 있을지가 불투명하였다. 다시 말하면 새로운 집단이 형성될 수 있는 기반이 아직 마련되고 있지 않았던 것이다. 뿐만 아니라 일부의 출가여성이 있기는 했지만[19], 대규모의 출가여성 단체는 역사상 그 유례가 없었다. 또한 그렇기 때문에 그로 인해

---

18) 永崎亮寬, 〈마하파자파티 고타미 비구니의 출가구족에 관한 일고찰(Mahāpajā patī-Gotamī 比丘尼の出家具足に關する一考察)〉, 《인도학불교학연구(印度學佛教學研究)》 제26권 제2호, pp.144-146 참조.

19) 모한 위자야라트나에 의하면, 육사외도(六師外道) 중에서 '사명외도(邪命外道)'로 알려진 막칼리 고살라(Makkhali Gosāla)의 아지비카(Ājīvika)교도 중에도 여성 사문들이 있었고, 자이나교의 교주 니간타 나타풋타(Niganṭha Nātaputta)의 제자 중에도 여성사문들이 있었다고 한다(Môhan Wijayaratna, 앞의 책, pp.17-18).

생겨날 수 있는 문제들을 예상하기도 쉽지 않았다. 이것은 승가의 책임자였던 고타마 붓다에게 있어 중대한 문제가 아닐 수 없었다. 자칫하면 불교의 존립 자체가 위협받을 수 있는 문제였기 때문이다.[20]

문제는 고타마 붓다의 이념상으로 볼 때 결코 여성의 출가를 거부할 명분이 없었다는 점이다. 이것은 여성의 출가와 관련한 고타마 붓다와 아난의 문답을 통해서 확인할 수 있다. 즉 여성의 출가 시점에서 아난은 여성도 해탈할 수 있는가를 묻는데, 이때 고타마 붓다는 여성도 아라한과에 이를 수 있다고 답변한다.[21] 또한 실제로도 많은 출가

---

20) '출가사문'이란 이른바 보시 받을 자격이 있는 자를 말하는데, 이것은 곧 그들의 생활이 재가자들의 보시에 의존하고 있었음을 의미한다. 또한 그렇기 때문에 그들에게는 이러한 자격을 지속적으로 유지한다는 것이 무엇보다 중요하다. 그런데 만약 아무런 대비책도 없이 편견과 혐오의 대상이던 여성을 출가시킨다면 어떻게 될까? 자칫 오해라도 생긴다면 그들의 출가생활은 심각한 타격을 받을 수밖에 없을 것이다. 특히 이로 인해 기존의 비구들까지도 그 위험을 감수해야 한다. 따라서 고타마 붓다도 이 점을 심각하게 고민하지 않을 수 없었을 것으로 본다.

21) "아난이 부처님께 여쭙기를, '여인도 불법에 출가하여 수계하면 수다원과 내지 아라한과*를 얻을 수 있겠습니까?' 부처님께서 아난에게 말하기를, '얻을 수 있다.' 고 하였다(阿難白佛 女人於佛法中出家受戒 可得須陀洹果乃至阿羅漢果不 佛告阿難可得)"(《사분율》권48,《대정장》제22권, p.923상).* 성문(聲聞)이 추구하는 수행의 4단계로, 첫 번째의 수다원(須陀洹)은 'srota-āpanna'의 음사로, 예류향(預流向)이라고도 한다. 이것은 처음 성자의 자리에 들어간 단계로서, 유신견(有身見:오온(五蘊)을 영원한 자아로 보는 견해), 계금취견(戒禁取見:계율에 집착하는 견해), 의(疑:불법(佛法)을 의심하는 태도)의 번뇌가 소멸한 자리이다. 두 번째의 사다함(斯陀含)은 'sakṛdāgāmin'의 음사로, 일래향(一來向)이라고도 한다. 이것은 탐욕[貪]과 성냄[瞋]의 번뇌가 부분적으로 없어진 성자의 단계로서, 단 한번 인간계와 천상계 사이를 왕래한 후 깨달음에 이르는 자리이다. 세 번째의 아나함(阿那含)은 'anāgāmin'의 음사로, 불환향(不還向)이라고 한다. 이것은 욕계(欲界)의 번뇌(탐진)를 완전히 끊은 성자의 단계로서, 욕계에는 다시 돌아가지 않고 색계(色界)에 올라 깨달음에 이르는 단계이다. 네 번째의 아라한(阿羅漢)은 10가지의 번뇌, 즉 유신견, 의심, 계금취견, 감각적 욕망, 악의, 색계에 대한 욕망, 무색계(無色界)에 대한 욕망, 아만, 도거(掉擧:들뜸), 무명(無明)을 모두 끊고, 현생을 마지막으로 열반에 들어 다시는 삼계에 태어나지 않는 자리를 말한다.

여성들이 깨달음의 경지에 이르렀음을 비구니들의 시를 수록한 《테리가타》를 통해서 확인할 수 있다. 그렇다면 고타마 붓다는 본래 여성의 출가를 거절할 의사가 없었다고 봐야 하지 않을까? 그럼에도 불구하고 세 번이나 거절했던 것은 역시 불교 이념상의 문제라기보다는 현실상의 문제였으며, 나아가 고타마 붓다는 이러한 시간을 통해 여성단체에 대한 설계도를 마련한 다음, 마침내 여성의 출가를 허락했다고 볼 수 있는 것이다.

이러한 입장을 견지하면, 비구니팔경법이란 여성의 출가로 인해 생겨날 수 있는 문제점들을 최소화하기 위한 하나의 방편이 된다. 그리고 이것은 여성의 출가에 대한 고타마 붓다의 불만으로 자주 언급되는 《팔리율》〈소품(小品, Cullavagga, Ⅹ)〉의 다음 언설을 통해서 어느 정도 확인할 수 있다.

> 논이나 감자밭에 병균이 붙으면 그 논밭이 머지않아 황폐해져 버리듯이, 여성이 참가한 승가는 곧 혼란해질 것이다. 여덟 가지의 조건을 붙인 것은 큰 호수에 제방을 쌓아 물의 범람을 막는 것과 같은 것이다.[22]

이것도 표면상으로 보면 여성멸시의 언설임에 틀림없다. 그러나 이것 역시 여성 그 자체에 대한 부정이 아니라 혼성의 승가가 형성됨으로써 생겨날 수 있는 혼란을 방지하기 위한 하나의 방편이라고 할 수 있다. 또한 이제 막 출가하는 여성에게는 불교적 진리를 추구할 지반이 형성되어 있지 않았다. 따라서 고타다 붓다에게는 이미 승가로서의 기반을 확립하고 있던 기존 비구에게 의존케 하는 비구니팔경법이

---

22) *Vinaya-piṭaka*, Ⅱ. p.256. 《남전》 제4권, p.382.

필요했다고 볼 수 있다.[23] 이처럼 비구니팔경법은 단순한 성차별적 차원이 아니라 여성의 현실에 입각하여 보편적 진리에로 유도하기 위한 하나의 형식적 절차로서도 충분히 이해할 수 있는 것이다. 이것에 대해서는 본장 제3절 '나' 항의 '비구니팔경법의 성차별 문제'에서 다시 상세하게 다룰 것이다.

나. 친여성적인 교설들

앞에서 살펴본 것처럼, 출가여성에 대한 고타마 붓다의 태도는 조금 엄격한 면이 있다. 그러나 이것은 출가여성으로 하여금 보편적인 진리의 세계로 유도하기 위한 하나의 방편이라는 점을 간과해서는 안 된다. 반면 재가여성에 대한 경우는 상당히 친여성적인 일면을 보인다. 불교가 추구하는 보편적 진리의 측면에서 보면 현실상의 남녀란 부정될 수밖에 없는 것이다. 그러나 고타마 붓다에게 있어서 진리란 결코 현실과의 단절을 의미하는 것은 아니었다. 대기설법과 차제설법이라는 교수방법을 통해서도 알 수 있듯이, 고타마 붓다는 어쩔 수 없는 현실적 존재를 직시한 다음, 이들을 진리의 세계로 이끌기 위한 길을 모색하고 있었던 것이다. 이것은 대체로 현실을 부정하기보다는 그러한 현실적 토대 위에서의 보다 바람직한 길을 제시하는 형태를 취하는데, 보편적 진리를 지향하던 출가의 세계에서 부정될 수밖에 없는 현실상의 남녀도 여기에서는 다시 긍정되는 일면을 보인다.

---

23) 마하파자파티 고타미가 처음 고타마 붓다로부터 여성출가에 대한 허락을 구한 것은 성도 후 15년경이며, 그로부터 출가를 허락받은 것은 아난이 고타마 붓다의 시중을 들기 시작한 첫 해, 즉 성도 후 20년경으로 추정되고 있다. 그리고 이렇게 보면 시간 상 비구 승가는 이미 어느 정도 출가단체로서의 기반을 확립하고 있었다고 볼 수 있다(전해주, 〈비구니교단의 성립에 대한 고찰〉, pp.316-317).

고타마 붓다의 긍정적인 여성관이 나타난 것으로는 먼저 《싱가라에의 가르침》[24]을 들 수 있다. 여기에는 아내에 대한 남편의 의무로서 다음과 같은 것들이 열거되고 있다.

실로 남편은 다음과 같은 다섯 가지 방식으로 서방(西方)에 해당하는 아내에게 봉사해야 한다.[25] 즉 ①존경할 것, ②경멸하지 않을 것, ③도리에서 벗어나지 않을 것, ④권위를 줄 것, ⑤장식품을 제공할 것에 의해서이다.(30)

이 조항들을 보면 《마누법전》 등에 나타난 당시의 남성 종속적인 여성관과는 상당한 거리가 있다. 특히 여기서 주목할 것은 ①의 표현이다. 붓다고사(Buddhaghosa, 佛音)에 의하면, 존경이란 신들을 존숭하듯이 존경하며 담화한다는 의미이다.[26] 결국 아내를 대할 때 신을 대하듯이 존경하는 마음으로 해야 한다는 것이다. 이것은 남성보다 열등한 존재로서가 아니라 여성이라는 존재 그 자체를 인정하고 있음을 의미한다. 뿐만 아니라 ④의 아내에게 가정 내에서의 권한을 인정하고 간섭하지 말라는 표현 역시 앞서 언급한 《마누법전》의 규정들(5 · 147-

---

4) 팔리어 텍스트 *Singalovāda-suttanta*는 《불설시가라월육방예경(佛說尸迦羅越六方禮經)》(《대정장》 제1권, pp.250하-252중)을 비롯하여 《불설선생자경(佛說善生子經)》(《대정장》 제1권, pp.252중-255상)과 《장아함경》 권11(《대정장》 제1권, pp.70상-72하) 및 《중아함경》 권33의 《선생경(善生經)》(《대정장》 제1권, pp.638하-642상) 등의 한역이 있는데, 초기불교에 있어 재가자의 윤리를 설한 대표적인 경전이다. 이 경전의 원형은 아소카(Asoka, 기원전 268년~232년 재위)왕 이전에 성립된 것으로 추정되고 있다.

25) 2세기경 후한(後漢)의 안세고(安世高)에 의해 한역된 《불설시가라월육방예경》에는 "이른바 아내가 남편을 섬기는데 오사(五事)가 있다. …… 남편이 아내를 대하는데 역시 오사가 있다.(謂婦事夫 有王事 …… 夫視婦亦有五事)"(《대정장》 제1권, p.251중)고 하여 팔리어 텍스트상의 순서가 뒤바뀌어 있다. 이것은 남성 중심의 유교를 근간으로 한 번역 당시의 중국적 상황이 반영된 것으로 보인다.

26) 中村元, 《싱가라에의 가르침(シンガーラへの教え)》, 《불전(佛典)》 I, p.90.

148, 9 · 2–3)과 비교해 보면 매우 파격적인 내용이다. 이외 ②, ③,
⑤의 조항도 이상적인 부부관계의 모델을 제시한 것으로서 아내에 대
해 예의를 지키며 가족의 구성원으로 인정하라는 의미를 담고 있다. 특
히 ⑤는 자신의 재력에 맞게 장식품을 제공하라는 말로서 여기에는 여
성의 현실적 욕망까지도 분석하고 있는 치밀함을 엿볼 수 있다.

이와 같은 고타마 붓다의 여성관은 초기불전의 하나인 《옥야경》에
서도 발견된다. 여기서 고타마 붓다는 사위성의 급고독장자(給孤獨長
者:수닷타(Sudatta), 수달다(須達多))의 며느리인 옥야(玉耶:수자타
(Sujātā) · 선생(善生))에게 7종류의 아내에 대해 말하고 있는데,[27] 이
것 역시 고타마 붓다의 현실적 여성관을 파악하는데 도움이 된다. 이
것을 정리하면 다음과 같다.

① 남편을 사랑함에 자애로운 어머니 같이 하는 어머니 같은 아내 : 모
부(母婦)
② 남편을 섬김에 누이가 오라비 섬기듯 하는 누이 같은 아내:매부(妹
婦)
③ 남편을 섬김에 오랜만에 만난 벗을 대하듯 하는 벗 같은 아내:선지
식부(善知識婦)
④ 아내로서의 예절과 의리를 지키고, 시부모를 잘 봉양하여 가정의 평
화를 가져오는 아내 같은 아내:부부(婦婦)
⑤ 남편을 섬김에 하녀가 상전을 섬기듯 하는 종 같은 아내:비부(婢婦)
⑥ 남편 보기를 남 보듯 하고, 집안 돌볼 생각은 하지 않고 속된 짓만을
일삼고, 그러면서도 부끄러움을 모르며 친척들과 항상 다투려고만

27) "佛告玉耶 世間有七輩婦 一婦如母 二婦如妹 三婦如善知識 四婦如婦 五婦如婢
六婦如怨家 七婦如奪命"(《대정장》 제2권, p.866중).

하는 원수 같은 아내: 원가부(怨家婦)

⑦ 밤낮 성난 마음으로 남편을 대하며 어떻게든 남편을 죽이고자 기회만을 엿보는 살인마 같은 아내: 탈명부(奪命婦)[28]

여기서 고타마 붓다는 현실적 여성으로서 어떤 길이 바람직한가를 선악의 양면으로 나누어 제시하고 있다. 물론 여기에는 당시의 관습이 상당히 수용되고 있다. 그러나 이것도 이러한 관습들과 불교적 진리가 일치해서가 아니라 어쩔 수 없는 여성의 현실적 한계를 인식하고 있었기 때문이다. 즉 현실을 살아갈 수밖에 없는 인간존재에 대한 철저한 인식이 여기에 숨어 있다. 《상윳타 니카야》〈유게편(有偈篇)〉제3 구살라상응(拘薩羅相應)의 16(〈제2품〉)에 있어서의 다음 인용문도 이러한 고타마 붓다의 입장을 잘 반영하고 있는 사례 가운데 하나이다.

사람들의 왕이여, 어떤 부인은 남자보다도 뛰어나다. 지혜롭고, 계를 갖추어 시어머니를 공경하며 남편을 섬긴다. 그녀가 낳은 아들이 영웅이 되고 지상의 왕이 된다. 실로 이와 같은 좋은 아내의 아들은 왕국을 가르쳐서 이끈다.[29]

이것은 코살라국의 파사익(波斯匿, Pasenadi) 왕이 말리(末利, Mallikā) 왕비의 여아 출산을 기뻐하지 않자, 고타마 붓다가 한 말이라고 한다. 물론 여기에도 독립적인 여성으로서의 이미지는 없다. 그러나 당시의 관습 속에서도 여성이 결코 남성 못지않다고 밝힌 점은

---

28) 본문은 나카무라 하지메(中村元)의 현대어역(〈초기경전에 나타난 불교의 가정윤리〉, 《불교의 여성론》, p.97)을 참고로 정리하였다.

29) Saṃyutta-nikāya, Ⅰ, p.86. 《남전》 제12권, p.245.

주목할 만한 일이다.

　마지막으로 살펴볼 것은 비구니들의 시를 집대성한 《테리가타》이다. 《테리가타》가 중요한 이유는, 만약 고타마 붓다가 여성의 깨달음을 인정하지 않았다면 《테리가타》도 결코 성립할 수 없다는 점 때문이다. 다시 말해 《테리가타》에 나타난 여성들의 깨달음은 고타마 붓다가 여성의 깨달음을 부정하지 않았기 때문에 가능하였다는 것이다. 따라서 《테리가타》가 비록 고타마 붓다의 가르침을 전승한 불전은 아닐지라도 고타마 붓다의 여성관을 이해하는 자료로서는 충분한 가치가 있다고 볼 수 있다.

　《테리가타》에서 먼저 주목할 것은, 비구니들이 "나의 마음은 해탈했다." "붓다의 가르침을 체득했다." 등으로 자신의 깨달음을 당당하게 밝히고 있다는 점이다. 이러한 사실은 다음 장에서 논의할 '여인오장설(女人五障說)'과 양립할 수 없는 것으로서 비구니도 깨달음의 성취에 있어 비구와 결코 다르지 않음을 말하고 있는 것이다. 다시 말하면 상기의 내용들은 불도의 수행과 깨달음에 있어 성(性)에 따른 차별이 있을 수 없음을 말하고 있는 것이다. 특히 정학녀 난다(Nandā)에 대한 고타마 붓다의 가르침과 아바야(Abhayā) 비구니의 다음 게송은 성의 구별을 넘어선 육신의 허망함을 말하는 데까지 이르고 있다.

　　붓다께서 말씀하시기를, '난다여, 병들어 부정(不淨)하고 썩은 냄새가 나는 이 육신을 보라. 마음을 하나의 대상에 모아 안정하고 육신이 부정하다는 마음을 수습(修習)하라.' (19)
　　범부가 집착하는 이 육신은 괴멸해야 할 것이다. 나는 이것을 깊이 깨닫고 이 육신을 버리려 한다.(35)

다음으로 주목할 것은 비구들의 시를 집대성한 《테라가타》와 마찬가지로 《테리가타》에도 고타마 붓다의 근본교설인 사성제(四聖諦), 오온(五蘊), 팔정도(八正道) 등이 그대로 나타나고 있다는 점이다. 이러한 사실은 고타마 붓다의 가르침에 있어 비구와 비구니가 차별되지 않았음을 말해주는데, 또한 그렇기 때문에 그 가르침에 의한 깨달음에도 차별이 있을 수 없는 것이다.

다섯 요소의 모임(오온)의 생기와 소멸을 있는 그대로 관찰하고, 나는 마음이 해탈하여 명상에서 일어났다. 붓다의 가르침을 체득한 것이다.(96) 붓다는 석가족의 가정에서 태어난 비할 데 없는 분이다. 그는 나를 위해서 모든 견해를 초극하는 가르침을 설하셨다. 괴로움과 괴로움의 발생, 괴로움의 초극, 괴로움의 지멸(止滅)로 이그는 여덟 가지의 덕목으로 된 성스러운 길(팔정도)이다. 나는 그의 말을 듣고 가르침을 음미하며 하루를 보냈다. 나는 3종의 명지(明知)[30]에 통달하고, 붓다의 가르침을 체득했다.(185-189)

이외에도 《테리가타》에는 비구니들의 수행 역시 비구 못지않은 과정이었음을 알려주고 있는데, 시하(Sihā) 비구니의 다음 게송은 이러한 사실을 단적으로 보여준다.

나는 야윈 몸과 누런 피부, 추한 몰골로 7년 동안 편력했다. 나는 뼈아픈 고통으로 낮이나 밤이나 항상 편안함을 얻을 수가 없었다. 그래서 밧

---

30) 붓다와 아라한이 가지고 있는 3종의 신통력으로서, 과거세를 꿰뚫어 보는 숙명명(宿命明)과 미래 중생의 생사의 모습을 꿰뚫어 보는 천안명(天眼明), 현세의 일체 번뇌를 단멸하는 누진명(漏盡明)을 말한다.

줄을 손에 들고 숲속으로 들어갔다. '비참한 삶을 계속 살아가기보단 여기서 목을 매는 편이 좋을 것이다.'고 생각하고서, 단단한 매듭을 만들고 나뭇가지에 묶어 밧줄을 목에 건 순간 나의 마음은 해탈했다. (79-81)

이상의 사실들을 종합하면, 비구니들의 깨달음은 의심의 여지가 없어 보인다. 특히 여성이기 때문에 깨달음을 이룰 수 없다는 언급은 그 어디에서도 발견되지 않는다. 간혹 당시 인도여성의 현실적 고통을 호소하는 경우는 있으나,[31] 여성에 대한 본질적인 열등감은 어디에도 없다. 오히려 소마(Somā) 비구니는 수행에 있어 여성이라는 것이 아무런 장애도 되지 않는다는 것을 당당하게 밝히고 있다.

마음이 잘 안정되고 지혜가 있을 때 바르게 진리를 관찰하는 자로서 여성이라는 것이 어찌 장애가 되겠는가?(61)

이 인용문은 깨달음에 있어 남녀의 차별이 있을 수 없다는 당시 비구니들의 의식을 그대로 보여주고 있는 것이다. 특히 이것은 고타마 붓다 당시 수행의 기회가 성(性)에 관계없이 주어지고 있었으며, 그 수행의 경지에 있어서도 성의 구별이 없음을 말해주는 것이다. 이외에도 《테리가타》에는 수자타(Sujātā)와 아노파마(Anopamā)라는 재가여성이 고타마 붓다의 가르침을 듣고 아라한과(阿羅漢果, 145-150)

---

31) 이것을 단적으로 보여주는 것은 뭇타(Muttā) 비구니의 "나는 …… 세 가지의 〔육신을〕 굽게 하는 것으로부터 벗어나 있다. 절구와 절굿공이와 포악한 남편으로부터이다."(11)이다. 이외에도 두 모녀가 한 남편을 섬긴 웃팔라반나(Upalavaṇṇā, 蓮華色) 비구니의 경우(224-225)와 세 번이나 결혼했으나 모두 버림받은 이시다시(Isidāsī) 비구니의 경우(405-425)도 당시 인도여성의 한 단면을 보여주고 있는 예들이다.

와 불환과(不還果, 151-156)에 오른 사실을 보여주고 있는데, 이것은 재가여성도 고타마 붓다의 가르침과 깨달음의 대상에서 예외일 수 없음을 말해주는 것이다.

이상 《테리가타》에 나타난 여성의 모습은 고타마 붓다가 여성의 깨달음을 본질적으로 부정하지 않았음을 보여준다. 또한 그렇기 때문에 앞서 언급한 여성에 대한 고타마 붓다의 부정적 언설들도 본질적인 것이 아니라 당시의 현실과 관련된 것으로 이해해야 하는 것이다.

지금까지 당시의 인도적 현실과 관련해서 고타마 붓다의 여성관을 살폈다. 이것을 통해서 우리는 고타마 붓다의 성차별적인 교설들이 당시 여성의 현실과 무관하지 않음을 확인할 수 있었다. 그리고 이것은 불교의 대표적인 성차별로 간주되고 있는 계율상의 문제에도 그대로 적용된다. 이제 율전(律典)을 검토하면서 이것을 보다 구체적으로 살펴보도록 하자.

3. 율전에 나타난 성차별적 요소

오늘날 여성의 지위가 과거 어느 시대보다 높다는 데 큰 이견은 없을 것이다. 이미 여성에 대한 과거의 봉건적 예속들이 폐기되고 있을 뿐만 아니라, 여성도 이젠 적극적으로 사회 내에서의 정당한 대우와 참여를 요구하고 있다. 하지만 이러한 변화에도 불구하고 종교 내에서의 여성관은 여전히 보수적인 성향이 강하다. 불교도 예외는 아니어서 그 동안 이것에 대한 많은 논의가 있어 왔다. 그런데 이러한 논의들에 의하면, 불교 내에서의 성차별이 적어도 계율과 무관하지 않다는 데 일치하고 있다. 다시 말하면 성차별적 계율들로 인해 불교 내

에서의 여성의 지위가 비하되어 왔다는 것이다. 이처럼 계율에 대한 논의는 불교의 여성관을 논함에 있어 하나의 불가피한 과정이다.

　계율은 불교적 실천의 규범으로서 고타마 붓다에 의해서 창출되었다. 고타마 붓다 당시 교법은 제자들에 의해 설해지기도 하였지만,[32] 계율만큼은 고타마 붓다 이외에 누구도 제정한 적이 없다. 또한 계율은 '수범수제(隨犯隨制)의 원칙', 즉 문제가 있을 때마다 그 재발을 방지하기 위해 제정되었는데, 비구 250계, 비구니 500계라고도 하듯이 그 수도 상당히 많다.[33] 하지만 수치상으로도 알 수 있듯이 비구와 비구니 사이에는 적지 않은 차이가 난다. 또한 계율 중에는 동일 죄목에 대해 비구보다 비구니에게 더 무거운 벌칙을 부과하는 '동죄이벌(同罪異罰)'의 규정이 엄연히 존재한다. 이것은 그 자체로도 문제이지만, 이것이 일단 범하게 되면 승가에서 추방되는 '바라이법(波羅夷法)'에 적용되고 있다는데 문제의 심각성이 있다. 이처럼 동일한 출가수행자임에도 불구하고 여성에게 더 불리한 계율이 제정되고 있는

---

32) 고타마 붓다는 승가가 형성될 때부터 이미 제자들의 설법교화를 인정하고 있었다. 특히 승가형성의 과정을 담고 있는 《사분율》(《대정장》 제22권, p.793상)과 《오분율》(《대정장》 제22권, p.108상) 등에는 제자들이 인천(人天)의 이익을 위해 유행하고 설법하지 않으면 안 된다는 고타마 붓다의 전법(傳法)에 대한 지침이 나타나 있다.

33) 중국 축법태(竺法汰)의 저작으로 알려진 〈비구니계본소출본말서(比丘尼戒本所出本末序)〉(《출삼장기집(出三藏記集)》 권11, 《대정장》 제55권, p.79하)에는 구이국(拘夷國)의 비구니가 500계를 가진다고 하고, 〈관중근출니이종단문하좌잡십이사병잡사공권전중후삼기(關中近出尼二種壇文夏坐雜十二事并雜事共卷前中後三記)〉(《출삼장기집》 권11, 《대정장》 제55권, p.82상)에도 비구니에게 500계가 있다고 한다. 하지만 율장 가운데 500계라는 말이 보이는 것은 《마하승기율》뿐이며, 비구니의 바라제목차(波羅提木叉, 계본(戒本))의 경우도 《마하승기율》이 277(290)조로 가장 적고, 가장 많은 《근본유부율(根本有部律)》의 경우도 360조 전후에 지나지 않는다. 따라서 비록 500계라는 말이 사용되고는 있지만, 이것은 율장에서 직접 기원한 것이 아니라 다른 계통의 사람들에 의해 사용된 것으로 추측되고 있다(平川彰, 《율장연구(律藏の研究)》, pp.491~493).

것은 무엇 때문일까?

　이미 언급했듯이, 이것에 대해서는 후대의 보수적 비구들에 의한 첨가라는 것이 주된 학설을 이루고 있다. 그러나 모한 위자야라트나 등의 주장처럼 당시의 현실을 고려하면 고타마 붓다의 직설일 가능성도 완전히 배제할 수는 없다. 나아가 필자는 이처럼 당시의 현실과 관련된 것으로 이해될 때 오히려 페미니스트들이 주장하는 성차별적 계율의 폐기론도 보다 설득력을 가질 수 있을 것으로 본다. 다시 말해 후대의 첨가설일 경우는 먼저 고타마 붓다의 교설과- 후대에 부가된 내용을 구별해야 하는 문제가 발생하게 되는데, 앞서 언급했듯이 현 상황에서 고타마 붓다에 의한 교설의 원형을 복원하는 것은 사실상 불가능하고, 또한 그렇기 때문에 후대에 부가된 내용을 가려내는 것도 쉽지 않다. 따라서 여기서는 후대의 첨가설보다는 당시의 현실적 측면에 입각해서 계율의 성차별적 요소들을 분석하고, 그 현실성을 추적하는 방향으로 논의를 전개하고자 한다.

　이 논의를 진행함에 있어 기본 텍스트로 삼은 것은 《사분율》[34]이다. 《사분율》은 상좌부계의 법장부(法藏部)가 전승한 율장으로서 현재《오분율》과 더불어 그 성립시기가 가장 빠른 것으로 인정되고 있고, 또한 한역 가운데 가장 중요하게 연구되고 있는 것이기도 하다.[35] 그 성립 연대는 대략 기원전 1세기 전후경으로 추정되고 있는데,[36] 한역은 요진(姚秦) 홍시(弘始) 12년(410년)에 시작하여 14년(412년)에 완결되었다고 한다. 역자에 대해서는 《대정장》에 '요진계빈삼장불타야사공

---

34) 《대정장》 제22권, pp.567상-1014.
35) 목정배, 《계율론》, pp.11-26.
36) 中村元, 《원시불교의 사상(原始佛敎の思想)》(하), p.464. 이것에 대해서는 본 절 '나' 항의 '비구니팔경법은 성차별적인 계율인가'에서 다시 상세하게 검토할 것이다.

축불념등역(姚秦罽賓三藏佛陀耶舍共竺佛念等譯)'이라 하여 불타야 사(佛陀耶舍)와 축불념(竺佛念)의 2인을 들고 있다. 이 가운데 《사분 율》을 암송하고 있던 불타야사가 번역을 주도하고, 축불념은 그의 번 역을 보조한 것으로 알려져 있다. [37] 이상과 같이 본 논의는 불타야사 에 의해 번역된 《사분율》을 중심으로 하되, 필요할 경우 기타의 율전 과 기존의 연구 성과도 참고할 것이다.

가. 동죄이벌의 계율

본 논의는 율전상에 나타난 성차별적인 계율들을 분석하는데 그 목 적이 있다. 하지만 이것을 위해서는 '계율(戒律)' 자체에 대한 이해가 선행되지 않으면 안 된다. 즉 계율이 성차별적인지 아닌지를 판별하 기 전에, 그 기준으로서 계율 본래의 목적 내지 의미에 대한 이해가 필요하다는 것이다. 그러나 '계율'의 원어에 해당하는 'sīla-vinaya' 가 없는 만큼, [38] 각각의 의미를 통해서 그 대강을 살펴보고 본 논의를 시작하기로 한다.

먼저 '계(戒)'는 5계를 비롯하여 재가자의 8계, 사미·사미니의 10 계, 비구·비구니의 구족계 등이 있는데, 모두 신(身)·구(口)·의 (意)의 악업을 방지하고 선업을 증진한다는 실천적 의미가 강하다. 하 지만 여기서 주의할 것은, 계가 단순한 금지적 조항만은 아니라는 사 실이다. 예컨대 5계의 경우, 비록 한역에서는 금지적 성격의 '불(不)' 이라는 어구를 써서 불살생(不殺生)·불투도(不偸盜)·불사음(不邪 婬)·불망어(不妄語)·불음주(不飮酒)로 번역하고 있지만, '불(不)' 에 해당하는 팔리어 'veramaṇī'의 본래 의미는 '~로부터의 원리(遠

---

37) 平川彰, 《율장연구》, pp.131-134.
38) 平川彰, 석혜능 역, 《원시불교의 연구》, p.128.

離)'이다. 그래서 히라카와 아키라(平川彰)도 《중아함경》 권30 《우바새경(優婆塞經)》의 이살(離殺)·이불여취(離不與取)·이사음(離邪婬)·이망언(離妄言)·이주(離酒)[39]가 원전에 충실한 번역이라는 평가를 내리고 있다.[40]

이렇게 보면, 계는 스스로 악행을 멀리 여읜다는 자발성에 그 초점을 둔 것이라고 할 수 있다. 다시 말해 계는 타인의 명령에 의해서가 아니라 스스로의 의지로 그것을 지킨다는 데 그 본의가 있는 것이다. 그러면 계를 위반함으로써 주어지는 것은 무엇일까? 그것은 파계(破戒)에 대한 '부끄러움', 즉 '참회'이다. 여기서 참회란 단순히 벌을 받고 속죄한다는 의미는 아니다. 《대지도론(大智度論)》 권13에 "선도(善道)의 행을 좋아하고 스스로 방일하지 않는 이것을 시라(尸羅, sīla)라고 한다."[41]고 하듯이, 참회란 자신의 죄를 숨김없이 드러내어 인정하고, 또한 이것을 기연으로 악행을 멈추고 다시 선행으로 나아가겠다고 결심하는 것을 말한다. 이처럼 계의 본질은 악을 행했을 때 그것을 반성하고 악을 멀리하는 마음을 되살리는 데 있다고 할 것이다.

다음으로 율(律)은 승가의 규칙을 의미하는데, 비구·비구니가 개인적으로 지켜야 하는 학처(學處), 즉 바라제목차의 250계와 348계를 비롯하여, 포살이나 안거 등 종교행사나 의식에서 비구·비구니의 출석의무 및 단체행동을 규정한 것이다. 그런데 이 율에는 계와는 달리 벌칙이 뒤따른다.[42] 즉 율은 승가의 질서를 유지하는 규범으로서,

---

39) 《대정장》 제1권, p.616중-하.
40) 平川彰, 《원시불교의 연구》, p.141.
41) "好行善道不自放逸 是名尸羅"(《대정장》 제25권, p.153중).
42) 《사분율》 권59(《대정장》 제22권, p.1004하)에 의하면, 율의 벌칙은 크게 바라이(波羅夷), 승가바시사(僧伽婆尸沙, 僧殘), 바일제(波逸提), 바라제제사니(波羅提提舍尼), 돌길라(突吉羅)의 5가지로 분류되는데, 이것은 대부분의 율장에서 일치하고 있다.

본인뿐만 아니라 다른 사람의 수행을 위해 강제되는 것이다. 그리고 《사분율》권1에는 이 근거로서 '십구의(十句義)'가 열거되어 있는데,[43] 이것에 의하면 율은 승가를 단결시키고 구성원들이 안심하고 수행할 수 있도록 하기 위한 것이다. 특히 마지막의 '정법을 영원히 존속케 한다(正法得久住).'는 것은 율의 궁극적 목적이 정법의 존속에 있음을 말하는 것으로 승가가 율에 의해서 유지되고, 또한 그럼으로써 교법도 다음 세대로 전승될 수 있다는 점을 강조한 것이다.

이렇게 계와 율은 엄밀히 구별되며, 또한 각각 독자적인 성격을 지니고 있음을 알 수 있다. 하지만 여기에서 주의해야 할 것은 계와 율은 결코 따로 분리해서 생각할 수 없다는 점이다. 먼저 계는 수행자가 반드시 지켜야 하지만, 인간의 속성상 언제나 파계될 가능성을 가지고 있다. 반면 율은 획일적이기 때문에 형식화될 수는 있지만, 벌칙이 따르기 때문에 파계의 가능성을 최대한 억제하고 있는 것이다. 또한 율의 규정에 따르면, 출가수행자가 승가로부터 탈퇴하는 것은 자유일 뿐만 아니라 어떠한 제한이나 조건도 없다. 즉 단지 그 자격을 포기한다는 선언만으로도 승가로부터의 탈퇴가 가능한 것이다. 그리고 다시 출가수행자가 되고자 한다면 새로 구족계를 받고 입단하면 된다. 그

---

43) "십구의를 모으니, 첫 번째, 승가에 섭취하고, 두 번째, 승가를 환희케 하고, 세 번째, 승가를 안락케 하고, 네 번째, 아직 믿지 않는 자를 믿게 하고, 다섯 번째, 이미 믿는 자는 〔그 믿음을〕 더욱 증장케 하고, 여섯 번째, 다스리기 어려운 자는 잘 다스리게 하고, 일곱 번째, 참회하는 자는 안락케 하고, 여덟 번째, 현재의 번뇌를 끊게 하고, 아홉 번째, 미래의 번뇌를 끊게 하고, 열 번째, 〔부처님의〕 정법을 영원히 존속케 한다.("集十句義 一攝取於僧 二令僧歡喜 三令僧安樂 四令未信者信 五已信者令增長 六難調者令調順 七慚愧者得安樂 八斷現在有漏 九斷未來有漏 十正法得久住", 《대정장》제22권, p.570하). 이것은 'dasa atthavase'가 그 원어로서 모든 율장에 설해지고 있다. 다만 《사분율》에서는 '십구의(十句義)', 《마하승기율》에서는 '십종이익(十種利益)', 그 외의 율장에는 '십리(十利)'로 번역되고 있다(平川彰, 《율장연구》, pp.309~310).

런데 이처럼 승가로부터의 탈퇴가 자유라는 것은 출가수행자들이 승가에 머무는 것 또한 그들의 자발적인 정신에 의거하고 있음을 의미한다. 다시 말해 개인에게 내재된 지계력(持戒力)이 승가를 결합시키는 원동력이라는 것이다. 이와 같이 율의 규칙은 엄격하지만 그것이 지켜지는 것은 구성원들의 자발적인 정신에 의거하고 있다. 즉 율의 강제성도 계의 자발적인 정신에 의해 유지되고 있는 것이다.

반면 율은 금지를 목적으로 제정되었기 때문에 적극적으로 선을 행한다는 점에서 보면 다소 불충분한 면이 있다. 단적인 예로, 승잔법[44]의 '마촉여인계(摩觸女人戒)'는 비구로 하여금 여성과의 접촉을 금지하기 위해 제정되었는데,[45] 극단적으로 물에 빠진 여인을 구하는 경우에도 그대로 적용되는 것이다. 이외에도 바라이법의 '단인명계(斷人命戒)'나 바일제[46]의 '탈축생명계(奪畜生命戒)'의 경우도 생물의 목

---

44) 승잔(僧殘)은 승가바시사(僧伽婆尸沙, ⓟsaṃghādisesa, ⓢsaṃghāvaśeṣa)의 의역으로서, 성적 악습이나 승가의 분열을 유도하는 등의 사상적 행동과 관련된 규정을 말한다. 승잔은 참회로도 속죄될 수 있는 죄이지만, 만약 숨기면 그 일수만큼 별주(別住)시켜 근신케 한다. 별주기간이 끝나도 다시 6일간의 별주생활을 더 하게 되는데, 이것을 '6야(夜)의 마나타(摩那埵, mānatta)'라고 한다. 마나타가 끝나면 20인 이상의 비구 승가로부터 출죄(出罪)를 인정받게 된다. 이것은 별주나 마나타 등의 행법에 있어 약간의 차이는 있지만, 대부분의 율장에서 일치하고 있다. 그러나 20인 이상의 비구가 모인다는 것 자체가 매우 어렵기 때문에 이것 역시 중죄라고 할 수 있다. 비구는 13조, 비구니는 17조의 승잔법이 있다.

45) "만약 비구가 음욕심으로 여인과 몸을 닿고, 혹은 손을 잡고 혹은 머리를 만지고, 혹은 몸의 어느 한 부분이라도 닿는다면 승가바시사이다."(若比丘婬欲意 與女人身相觸 若捉手若捉髮 若觸一一身分者僧伽婆尸沙", 《사분율》 권2, 《대정장》 제22권, p.580중). 여기서 '마촉여인계'라는 명칭은 히라카와 아키라(平川彰, 《율장연구》) 및 사토 미츠오(佐藤密雄, 《초기불교교단과 계율》) 등의 표기법에 따른 것으로, 이하 계명(戒名)의 표기는 이들 및 그 계명이 제시되어 있는 《남전》의 표기법에 따른다. 단 차이가 있을 경우에는 본문과의 유사성을 고려하여 표기한다.

46) 바일제(波逸提)는 'pācittiya(ⓢpātayantikā)'의 음역으로 단타법(單墮法)이라고도 하는데, 이것은 참회만으로 속죄될 수 있는 죄이다. 이와 유사한 규정으로 사타

숨을 빼앗는 것을 금지하는 것일 뿐 적극적인 생명의 구제를 권하고 있지는 않다. 따라서 이러한 율의 결점들은 앞서 언급한 《대지도론》 권13의 말처럼 적극적으로 선을 행하게 하는 계에 의해서 보완되지 않으면 안 되는 것이다. 이렇게 보면 율은 계의 정신을 그 근본원리로 삼고, 계는 율의 통제에 의해 그 지속성을 유지하는 상보적 관계에 있다고 할 수 있다.

그런데 문제는 이러한 근본취지에도 불구하고 어느 일방, 즉 여성에게만 불리하게 적용되는 계율들이 있다는 점이다. 특히 이것이 바라이법에 나타나고 있다는데 문제의 심각성이 있다. 이것에 대해서는 제1장에서 언급했듯이, 극단적으로 고타마 붓다에 의한 성차별의 사례로 보는 경우가 있고, 다른 한편으로는 후대의 첨가설과 고타마 붓다의 방편설이라는 측면에서 설명하는 방식이 있다. 그러나 당시 여성의 현실을 고려하면 단순히 성차별로 본다거나 후대의 첨가설로만 보는 것에는 동의하기가 어렵다. 따라서 여기서도 이러한 논점을 견지하면서 문제의 중심이 되고 있는 바라이법의 '동죄이벌'을 분석하고, 그 의미에 대해 살펴보기로 한다.

먼저 바라이법(波羅夷法, pārājika)이란 무엇인가? 이것에 대해 《팔리율》의 〈경분별(Suttavibhaṅga, Ⅰ)〉을 비롯해서 율전에는 다음과 같은 '단두(斷頭: 斫頭)'의 비유로 설명하고 있다.

법(捨墮法)이 있는데, 이것은 의류, 금전 등 부정한 소득에 관한 금계(禁戒)로서 부정하게 획득한 물건을 승가에 사출(捨出)함으로써 그 죄를 용서받게 된다. 죄로 보면 사타나 단타 모두 참회죄로서, 참회의 대상을 청하여 그 사람에게 참회를 하면 출죄(出罪)된다. 다만 사타는 승가에 사출해야 하는 물건이 있지만, 단타는 그것이 없기 때문에 참회의 대상을 구하여 그 앞에서 참회하면 출죄된다. 즉 바일제는 물질과 관계가 없는 법으로서 실언이나 의도가 불명확한 행위 등이 여기에 해당되며, 1~3인의 승려 앞에서 참회하면 용서될 수 있는 죄이다. 비구는 90조, 비구니는 178조의 바일제가 있다.

바라이(波羅夷)란 마치 머리를 잘린 사람이 그 몸으로서는 살 수 없듯
이, 이와 같이 비구이면서 부정법(不定法)을 행하면 사문(沙門)이 아니며
석자(釋子)도 아니다. 이 때문에 바라이라고 한다.[47]

무엇을 바라이라고 하는가? 비유컨대 사람의 머리를 자르면 다시 일어
날 수 없는 것처럼, 비구 또한 이와 같다. 이 법을 범한 자는 다시 비구가
될 수 없기 때문에 바라이라고 한다.[48]

바라이라는 것은 이름하여 타법(墮法)이라고 하며, 악법(惡法)이라고
하며, 단두법(斷頭法)이라고 하며, 비사문법(非沙門法)이라고 한다.[49]

바라이라는 것은 사람이 다른 이에 의해 머리가 잘려지면 다시 살아날
수 없는 것처럼 악에 의해 파멸되어 비구가 될 수 없는 것을 바라이라고
한다.[50]

이것을 종합해보면, 바라이법이란 승가에서 추방되는 동시에 다시
는 출가할 수 없고, 참회로도 속죄될 수 없는 최고의 중죄이다. 그리
고 위의 인용문들은 이러한 사실을 사형이라는 국가 법률상의 예로서
설명하고 있는 것이다. 말하자면 불도 수행자에게 있어서 바라이법은
목숨과도 같은 것이다. 따라서 이것을 적용함에 있어서 남녀의 차별
이 있다는 것은 결코 사소한 문제가 아니다.

《사분율》에는 비구 250계, 비구니 348계가 설해지고 있는데, 그 가
운데 바라이법은 비구의 4계와 비구니의 8계가 있다. 여기서 비구의

---

47) *Vinaya-piṭaka*, Ⅲ, p.28. 《남전》 제1권, p.44.
48) "何名波羅夷 譬如斷人頭不可復起 比丘亦復如是 犯此法者不復成比丘故名波羅
夷"(《사분율》 권1, 《대정장》 제22권, p.571중).
49) "波羅夷者 名爲墮法 名爲惡法 名斷頭法 名非沙門法"(《오분율》 권1, 《대정장》 제
22권, p.4하).
50) "波羅夷者 如人爲他斫頭更不還活 爲惡所滅不成比丘 名波羅夷"(《비니모경(毘尼
母經)》 권7, 《대정장》 제24권, p.842중).

4계란 ①음계(婬戒), ②도계(盜戒), ③살계(殺戒), ④대망어계(大妄語戒)로서, 이 조항들은 비구니에게도 그대로 적용되는 공계(共戒)이다. 또한 이 4바라이법은 재가의 5계 가운데 불음주계(不飮酒戒)를 제외한 조항과도 일치하는데, 이것은 곧 불교의 보편적인 실천윤리로서 누구에게나 적용됨을 의미한다. 따라서 여기에서 따로 동죄이벌을 논할 필요는 없을 것이다. 다만 제1 음계의 경우에는 '사계(捨戒)'의 문제와 관련하여 이론의 여지가 있기 때문에 잠시 살펴보도록 한다.

이미 언급했듯이, 음계란 비구·비구니를 불문한 출가자들의 음행을 경계하기 위한 것으로, 이른바 5계의 '불사음계(不邪婬戒)'와도 일치하는 것이다. 그런데 이 음계에는 다른 계와는 달리 '사계의 자유'라는 것이 설정되어 있는데, 문제는 이것이 비구에게는 보장되고 있는 반면, 비구니에게는 이런 조문 자체가 없다는 점이다. 이 사실은 바라이법 제1조의 조문 속에서 확인할 수 있다.

> 만약 어떤 비구가 비구들과 함께 계를 같이 하면서도 사계하지 않고, 계리(戒羸)함을 스스로 뉘우치지 않으며[51] 부정행(不淨行)을 범하고 음욕법을 행하면 이것은 비구의 바라이이니 함께 머물지 못한다.[52]

---

51) 이것은 스스로 음계(婬戒)를 지킬 힘이 없다고 고백하는 것을 말하는데, 《살바다부비니마득륵가(薩婆多部毘尼摩得勒伽)》 권5에는 비구가 세속의 일을 억념하며 비구가 되는 것을 좋아하지 않는 것으로서 설명되고 있다. "云何戒羸 若比丘 憶念家中 不樂作比丘 如前說 是名戒羸"(《대정장》 제23권, p.595상).

52) "若比丘共比丘同戒 若不捨戒 若戒羸不自悔 犯不淨行婬欲法 是比丘波羅夷不共住"(《사분율》 권1,《대정장》 제22권, p.571상). 이외 《오분율》 권1(《대정장》 제22권, p.4중),《마하승기율》 권2(《대정장》 제2권, p.235하),《십송율》 권1(《대정장》 제23권, p.2상),《근본설일체유부비나야》 권1(《대정장》 제23권, p.629하) 등에도 동일한 내용이 기술되고 있다.

여기서 "함께 머물지 못한다(不共住)."고 하는 것은 곧 승가로부터 추방된다는 말인데, 이것이 이른바 바라이죄의 벌칙이다. 그리고 상기의 인용문에 의하면, 음계에 있어 이 벌칙에 해당되는 것이 "사계하지 않고, 계리함을 스스로 뉘우치지 않고" 음욕을 행하는 경우이다. 그런데 이것은 그 의미상 만약 사계하고 계리를 표명하면 비록 음계를 범하더라도 바라이죄가 되지 않는다는 말이기도 하다. 다시 말해 이것은 사계의 여부에 따라 바라이죄의 적용여부도 달라짐을 나타내고 있는 것이다. 이처럼 사계의 문제는 음계에 있어 하나의 핵심을 이루고 있다고 해도 과언이 아니다.

여기서 사계란 이른바 비구가 "나는 계를 버린다."고 선언함으로써 그의 비구성이 없어지는 것을 말한다. 그리고 이것은 그의 말을 이해할 수 있는 누군가에게 공언하는 것만으로도 가능하다. 다시 말해 사계는 듣는 사람이 자신의 사계를 이해해 주는 것만으로도 성립하며, 그 외 누군가의 허락을 받는다든지 하는 형식적 절차가 필요없는 것이다.[53] 그렇다면 위의 인용문에서는 사계하면 비록 비구로서의 자격은 상실되지만, 또한 이처럼 자격이 없는 상태에서 범해진 것이므로 결국에는 바라이죄가 성립되지 않는다는 말이 된다.

그러면 음계에 이와 같은 사계의 자유가 첨가되어 있는 것은 무엇 때문일까? 이것은 비구로서 계속 수행할 의사는 있지만, 순간적으로 음욕을 이겨내지 못해 파계하는 경우가 있기 때문이다. 앞서 언급했듯이, 비구로서 음계를 범하면 바라이죄가 되어 비구로서의 자격을 영원히 박탈당하게 된다. 그러나 아직 수행력이 부족한 이들도 있다. 특히 세속생활을 하다가 갓 출가한 비구들이 성(性)의 유혹을 이겨내기

---

53) 平川彰, 《원시불교의 연구》, pp.244-245.

란 결코 쉬운 일이 아닐 것이다. 따라서 이들을 구제할 방법도 고려하지 않을 수 없었다. 이처럼 사계의 자유란 일종의 편법으로서, 그 목적은 다시 비구로서 계속 수행할 기회를 주는데 있다고 할 것이다. 그래서 《사분율》 권1에도 사계를 행한 비구가 다시 구족계를 받으면 언제든지 승가로 돌아갈 수 있다고 말하고 있는 것이다.

> 그러므로 비구여, 만약 어떤 다른 사람이 정행(淨行)을 좋아하지 않으면 사계하여 집으로 돌아가는 것을 허락한다. 만약 다시 불법 안에 출가하여 정행을 닦고자 하면 마땅히 다시 출가시켜 대계(大戒)를 받도록 해야 한다.[54]

하지만 비구니의 경우는 이러한 규정 자체가 보이지 않는다. 이것은 무엇 때문일까? 사계란 수행자로 하여금 불도수행을 계속하게끔 하는데 그 목적이 있다. 그런데 비구의 경우는 그 음행의 결과가 도덕상의 비난 이외에 수행상의 큰 구속력을 갖지 않는데 반해, 비구니의 경우는 그 결과가 임신으로 이어질 수 있으며, 또한 그럼으로써 수행의 중단을 초래할 수 있다는데 문제가 있다. 따라서 이러한 점을 감안하면, 규정이 없다는 것은 곧 비구니의 경우에는 사계의 자유가 없음을 말하고 있는 것이다.

앞서 언급한 것처럼, 비구니에게는 공계(共戒)로서의 4바라이법 외에 불공계(不共戒)로서의 4바라이법이 더 부과되어 있다. 그리고 성

---

54) "是故比丘 若有餘人不樂淨行 聽捨戒還家 若復欲出家於佛法中修淨行 應度令出家受大戒"(《대정장》 제22권, p.570하). 이외 《남해기귀내법전(南海寄歸內法傳)》에는 벌치가리(伐致呵利, Bhartṛhari)라는 한 학사(學士)가 출가와 재가를 7번이나 왕복했다는 기록이 있다. "伐致呵利 …… 希勝法而出家 戀纏染而便俗 斯之往復數有七焉"(《대정장》 제54권, p.229상).

차별적인 동죄이벌의 규정은 비구니의 4불공계에서 보다 구체적으로 나타나고 있다. 이제 이러한 비구니 불공계에 나타난 동죄이벌의 규정을 분석하고, 그 의미를 살펴보도록 하자.

먼저 비구니 불공계의 첫 번째는 ⑤마촉계(摩觸戒)이다. 이것에 대한 《사분율》의 조문은 다음과 같다.

> 만약 비구니가 염오심으로 염오심의 남자와 함께 겨드랑이 이하에서 무릎 이상 몸이 서로 닿거나, 잡고 만지거나, 끌고 밀거나, 위아래로 만지거나, 들고 내리거나, 잡고 누르면 이것은 비구니바라이이니 함께 머물지 못한다. 이것은 몸이 서로 닿은 것이다. [55]

이 조문은 비록 완전한 음행은 아닐지라도 비구니가 염오심을 품고 몸을 접촉하면 바라이죄가 된다는 설명이다. 물론 이것은 승가의 질서유지라는 측면에서 보면 당연한 조치가 아닐 수 없다. 문제는 비구니에게는 바라이죄가 적용되는 반면, 비구에게는 앞서 언급한 승잔죄, 구체적으로 '마촉여인계'가 적용되고 있다는 점이다. 표면상으로만 보면 이것은 성차별적인 규정이 아닐 수 없다. 특히 이것은 성적 행위에 있어 남녀의 차별이 표면화되고 있다는 점에서 논란의 여지가 많다.

비구니 불공계의 두 번째는 ⑥팔사성중계(八事成重戒)이다. 이것에 대한 《사분율》의 조문은 다음과 같다.

> 만약 비구니가 염오심으로 남자의 염오심을 알면서도 받아들여 손을 잡

---

55) "若比丘尼染汚心 共染汚心男子 從腋已下膝已上身相觸 若捉摩若牽若推若上摩若下摩若舉若下若捉若捺 是比丘尼波羅夷不共住 是身相觸也"(《대정장》 제22권, p.715중).

고, 옷을 잡고, 병처(屛處: 은밀한 곳)에 들고,[56] 함께 서며, 함께 말하며,
함께 다니며, 혹은 몸을 서로 기대며, 혹은 함께 [다음에 다시 만날 것을]
기약하면 이것은 비구니바라이이니 함께 머물지 못한다. [왜냐하면] 이 8
사를 범했기 때문이다.[57]

　여기서 8사란 손을 잡고, 옷을 잡고, 은밀한 곳(병처)에 들고, 함께
서고, 함께 말하고, 함께 다니고, 몸을 서로 기대고, 다음에 다시 만
날 것을 기약하는 것을 말하는데, 이 8사를 범하면 바라이죄가 된다
는 것이 이 조문의 설명이다.[58] 이것도 '마촉계'와 마찬가지로 염오심
에 의한 행위를 문제 삼고 있다. 특히 이 조항은 성교 자체는 아니지
만 예방적 차원에서 그 조건적 행위를 경계하고 있다는데 그 의의가
있다. 그리고 마음속에 일어나는 음욕의 통제라는 음계의 본의에서 보
면 이것도 불가피한 조치가 아닐 수 없다. 그런데 여기서도 비구에게
는 완전한 음행만이 바라이죄가 되는 반면, 비구니의 경우는 완전한
음행은 물론 그 조건적인 행위까지도 바라이죄를 적용시키고 있다. 예
컨대 상기의 '입병처(入屛處)'의 경우, 비구는 비구니와 달리 무조건
바라이죄가 되는 것이 아니라 그 내용에 따라 죄목이 다르게 적용된
다. 즉 비구가 은밀한 곳에서 음행을 한 경우라면 당연히 바라이죄이

---

56) 《사분율》 권22에 의하면, '입병처(入屛處)'란 남의 이목을 떠난 은밀한 곳을 말
　한다. "入屛處者離見聞處也"(《대정장》 제22권, p.716상-중).
57) "若比丘尼染汚心 知男子染汚心 受捉手捉依 入屛處共立共語共行 或身相倚或共
　期 是比丘尼波羅夷不共住 犯此八事故"(《대정장》 제22권, p.716상).
58) 이 가운데 1사에서 7사까지를 범하면 투란차죄(偸蘭遮罪, thullaccaya)가 된다.
　투란차란 '추악한 죄'라는 뜻으로, 바라이죄와 승잔죄의 미수죄를 말한다. 예
　컨대 낙태시키려다 잘못하여 산모가 죽고 태아가 살아난 경우, 만약 태아가 죽
　었다면 바라이죄이나 산모는 죽일 의도가 없었기 때문에 투란차죄가 된다(平川
　彰, 석혜능 역, 《비구계의 연구》 I, p.138).

지만, 단순히 여성과 앉아 있거나 그때 주고받은 내용이 성(性)에 관계된 경우에는 바일제죄 내지 승잔죄가 되는 것이다.[59] 그런데 비구에게는 사계의 자유라는 것이 있어 음계에 있어 그제의 길도 보장되어 있다. 이처럼 누구에게나 공평하게 적용되어야 할 율의 기본원칙이 여기서는 무시되고 있는 것이다.

비구니 불공계의 세 번째는 ⑦복비구니중죄계(覆比丘尼重罪戒)이다. 이것에 대한 《사분율》의 조문은 다음과 같다.

만약 〔어떤〕 비구니가 다른 비구니가 바라이를 범한 줄 알면서도 스스로 발로하지 않고, 중인(衆人)에게 말하지 않고, 대중(大衆)에게 사뢰지 않고, 만약 다른 때에 그 비구니가 임종하거나 혹은 승가로부터 거죄(擧罪)되거나 혹은 휴도(休道)하거나 혹은 외도의 무리에 들어간 후에 '나는 앞서 〔그 비구니에게〕 이러이러한 죄가 있음을 알고 있었다.'고 한다면, 이것은 비구니바라이이니 함께 머물지 못한다. 〔왜냐하면 이것은〕 중죄를 고발하지 않고 숨겼기〔복장(覆藏)〕 때문이다.[60]

여기서 '중인(衆人)'은 3인 혹은 그 이하의 승가, '대중(大衆)'은 4인 혹은 그 이상의 승가를 말한다. 또한 '휴도(休道)'와 '거죄(擧罪)'는 각각 출가자로서의 신분을 버리는 것과 출가자가 추방 혹은 별주 처분을 받는 것을 말한다. 이 조문은 곧 비구니가 승가의 성원으로서 타인의 바라이죄를 덮어주면 마찬가지로 바라이죄에 해당한다는 것을 규정하고 있는 것이다. 어쩌면 이 조항드 승가의 질서유지를 위해서

---

59) 《사분율》 권5, 《대정장》 제22권, p.600하.
60) "若比丘尼 知此丘尼犯波羅夷 不自發露 不語衆人 不白大衆 若於異時 彼比丘尼 或命終 或衆中擧 或休道 或入外道衆 後作是言 我先知有如是如是罪 是比丘尼波 羅夷不共住 覆藏重罪故"(《대정장》 제22권, ㅍp.716하~717상).

는 당연한 조치이다. 문제는 여기에도 동죄이벌의 성차별적 규정이 적용되고 있다는 점이다. 즉 비구에게는 비구니와는 달리 동료 비구의 죄를 고발할 의무가 없을 뿐만 아니라, '복죄(覆罪)'의 경우도 바라이죄보다 단계가 낮은 바일제의 '복타추죄계(覆他麤罪戒)'[61]가 적용되고 있는 것이다.

마지막으로 비구니 불공계의 네 번째는 ⑧수순피거비구계(隨順被擧比丘戒)이다. 이것에 대한 《사분율》의 조문은 다음과 같다.

만약 비구니가 [어떤] 비구가 승가에서 거죄된 줄 알면서도 법대로 율대로 부처님의 가르침대로 순종하지 않고, 참회하지 않고, 승가에서 함께 머물 수 있다고 허락하지 않았는데도 [그 비구에게] 순종하면 모든 비구니는 말하라. '대자(大姉)여, 이 비구는 승가에서 거죄된 바, 법대로 율대로 부처님의 가르침대로 순종하지 않고, 참회하지 않고, 승가에서 함께 머물 수 있다고 허락되지 않았으니 너는 순종하지 말라.' 이와 같이 비구니가 그 비구니에게 간할 때, 이 일을 견지하고 버리지 않으면 그 비구니에게 마땅히 내지 제2, 제3 간하라. 이 일을 버리도록 하기 위해서이다. 만약 내지 3번 간하여 버린다면 괜찮지만, 만약 버리지 않으면 이것은 비구니바라이이니 함께 머물지 못한다. [왜냐하면 이것은] 거죄된 비구를 따르는 죄(隨擧)를 범했기 때문이다.[62]

---

61) "만약 어떤 비구가, 다른 비구가 추죄(麤罪: 중죄)를 범한 줄 알면서도 고발하지 않고 숨기면 바일제이다.(若比丘知他比丘犯麤罪覆藏者波逸提)"《대정장》 제22권, p.679상).

62) "若比丘尼知比丘僧爲作擧 如法如律如佛所教 不順從不懺悔 僧未與作共住而順從 諸比丘尼語言 大姉 此比丘爲僧所擧 如法如律如佛所教 不順從不懺悔 僧未與作共住 汝莫順從 如是比丘尼諫彼比丘尼時 是事堅持不捨 彼比丘尼應乃至第二第三諫 令捨此事故 若乃至三諫捨者善若不捨者 是比丘尼波羅夷不共住 犯隨擧(故)"《대정장》 제22권, p.717하).

승가는 악견(惡見)을 주장하거나 계를 범하고도 그것을 인정하고 참회하면서 악견을 버리려 하지 않고, 또한 그것에 대한 승가의 간고(諫告)도 받아들이지 않는 자에게 '불견죄거죄갈마(不見罪擧罪羯磨)', '불참죄거죄갈마(不懺罪擧罪羯磨)', '불사악견거죄갈마(不捨惡見擧罪羯磨)'라는 3종의 갈마를 부과하여 각각 견죄 · 참회 · 사악견할 때까지 별주시키며 거죄케 한다.[63] 이때 비구는 남에게 구족계를 주지 못하는 등 대부분의 권리를 박탈당하며 비구로서의 자격을 상실하게 되는데,[64] 위의 인용문은 이처럼 별주당하고 있는 비구를 따르지

---

63) 《팔리율》의 〈소품(Cullavagga, I)〉 '갈마건도(羯磨犍度)'에 의하면, 승가는 악견을 주장하는 비구가 나타나면 먼저 그것을 들은 비구들이 악견을 버리도록 간고하고, 이것이 받아들여지지 않으면 현전승가(現前僧伽)*의 비구 전원이 출석하는 화합승을 형성, 경 · 율에 근거하여 악견 여부를 판단한다. 여기서 만약 악견이라는 결정이 내려지면 백사갈마(白四羯磨)**를 통하여 그에게 악견을 버릴 것을 간고한다. 이 간고가 받아들여지면 그것으로 끝나지만, 끝내 받아들여지지 않으면 승가와 별주(不共住)하게 된다(Vinaya-piṭaka, II. pp.21-30. 《남전》 제4권, pp.30-45).
* 율장에 의하면, 승가란 4인 이상의 출가자가 동일 경계에 머무는 것을 말하는데, 시공을 초월한 광의적 승가를 사방승가(四方僧伽)라고 하는 반면, 특정한 시공간 속의 출가수행 공동체를 현전승가라고 한다.
** 한 번의 백(白:의안 제출)과 세 번의 갈마설(羯磨說:가부를 묻는 것)로 이루어져 있는데, 먼저 백을 말하고 그 다음 회중이 그것을 승인할 것인지의 가부를 묻는 3번의 갈마설이 뒤따른다. 이 의식은 주로 수계나 중죄의 처벌 등 중요한 결정을 할 때 행해진다.
64) 이것은 율장에 따라 다소 차이가 있는데, 《팔리율》의 〈소품(Cullavagga, I)〉 '갈마건도'에는 '불사악견거죄갈마'를 받은 자에게 다음과 같은 18사(事)의 제약이 있음을 말하고 있다. (1) 남에게 구족계를 주어서는 안 된다. (2) 다른 사람의 의지처가 되어서는 안 된다. (3) 사미를 두어서는 안 된다. (4) 비구니를 위한 교계(敎誡)에 선발되어서는 안 된다. (5) 선발된다 해도 비구니를 교계해서는 안 된다. (6) 승가로부터 불사악견거죄갈마를 받을만한 죄를 범해서는 안 된다. (7) 다른 유사(한 죄를 범해서도 안 된다.) (8) 이보다 더 악(한 죄를 범해서는 안 된다.) (9) 갈마를 욕해서는 안 된다. (10) 갈마에 참여한 자를 욕해서도 안 된다. (11) 청정한 비구의 포살을 방해해서는 안 된다. (12) (청정한 비구의) 자자를 방해해서는 안 된다. (13) (다른 비구와) 함께 이야기해서는 안 된다. (14) (제자에게) 교계를 주어서는 안 된다. (15) (다른 비구를 비난하기 위한) 허가를 구해서

말라는 규정이다. 그런데 문제는 이것에 대응하는 비구의 계가 1~3인의 비구 앞에서 참회하면 출죄(出罪)될 수 있는 바일제의 '공주거인계(共住擧人戒)'[65]라는 점이다. 여기서도 비구니의 경우가 비구의 경우보다 더 중죄임은 말할 필요도 없다.

이상과 같이 바라이법에 있어 비구니불공계는 성차별적인 규정으로 간주될만한 요소를 갖고 있다. 이미 말했듯이 누구나 지켜야 하고, 또한 누구에게나 적법하게 적용되는 것이 계율이다. 따라서 비구니에게만 더 무거운 죄과가 부과된다는 것은 분명 모순이 아닐 수 없다. 그러면 고타마 붓다는 왜 이러한 성차별적인 동죄이벌의 규정을 제정한 것일까? 이것에 대해서는 후대의 보수적 비구들에 의한 첨가라는 학설이 주류를 이루고 있다. 하지만 고타마 붓다 역시 그 시대적 한계를 뛰어넘을 수 없는 실존인물이었음을 감안하면 그처럼 단순화시킬 수만은 없다.

앞에서 고타마 붓다의 현실인식적 태도를 지적한 바 있다. 즉 고타마 붓다의 궁극적 지향점은 보편적 진리에 있었지만, 결코 존재의 현실성을 외면하지 않았다는 것이다. 마찬가지로 동죄이벌의 규정도 이러한 고타마 붓다의 현실인식적 측면에서 이해할 필요가 있다. 그리고 이러한 관점을 견지하면 위의 규정들은 단순한 성차별적인 규정이 아니라 오히려 여성의 현실태를 고려한 고타마 붓다의 방편이라고 할 수 있다. 이제 이것을 크게 여성의 생리적인 측면과 사회적인 측면으

는 안 된다.) (16) 〔다른 비구를〕 비난해서는 안 된다. (17) 〔다른 이에게 자기를〕 억념시켜서는 안 된다. (18) 비구들과 교제해서는 안 된다.(*Vinaya-piṭaka*, Ⅱ, p.27. 《남전》 제4권, p.39). 이외 '불견죄거죄갈마' 나 '불참죄거죄갈마' 를 받은 자의 행법에도 44사가 있는데, 실질적으로 보면 이것과 큰 차이는 없다.

65) "若比丘知如是語人未作法如是邪見而不捨 供給所須共同羯磨止宿言語者波逸提" (《대정장》 제22권, p.683하).

로 나누어 살펴보도록 하겠다.

먼저 여성의 생리적인 측면이란 여성의 신체적 특징과 관련된 것으로, ⑤마촉계와 ⑥팔사성중계의 조항이 여기에 해당된다. 물론 이 두 조항은 앞서 언급했듯이 완전한 음행을 전제로 한 것은 아니다. 완전한 음행에 관한 규정은 이미 비구와 비구니의 공계로서 '음계'가 설정되어 있다. 문제는 이러한 행위가 비록 완전한 음행은 아닐지라도 언제나 완전한 음행으로 이어질 가능성을 내포하고 있다는 점이다. 뿐만 아니라 그 결과로서의 임신은 불도수형의 중단이라는 최악의 사태로 이어질 수밖에 없는 것이다. 바로 여기에 비구와 비구니 사이의 엄연한 차이점이 있다. 다시 말해 음행의 문제는 사계의 규정에서도 알 수 있듯이 비구에게는 수행상의 큰 구속력을 갖지 않는데 반해, 비구니에게는 수행의 중단이라는 치명적인 문제가 될 수 있는 것이다.

물론 이 문제와 관련하여 사회일반에게 호소하는 방법도 생각해 볼 수는 있다. 즉 여성수행자를 보호하기 위한 사회적 배려를 촉구할 수도 있다는 말이다. 하지만 이것은 여성 멸시적인 당시의 사회 관습상 큰 실효를 기대하기는 어렵다. 더구나 여성의 출가에 대해 부정적이었던 남성들에게 이것을 강요하기란 결코 쉬운 일이 아니다. 그렇다면 이제 남은 길은 여성으로 하여금 이것을 미연에 방지하도록 하는 수밖에는 없다. 다시 말해 여성 자체를 강력하게 단속하는 길밖에 없다는 말이다.

또한 이 문제와 관련하여 빼놓을 수 없는 것이 당시 인도여성의 성문화이다. 이미 밝혔듯이, 베다시대 초기에는 여성도 어느 정도의 성적 자유를 누리고 있었다. 하지만 브라흐마나 시대가 되면서 이러한 성적 자유는 더 이상 환영받지 못하고, 오히려 이것으로 인해 부정한 존재로서의 여성상이 고착되기에 이른다. 심지어 《마누법전》에는 여

성이 본능적으로 남성을 유혹하며, 그들을 욕망과 분노의 노예로 만든다고까지 하고 있다.(2 · 213-4) 그런데 문제는 이러한 관념이 그대로 출가여성에 대한 편견으로까지 이어지고 있었다는 점이다. 고타마 붓다가 아무리 비구와 비구니가 동등한 출가자임을 표방했다고는 해도, 이것은 현실과 완전히 단절될 수 없는 수행 여건상 심각한 문제가 아닐 수 없다. 즉 이러한 편견을 불식시키지 않는 한 비구니 승가의 존립도 기약할 수 없는 것이다. 그래서 고타마 붓다로서도 어떤 극단의 조치가 필요할 수밖에 없었을 것으로 본다. 특히 음행의 문제는 비구니 승가뿐만 아니라 비구 승가, 나아가 불교 자체의 존립과도 직결되기 때문에 더욱 엄격할 수밖에 없었을 것으로 생각된다.

이처럼 고타마 붓다의 여성에 대한 엄격함은 당시 비구니 승가의 현실성과 상당한 연관성을 갖는 것이다. 앞서 언급했듯이, 비구니는 비구와 달리 그 기반이 아주 미약한 상태에 있었다. 그리고 출가여성이라고는 해도 사회적 불신은 여전히 남아 있었다. 즉 출가여성에 대한 의혹과 경계심을 늦추지 않고 있었던 것이다. 이것은 탁발에 의존하던 당시의 수행 여건상 비구니 승가의 존립마저 위협하는 중대한 문제가 아닐 수 없다. 결국 고타마 붓다로서도 출가여성에 대한 불신을 해소하고, 그 사회적 인지도를 높일 방법을 강구하지 않을 수 없었을 것이다. 이것이 바로 출가남성 이상의 강력한 여성수행자상을 확립하는 길이었을 것으로 본다. 그리고 이로 인해 표면적으로는 여성에게 부당한 음행의 조건적 행위까지도 강력하게 단속하는 엄격함이 나오지 않았나 생각한다.

다만 여기서 주의할 것은 음행이라고 해서 무조건 여성을 단죄하기만 한 것은 아니라는 사실이다. 이것은 웃팔라반나(Upalavaṇṇā, 蓮華色) 비구니의 강간사건에 대한 고타마 붓다의 판결을 통해서 확인된

다. 이 일화는 웃팔라반나 비구니가 코살라국의 수도 사위성 근처의 숲 속에서 수행할 때 누군가에게 강간 당한 사건이 발단이 되었다. 이것이 나중에 승가의 문제거리가 되었는데, 이때 고타마 붓다는 그녀가 욕망을 느꼈는지의 여부를 물어 무죄를 선고하고 논쟁을 종식시켰다.[66] 이것은 고타마 붓다의 본의가 단지 음행을 단죄하는 데에만 있지 않았음을 보여주는 결정적 증거이다. 다시 말해 이것은 고타마 붓다의 의도가 단속 그 자체에 있는 것이 아니라 이러한 단속을 통해서 여성으로 하여금 보편적 진리로 나아가게끔 하는데 있었음을 보여주고 있는 것이다. 진리의 길에 남녀의 차별이 있을 수 없음은 말할 필요도 없다. 단지 여성에게는 기존의 비구와는 다른 조치가 필요했을 뿐이다. 이것이 이른바 비구보다도 엄격한 계율을 지키는 강력한 여성 수행자상이었다. 뿐만 아니라 이러한 사실을 사회일반에 널리 공표함으로써 출가여성의 위상을 높이고자 하였던 것이다. 이것이 비구보다 비구니에게 보다 엄격할 수밖에 없었던 이유가 아닐까 생각한다.

다음으로 여성의 사회적 측면이란 인도고대사에 나타난 여성성과 관련된 것으로 ⑦복비구니중죄계와 ⑧수순피거비구계의 조항이 여기에 해당된다. 이것에 대해 이영자는 여성의 선천적인 모성성으로서 설명하고 있는데,[67] 문제는 그럴 경우 오늘날에 있어서도 이 조항이 결코 부정되기 어렵다는 점이다. 다시 말해 이 조항들을 여성의 본성으로 이해할 경우 여성에 대한 인식의 변화와 관계없이 재론의 여지가 없게 된다는 것이다. 그러나 이것 역시 오늘날의 현실에 비추어 재해석되어야 할 것으로 보는 본서의 입장에서는 이처럼 여성의 모성성으로 단순화하는 것에는 동의하기가 어렵다. 오히려 시몬 드 보부아르의

---

66) 岩本裕, 《불교입문》, pp.104-106.
67) 이영자, 앞의 책, pp.252-255.

"여자는 태어나는 것이 아니라 만들어진다."는 명제처럼, 이것도 인도라는 사회적 제약 속에서 관습화된 여성성과 관련된 것으로 이해하는 것이 옳다고 본다. 또한 그래야만 이 조항도 오늘날의 현실에 맞게 충분히 재해석될 수 있는 것이다.

《마누법전》의 '삼종지도'에서도 알 수 있듯이, 전통적인 인도여성은 남성 종속적인 성향이 강했다. 뿐만 아니라 이러한 종속적인 성향으로 인해 여성은 적극적이고 주체적인 존재가 될 수 없었다. 하지만 불교는 《숫타니파타》의 "무소의 뿔처럼 혼자서 가라."(35-75)라든가 《대반열반경(大般涅槃經)》의 "자기를 섬(洲)[68]으로 삼고, 자기를 의지처로 삼아라."[69] 등에서도 알 수 있듯이, 수행자들의 자주성과 적극성을 요구하고 있었다. 물론 여기에는 당시의 수행환경도 함께 고려되어야만 한다. 전통적으로 수행자들은 일반 사회와 동떨어진 깊은 산림이나 숲 속에서의 고행자적인 삶을 살고 있었다. 또한 그렇기 때문에 항상 맹수나 도적 등의 위험에 노출될 수밖에 없었다. 이것은 곧 당시의 수행환경이 목숨까지도 담보하는 매우 적극적인 자세를 요구하고 있었음을 말한다. 또한 고타마 붓다의 대기설법도 불도수행에 있어 각자 자신만의 고유한 방식이 있으며, 보편적 진리에로의 길이 오직 하나만이 아님을 보여주는 것이다. 다시 말해 대기설법은 불도수행의 다양성과 함께 수행자들의 자주성을 강조하고 있는 것이기도 한 것이다. 그래서 상기의 《숫타니파타》와 《대반열반경》과 같은 교설도

---

68) 원어 'dipa'에는 '섬(洲)'과 '등명(燈明)'이라는 두 의미가 있는데, 《남전》에서는 붓다고사(Buddhaghosa, 佛音)의 주석에 따라 '섬(洲)'으로 번역하고 있다 (《남전》 제7권, p.164).

69) *Mahaparinibbana-suttanta*(《대반열반경(大般涅槃經)》), *Digha-nikaya*, Ⅱ, p.100. 《남전》 제7권, p.68. 한역 《장아함경》 권2의 《유행경(遊行經)》에는 '자치연(自熾燃)', '자귀의(自歸依)'(《대정장》 제1권, p.15중)라는 말로서 번역되고 있다.

성립할 수 있는 것이다.

이상과 같이, 바라이법에 있어 동죄이벌의 규정은 동일한 죄목에 대해 동일선상에서 적법하게 적용되는 것이 아니라 어느 일방, 즉 여성수행자만을 엄격하게 단죄하는 측면이 있다. 그러나 당시 여성출가자들의 현실을 감안하면, 이것이 단순한 성차별적 조항이 아니라 여성의 생리적, 사회적 특성을 고려한 방편이었음을 배제하기 어렵다. 또한 그렇기 때문에 불교 속의 여성을 논함에 있어서도 이러한 방편상의 가설을 논의의 핵심으로 삼아서는 안 되며, 오히려 우리의 문제의식을 이러한 방편으로서의 가설을 진리설인 것처럼 고착화함으로써 나타난 남성중심의 제도화된 불교를 재평가하는데 두어야 하는 것이다.

이외에도 《사분율》에는 승잔법, 사타법, 바일제법, 바라제제사니법 등의 순으로 139조의 비구니 계율이 설해지고 있다.[70] 이 가운데 성차별의 대표적 사례로서 지적되고 있는 비구니팔경법과 그에 대응하는 조항이 바일제법 속에 다수 나타나고 있기 때문에, 다음은 이것을 비교하면서 살펴보기로 한다.

나. 비구니팔경법은 성차별적인 계율인가

비구니팔경법은 마하파자파티 고타미 등의 여성들이 출가할 때 그 전제조건으로 제시된 것이라고 알려져 있다. 그런데 이 비구니팔경법이 과연 고타마 붓다의 직설인가에 대해서는 학자들 사이에 적지 않은 의견차가 있어 왔다. 그 주요 내용을 살펴보면 다음과 같다. 먼저 오직 붓다만이 계율을 제정할 수 있기 때문에 비구니팔경법도 당연히

---

70) 《사분율》에는 비구 250계, 비구니 348계가 설해지고 있다. 그 가운데 비구니에게만 해당되는 계는 모두 143계로서, 바라이법 4계, 승잔법 10계, 사타법 12계, 바일제법 109계, 바라제제사니법 8계이다.

고타마 붓다의 직설이라는 주장이다. 불교의 경·율을 고타마 붓다의 교설로서 인정하는 한 어쩌면 이것은 당연한 말이다. 그런데 비구니 팔경법의 내용과 그 제정 시점을 근거로 다음과 같은 의문이 제기되기도 한다. 예컨대 "비록 법랍이 100세인 비구니라도 새로 수계한 비구에게 예배해야 한다."는 등의 조항은 평등을 승가운영의 기본이념으로 삼았던 고타마 붓다의 입장과는 너무나 거리가 멀고, 또한 비구니팔경법의 제정 시점도 여성이 최초로 출가할 때라고 되어 있지만, 비구니 승가가 정비된 이후의 '이부승중(二部僧衆)', '식차마나(式叉摩那)', '6법(六法)' 등의 용어가 사용되고 있다는 점이다. 결국 이 주장은 비구니 승가가 만들어진 최초에 이러한 규칙이 모두 만들어졌다고 보기는 어렵고, 여성의 출가에 다소 부정적이었던 비구들이 불전을 편찬하는 과정에서 수정 내지 삽입했다는 것이다.

그러나 우리가 확인할 수 있는 것은 율장의 현재형뿐이며, 고타마 붓다의 직설 자체를 복원하는 것은 불가능하다. 따라서 비록 율장의 현재형에 후대의 수정·삽입이 있다고 해도 고타마 붓다가 비구니팔경법과 같은 여성의 출가조건을 제시했을 가능성도 완전히 배제할 수는 없다.[71] 하지만 여기서 분명한 것은 이 비구니팔경법이 비구니 350계 및 수계법의 모태가 되었으며, 나아가 비구니의 생활을 규정하는 단초가 되었다는 점이다. 특히 이것으로 인해 여성차별이 가속화 내지 고착화되었다는 데 많은 학자들의 견해가 일치하고 있다.

---

71) 히라카와 아키라도 비구니팔경법이 실제 고타마 붓다에 의해서 제정된 것인지는 알 수 없지만, 내용이 상당히 정리되어 있다는 점에서 비구니 승가 성립 당시에 이러한 규칙 모두가 만들어졌다고 보기는 어렵고, 적어도 비구니 승가가 성립하고 난 이후에 정리된 것으로 추측하고 있다. 그러나 모든 율장에 있어 비구니팔경법의 내용이 거의 일치하고 있기 때문에 부파분열 이전, 즉 초기불교에서 성립한 것임은 확실하다고 보고 있다(平川彰, 《원시불교의 연구》, p.546).

율장이 거의 완전한 형태로 남아 있는 것으로는 6종이 있는데, 비구니팔경법은 《팔리율》을 비롯한 여섯 율장 모두에 나타나 있다.[72] 《팔리율》은 기원전 3세기경 아소카왕의 아들 마힌다(Mahinda)에 의해 세일론(현재의 스리랑카)에 전해지고, 기원전 1세기에 성문화되었다고 한다.[73] 그리고 그 이후 인도에서는 부파분열을 거듭하며 각각의 율장을 전승하게 되었다. 이것을 근거로 올덴베르그(H. Oldenberg)나 나카무라 하지메 등은 이 《팔리율》이 비교적 옛 형태를 보존하고 있다고 보고 있다.[74] 이에 대해 목정배나 우에다 텐즈이(上田天瑞) 등은 다

---

72) ① 《팔리율》의 〈소품(Cullavagga, Ⅹ)〉에 나오는 '팔중법(八重法)'은 다음과 같다. (1) 비구니는 구족계를 받고 백년이 지났을지라도 오늘 구족계를 받은 비구를 위해서 경례, 환영, 합장, 공경을 해야 한다. (2) 〔우기에〕 비구니는 비구가 없는 주처(住處)에 머물러서는 안 된다. (3) 비구니는 보름마다 비구승에게 2법을 청해야 하니, 포살을 묻는 것과 교계(敎誡)에 가는 것이다. (4) 비구니는 우안거를 마치면 양 승가에 보고(見), 듣고(聞), 의심스러운(疑) 세 가지 일에 대해 자자를 행해야 한다. (5) 비구니가 이 존법(尊法)을 범하면 양 승가에서 보름마다 마나타를 행해야 한다. (6) 식차마나가 2년간 6법을 배우고 나면 양 승가에서 구족계를 청해야 한다. (7) 비구니는 어떠한 경우에라도 비구를 꾸짖거나 비방해서는 안 된다. (8) 오늘 이후 비구니의 비구에 대한 언로는 폐쇄되고, 비구의 비구니에 대한 언로는 폐쇄되지 않는다(Vinaya-piṭaka, Ⅰ, p.255. 《남전》 제4권, pp.380-381).
　② 《사분율》(《대정장》 제22권, p.923상-중) : 팔불가과법(八不可過法).
　③ 《오분율》(《대정장》 제22권, p.185하) : 팔불가월법(八不可越法).
　④ 《십송율》(《대정장》 제23권, p.345하) : 팔경법(八敬法).
　⑤ 《마하승기율》(《대정장》 제22권, pp.471중-476중) : 팔경법(八敬法).
　⑥ 《근본설일체유부비나야잡사》(《대정장》 제24권, p.351상) : 팔존경법(八尊敬法).
73) 平川彰, 이호근 역, 《인도불교의 역사》(상), p.151.
74) 올덴베르그는 현형의 《팔리율》을 불멸 후 100년경에 성립한 것으로 보고, 화지부와 설일체유부에 있어서의 율의 비교를 통해 《팔리율》이 가장 근본적인 것이며 부파분열 이전에 있었던 것으로 보고 있다(목정배, 《계율론》, p.14). 또한 나카무라 하지메는 율장의 성립순서를 ① 《팔리율》, ② 《사분율》·《오분율》, ③ 《마하승기율》, ④ 《십송율》, ⑤ 《근본유부율》로 정리하고 있는데, 여기서 《팔리율》을 가장 오래된 것으로 본 것은 부파분열 이전에 세일론에 전래되었다는 점을 고려한 것으로 보인다(中村元, 《원시불교의 역사》(하), p.464).

음과 같이 정리하고 있다.[75]

《사분율》·《오분율》 ------ 기원전 100∼1년

《십송율》----------- 기원후 1∼100년

《팔리율》----------- 기원후 100년경

《마하승기율》 ---------- 기원후 100∼200년

《근본유부율》 ---------- 기원후 300∼400년

이처럼 율장의 성립에 대해서는 학자마다 적지 않은 의견차가 있다. 그러나 현존하는 율장은 본래 고타마 붓다가 제정한 율을 각 부파의 입장에 따라 전승한 것이기 때문에 그 내용의 핵심은 동일하다고 볼 수 있다. 특히 상좌부계의 부파인 법장부의 율장을 번역한 《사분율》은 그 내용이나 조직면에 있어 《팔리율》과 거의 일치하고 있다.

그런데 여기에는 한 가지 주목해야 할 사실이 있다. 예컨대 비구니 팔경법과 유사한 내용이 바일제법 속에서도 발견된다는 점이다. 만약 비구니팔경법이 처음부터 고정되어 있었다면, 이것을 다시 말할 필요가 있었을까 하는 점이다. 이제 이러한 문제의식하에 비구니팔경법과 바일제법의 대응관계를 살펴보고, 아울러 거기에 나타난 성차별적 요소에 대해 살펴보기로 한다. 그러나 여기에는 이견(異見)이 있는 만큼, 먼저 비구니팔경법을 고타마 붓다의 직설이라는 차원에서 논하고, 그 다음 후대의 부가 내지 창작설이라는 견해에 대해 살펴보고자 한다.

---

75) 목정배, 위의 책, p.17, 中村元, 위의 책, p.464. 그런데 여기서 팔리 삼장(三藏)의 성문화가 기원전 1세기경이라는 점을 감안하면, 《팔리율》의 성립은 기원후 100년경이 아니라 기원전 1세기경으로 보는 것이 옳을 것이다.

① 비록 〔법랍이〕 100세인 비구니라고 할지라도 새로 수계한 비구를 보면 마땅히 일어나 환영·예배하고, 깨끗한 자리를 펴서 내주며 앉도록 청해야 한다.[76]

제1법에 대응하는 비구니바일제는 비구니불례신비구계(比丘尼不禮新比丘戒)이다. 이것에 대한 《사분율》의 조문은 다음과 같다.

만약 비구니가 새로 수계한 비구를 보면 마땅히 일어나 환영, 공경, 예배하면서 안부를 묻고 자리를 청해야 한다. 그렇지 않으면 인연을 제외하고 바일제이다.[77]

여기서 '인연'이란 와병 중이거나 식사 중일 때를 말하는데, 그 이후에라도 '대덕이시여 참회를 청합니다. 나에게 이러이러한 인연이 있었습니다.'라고 하면 면죄 처리가 된다고 한다.[78]

제1법은 수계연수(법랍)에 의한 불교의 서열구정이 무시되고 있는 조항으로 분류된다. 특히 이것은 비구니를 비구보다 이미 열등한 존재로 전제하고 있다는 점에서 이론의 여지가 많다. 그러나 모한 위자야라트나의 말처럼,[79] 여기에는 불법(佛法)과 범행(梵行)의 단절을 우려한 다소 의도적인 측면이 있음을 배제할 수 없다. 먼저 불음행을 강조하는 승가에 여성이 참가하는 것만으로도 오해와 불신을 낳기에 충

---

76) "雖百世比丘尼見新受戒比丘 應起迎逆禮拜與敷淨座請令坐"(《대정장》 제22권, p.923상-중).
77) "若比丘尼 見新受戒比丘 應起迎逆恭敬禮拜問訊請與坐 不者除因緣波逸提"(《대정장》 제22권, p.777상).
78) "或有病者 或有足食者 而不起疑 佛言 自今已去聽語言大德懺悔 我有如是如是因緣不得起迎逆"(《대정장》 제22권. p.777상).
79) Môhan Wijayaratna, 앞의 책, p.38 참조.

분했다는 점이다. 비록 금욕적인 수행집단이라고는 해도 각종 법회나 행사에 있어 비구와 비구니의 접촉은 피할 수 없고, 또한 그로 인한 예기치 못한 일들이 일어날 수도 있는 것이다. 이것은 상호 경쟁하던 당시의 종교 사상계를 감안하면 자칫 기존의 비구 승가마저도 위협하는 중대한 사안이 아닐 수 없다.

　다음으로 주목해야할 것은 여성멸시적인 당시의 사회적 관념이다. 당시의 바라문적인 전통은 아직 여성을 자신들의 정신적 지도자로 받아들일 만한 준비가 되어 있지 않았다. 만약 이런 상황에서 곧 바로 비구와 동등한 비구니 승가를 창설하고 그것을 세상에 공표한다면 어떻게 되었을까? 아마 누구도 그 성공을 장담할 수는 없을 것이다. 특히 출가연수에 의한 서열규정을 그대로 적용한다면 각종 행사에서 비구와 비구니가 함께 섞일 수밖에 없는 상황이 연출되고, 세간의 의혹도 생겨날 수 있는 것이다. 따라서 고타마 붓다도 이러한 문제들을 해결할 특별한 조치를 강구하지 않을 수 없었을 것이다. 그리고 당시의 현실을 고려하면 이처럼 비구니 승가를 비구 승가에 종속시키는 방법이 결코 부정적인 것만은 아니었다고 생각하는데, 일단 사회일반의 관념에 따라 비구니를 비구에게 종속시킴으로써 그 의구심을 해소하고, 나아가 비구니 승가의 안정성을 꾀하려 했을 수도 있는 것이다. 이처럼 상기의 제1법은 비록 비구니에게는 가혹한 것 같지만, 비구와 비구니 사이의 서열을 확실히 해둠으로써 가급적 비구와 비구니의 접촉을 피하고, 또한 그럼으로써 혼성교단에 대한 세간의 의혹을 해소한다는 점이 고려될 수 있는 것이다.

　② 비구니는 마땅히 비구를 욕하거나 꾸짖어서는 안 되며, 〔비구의〕 파계(破戒)·파견(破見)·파위의(破威儀)를 비방하는 말을 해서도 안

된다.[80]

제2법에 대응하는 비구니바일제는 매비구계(罵比丘戒)이다. 이것에 대한 《사분율》의 조문은 다음과 같다.

> 만약 비구니가 비구를 꾸짖으면 바일제이다.[81]

제2법도 제1법과 마찬가지로 비구니의 비구에 대한 종속성을 나타내고 있다. 심지어 《마하승기율》 권30에는 비구니가 비구보다 먼저 식사, 방사(房舍), 평상과 이불을 받아서는 안 된다는 기술까지 보인다.[82] 하지만 《사분율》 권48에는 다시 이 가책의 범주를 파계·파견·파위의에 국한하며, 증상계(增上戒)와 증상심(增上心), 증상지(增上智)를 위해서는 학문(學問)하고 송경(誦經)하는 등의 가책이 가능하다는 조문이 부가되어 있다.[83] 특히 이 가운데 증상계·증상심·증상지는 계(戒)·정(定)·혜(慧)의 삼학(三學)과 대응하는 것으로서 불교적 실천의 핵심을 이루는 것이다. 다시 말하면 불교적 실천의 거의 모든 것이 여기에 포함되어 있는 것이다. 따라서 이 조문만을 놓고 보면 비구니가 비구를 가책하는데 있어 어떠한 제약도 없다고 할 것이다.

이처럼 제2법에는 상호 모순적인 측면이 있다. 그러면 이것을 어떻게 이해해야만 할까? 앞서 언급했듯이 우리가 알 수 있는 것은 율장

---

80) "比丘尼不應罵詈比丘呵責 不應誹謗言破戒破見破威儀"(《대정장》 제22권, p.923중).
81) "若比丘尼罵比丘者波逸提"(《대정장》 제22권, p.767중).
82) "比丘尼不先比丘受食房舍床褥"(《대정장》 제22권, p.474하).
83) "比丘尼不一切不得呵比丘比丘尼不應罵比丘不得呵責比丘 不應誹謗若破見破戒破威儀 不應如是呵 瞿曇彌 若敎持增上戒增上心增上智學問誦經 如是事應呵"(《대정장》 제22권, p.927상).

의 현재형뿐이며, 이 모순의 진의를 확인하는 것은 사실상 불가능하다. 하지만 여기서 분명한 것은 상기의 제2법이 결코 여성에게만 일방적인 계율은 아니라는 점이다. 물론 이것만으로 비구니가 왜 비구의 파계·파견·파위의를 가책할 수 없는가에 대한 설명이 되지는 못한다. 그렇다고 해서 또한 이것이 성차별을 담보하는 근거일 수도 없다. 즉 내용적인 모순이 현존하는 상황에서 어느 하나만으로 결론을 내릴 수 없다는 말이다.

③ 비구니는 마땅히 비구에 대하여 거죄(擧罪), 억념(憶念), 자언(自言)케 해서는 안 되며, 타인의 멱죄(覓罪), 설계(說戒), 자자(自恣)를 막아서도 안 된다. 비구니는 마땅히 비구를 꾸짖지 못하며, 비구는 마땅히 비구니를 꾸짖을 수 있다.[84]

제3법에 대응하는 구체적인 비구니바일제는 보이지 않는다. 그러나 내용상으로 보면 상기의 제2법과 상당한 유사성을 보이고 있다. 즉 여기서의 "비구니는 마땅히 비구를 꾸짖지 못하고, 비구는 마땅히 비구니를 꾸짖는다(比丘尼不應呵比丘 比丘應呵比丘尼)."는 제2법의 "비구니는 마땅히 비구를 욕하거나 꾸짖어서는 안 된다(比丘尼不應罵詈比丘呵責)."와 거의 일치하고 있는 것이다. 따라서 제3법의 성차별적 요소에 대해서는 제2법과 같이 설명해도 큰 무리는 없을 것이다.

다만 여기서 주목할 것은 이 조항에 해당하는 《팔리율》에 있어서의 '언로(言路)'라는 말의 성격이다.[85] 올덴베르그는 이 말에 해당하는

---

84) "比丘尼不應爲比丘作擧作憶念作自言 不應遮他覓罪遮說戒遮自恣 比丘尼不應呵比丘 比丘應呵比丘尼"(《대정장》 제22권, p.923중). 용어에 대해서는 제3장 제2절 '나'항 참조 바람.

'vacanapatha'를 'official admonition', 즉 '공개적으로 훈계하는 것'
으로서 해석하고 있는데,[86] 이것에 따르면 곧 비구니는 비구에 대해 공
개적으로 훈계할 수 없지만, 비구는 비구니에 대해 공개적으로 훈계할
수 있다는 말이 된다. 하지만 이것 역시도 ①의 조항과 마찬가지로 기
존 사회의 관념에 따른 현실과의 타협책일 수 있다. 다시 말해 고대인
도에서 여성이 남성을 훈계하고 가르친다는 것은 용납될 수 없는 일이
었기 때문에 이 조항도 그런 차원에서 이해될 수 있다는 말이다.

　④ 식차마나는 〔2년 6법의〕 학계(學戒)를 마치면 비구승으로부터 대계
　(大戒, 구족계)를 걸수(乞受)해야 한다.[87]

여기서 '식차마나(式叉摩那)'는 'sikkhamānā(Ⓢsikṣamāṇā, 正學
女)'의 음사로서, 아직 구족계를 받지 않은 사미니와 비구니의 중간
단계에 있는 자를 말한다. 율장 모두 이 기간을 2년으로 정하고 있는
데, 이것에 대해《십송율》권45에는 "지금부터 사미니에게 2년 동안 6
법을 배울 것을 허락한다. 임신의 유무를 알아야 한다."[88]고 하여, 그
것이 임신유무를 확인하기 위한 것임을 밝히고 있다. 다시 말해 20세
이상의 여성은 사미니계를 받은 다음 곧바로 구족계를 받고 비구니가
될 수 있기 때문에 지원자들조차 자신의 임신여부를 모를 수가 있다.
만약 그렇게 되면 비구니로서 출산해야 하는 문제가 발생하기 때문에

---

85) …… (8) 오늘 이후, 비구니의 비구에 대한 언로는 폐쇄되고, 비구의 비구니에
　　대한 언로는 폐쇄되지 않는다(*Vinaya-piṭaka*, Ⅱ, p.255.《남전》제4권, p.381).
86) 植木雅俊,《불교 속의 남녀관》, p.153.
87) "式叉摩那學戒已 從比丘僧乞受大戒"(《대정장》제22권. p.923중).
88) "從今聽沙彌尼二歲學六法 可知有娠無娠"(《대정장》제23권, p.326중). '2년 6법'
　　에 대해서는 본장 제2절의 '가' 항 참조 바람.

이것을 사전에 방지하기 위해 마련된 일종의 유예기간인 셈이다.

제4법에 대응하는 비구니바일제는 (1) 불걸승도학법녀계(不乞僧度學法女戒), (2) 불걸승도학법증가녀계(不乞僧度學法曾嫁女戒), (3) 만십이하불걸승도인계(滿十二夏不乞僧度人戒) 등이 있는데, 이것에 대한 《사분율》의 조문은 다음과 같다.

 (1) 만약 비구니가 18세의 동녀(童女)에게 2년의 학계(學戒)와 6법을 주고, 만 20이 되어 승가의 허락을 받지 않고 구족계를 주면 바일제이다.[89]
 (2) 만약 비구니가 다른 나이 어린 증가부녀(曾嫁婦女)를 제도함에 있어 2년의 학계를 주고, 만 12세일 때 승가에 아뢰지 않고 구족계를 주면 바일제이다.[90]
 (3) 만약 비구니가 법랍 만 12세가 되어 승가의 허락을 받지 않고 남에게 구족계를 주면 바일제이다.[91]

여기서 (1)은 비구니가 2년 6법의 조건을 충족한 식차마나에 대해 단독으로 수계할 수 없다는 조항이다. 율에 의하면, 비구니의 수계는 먼저 10인의 비구니 승가에서 구족계를 받은 다음, 다시 10인의 비구 승가에서 구족계를 받도록 규정되어 있다.[92] 특히 《사분율》 권28에는 "만약 비구니가 남에게 구족계를 주고, 하룻밤이 지나 비구 승가에 가

---

89) "若比丘尼 年十八童女與二歲學戒與六法滿二十 衆僧不聽便與授具足戒者波逸提"(《대정장》 제22권, p.758하).
90) "若比丘尼 度他小年曾嫁婦女與二歲學戒年滿十二 不白衆僧便與授具足戒波逸提"(《대정장》 제22권, p.759중).
91) "若比丘尼 年滿十二歲 衆僧不聽 便授人具足戒者波逸提"(《대정장》 제22권, p.762상).
92) 平川彰, 《원시불교의 연구》, p.539.

서 구족계를 받게 하면 바일제이다."[93]라고 하여, 비구니는 당일 두 승가에서 구족계를 받아야 함을 규정하고 있다. 말하자면 비구니 승가는 수계에 있어 독자적인 권한이 없으며, 반드시 비구 승가의 허가를 얻어야만 하는 것이다. 이처럼 상기의 (1)은 비구니가 비구 및 비구니 승가로부터 이중수계를 받지 않으면 안 된다는 것을 말하고 있는 것이다. 다음으로 (2)는 12세 이상의 증가부녀에 대한 수계조건으로서 (1)과 마찬가지로 비구 승가의 허락을 전제하고 있는 조항이다. 여기서 증가부녀란 결혼경험이 있는 여성을 말하는데, 사회 관습상 기혼녀는 연소자라고 해도 성인으로 인정받았기 때문에 구족계의 최소연령인 만 20세가 되지 않아도 수계를 받을 수 있다는 규정이다. 이것은 고대 인도에 조혼의 풍습으로 인한 나이어린 과부가 적지 않았기 때문에 이들을 구제한다는 측면이 있었을 것으로 본다. 마지막으로 (3)은 비구니의 수계자격을 제한하는 규정으로서, 승가의 허가 없이 단독으로 수계할 수 없다는 조항이다. 비구의 경우는 법랍 10세가 되면 화상(和尙)으로서 제자를 지도하고 구족계를 줄 수 있는 반면,[94] 비구니는 법랍 12세가 되어야만 화상니(和尙尼)가 될 수 있다.[95] 더구나 비구니는 비록 그 자격을 갖추었다고 하더라도 제자에게 구족계를 주기 위해서는 비구·비구니의 두 승가로부터 허락을 얻어야만 한다는 것이 이 조항의 설명이다. 결국 비구니 승가는 비구니들에 의해 자치

---

93) "若比丘尼 與人授具足戒已經宿 方往比丘僧中 與授具足戒者波逸提"(《대정장》 제22권, p.764중-하).
94) "聽十歲智慧比丘得授人具足戒"(《사분율》 권3, 《대정장》 제22권, p.800하). 이외 《마하승기율》 권28의 "不聽減十歲比丘度人出家受具足"(《대정장》 제22권, p.457하)과 《십송율》 권21의 "滿十歲若過 應授共住弟子具足"(《대정장》 제23권, p.149중) 등도 이러한 사실을 말하고 있는 것이다.
95) "若比丘尼 年未滿十二歲 授人具足戒者波逸提"(《대정장》 제22권, p.761하).

적으로 운영되었다고는 해도 여러 가지 면에서 비구 승가의 지도감독을 받아야만 하는 불완전한 성격의 단체였던 것이다.

이상과 같이 제4법은 식차마나가 2년 동안 6법의 학계를 받고, 이 것을 마치면 먼저 비구니 승가의 대계(구족계)를 받고, 다시 비구 승가로부터도 대계를 받아야만 비구니가 된다는 것을 규정하고 있다. 그리고 상기의 비구니바일제는 이러한 비구니 승가 단독의 수계를 규제하고 있는 것이다. 이것 역시 표면상 성차별적 규정으로 간주될 만한 충분한 요소를 갖고 있다. 다시 말해 비구니 승가는 이러한 이중수계로 인해 그 독자성을 인정받지 못하고, 비구 승가에 종속될 수밖에 없었다는 것이다.

하지만 이것 역시 당시 비구니 승가의 미약한 기반과 관련된 것으로 볼 수 있다. 앞서 언급했듯이, 당시의 수행환경은 상당한 위험을 내포하고 있었으며, 이것은 비구도 결코 예외가 아니었다. 그렇기 때문에 고타마 붓다도 여성만의 자치생활을 쉽게 허용할 수는 없었을 것이다. 뿐만 아니라 이제 막 출범하는 비구니 승가는 이미 확보된 비구 승가의 정통성을 적극 이용할 필요가 있었다. 당시의 인도인들은 보시의 공덕으로 내세에 생천하고자 하는 신앙을 가지고 있었다. 나아가 이러한 보시의 공덕은 고타마 붓다 등과 같은 최고의 성자를 통해서 극대화된다고까지 생각하고 있었다.[96] 따라서 탁발에 의존하던 당시의 수행환경상 무엇보다 이러한 기대에 부응할 성자로서의 이미지

---

96) 제2장 제3절 참조 바람. 《숫타니파타》에도 "선인(善人)들이 상찬하는 팔배(八輩)의 사람은 이러한 네 쌍(예류향(預流向)・예류과(預流果), 일래향(一來向)・일래과(一來果), 불환향(不還向)・불환과(不還果), 아라한향(阿羅漢向)・아라한과(阿羅漢果))의 사람이다. 그들은 행복한 사람(붓다, 선서(善逝))의 제자이며, 시여(施與)를 받을 만하다. 그들에게 베푼다면 크나큰 과보를 받는다."(227)고 하여, 성자에 대한 보시의 공덕을 강조하고 있다.

를 확보할 필요가 있었다. 이것은 작게는 수행자들의 생존이 걸린 문제이며, 크게는 승가의 존립이 걸린 문제였다.

그런데 출가여성의 경우는 처음부터 그 자격을 의심받고 있었다. 즉 여성 멸시적인 사회적 관념으로 인해 여성의 성자로서의 자질 그 자체가 부정되고 있었던 것이다. 고타마 붓다는 이 문제 역시 고려하지 않을 수 없었을 것이다. 이미 지적한 바 있듯이, 이것에 대한 고타마 붓다의 해결책이 이른바 성자로서의 이미지를 확보하고 있던 비구에게 비구니를 종속시킴으로써 비구와 동일한 성자적 이미지를 확보하는 것이었다. 그리고 비구에 의한 비구니의 수계는 그러한 목적을 위한 하나의 방편이라고 볼 수 있는 것이다. 물론 여기에도 문제는 있다. 그것은 굳이 이중수계이어야 할 필요가 있는가 하는 점이다. 즉 고타마 붓다의 본래 의도대로라면 비구니 승가에서의 수계는 전혀 필요치 않다. 이것에 대해서는 앞서 언급한 《십송율》 권45의 설명에 주목할 필요가 있다. 예컨대 고타마 붓다의 본래 의도는 비구 승가에서의 수계였지만, 임신 등 출가 부적격자를 가려냄에 있어, 여성에 대한 비구의 신체검사가 불가능했기 때문에 이중수계일 수밖에 없었다는 것이다.

⑤ 비구니는 승잔죄를 범하면 마땅히 이부승중(비구승과 비구니승)에게 보름 동안 마나타(摩那埵, mānatta, 별주의 참회)를 행해야 한다.[97]

제5법은 승잔죄에 대한 비구니의 이중출죄(二重出罪)를 규정한 조항으로서, 이것에 대응하는 구체적인 비구니바일제는 보이지 않는다.

---

97) "比丘尼犯僧殘罪 應在二部僧衆半月行摩那埵"(《대정장》 제22권, p.923중).

다만 비구니의 승잔법에 동일한 벌칙이 나타나고 있다.[98] 그러나 여기에도 비구니 승가의 독자성을 부정하는 측면이 있다. 예컨대 이 법은 승잔죄에 대한 차별규정으로서 비구는 6일 동안 마나타를 행하면 출죄를 청할 수 있는 반면, 비구니는 비구니 승가에서 15일 동안 마나타를 행하고, 또 매일 비구 · 비구니의 양 승가에 신고해야 한다고 규정하고 있는 것이다.

그러나 이것 역시 당시 비구니 승가의 현실과 관련해서 이해해야 할 점이 있다. 이미 언급했듯이, 초기의 출가여성은 독자적인 승가운영이 거의 불가능한 상태에 있었다. 뿐만 아니라 그 역사적인 유례가 없었기 때문에 승가 운영상의 제반 규정들도 기존의 비구 승가에서 그대로 차용하고 있었다. 만약 그렇다면 승가 운영상의 경험이 풍부한 기존 비구들에게 그 운영상의 실태를 확인케 하는 것도 생각해 볼 수 있는 것이다. 더구나 고타마 붓다가 일일이 지도할 수 없는 상황이었음을 감안하면 승가 운영에 대한 판단이 비구 승가에 위임되는 것도 필요했다고 할 수 있을 것이다. 이처럼 상기의 제5법도 당시 비구니 승가의 현실과 관련하면 반드시 성차별적 규정이라고 단정 짓기 어려운 점이 있다.

⑥ 비구니는 보름마다 비구승에게 교수(教授)를 청해야 한다.[99]

제6법에 대응하는 비구니바일제는 (1) 불왕청계계(不往聽誡戒), (2) 반월불청교수계(半月不請教授戒)이다. 이것에 대한 《사분율》의 조문은 다음과 같다.

---

98) "若比丘尼犯僧殘罪 應半月在二部僧中行摩那埵"(《대정장》 제22권, p.649상).
99) "比丘尼半月從僧乞教授"(《대정장》 제22권, p.923중).

(1) 만약 비구니가 병이 아닌데도 교수(敎授) 받으러 가지 않으면 바일제이다.[100]

(2) 만약 비구니라면 보름마다 마땅히 비구 승가에 가서 교수를 청해야 한다. 만약 청하지 않으면 바일제이다.[101]

이 조문들은 불교에 있어 매월 보름과 그믐에 행해지는 포살과 관련된 것이다. 여기서 (1)은 비구가 비구니팔경법을 교수할 때 비구니는 특별한 사유가 없는 한 출석해야 한다는 조항이다. 그리고 (2)는 비구니 승가가 포살의 종료를 비구 승가에 보고하고, 또 15일에 한 번씩 비구니팔경법의 교수를 위해 비구의 파견을 요청해야 한다는 조항이다.

표면상으로만 보면 제6법도 성차별적 조항이다. 그러나 제5법과 마찬가지로 이것도 비구니 승가의 현실을 감안하면 필요한 조치였다고 볼 수 있다. 특히 초기의 비구니들에게는 아직 법을 교수할 만한 적격자가 없었기 때문에 기존 비구의 교수는 불가피할 수밖에 없었다. 이러한 사실은 승인된 비구만이 비구니를 교수할 수 있다는 조문을 통해서도 확인된다. 예컨대 《사분율》 권12에는 계율을 구족하고 비구·비구니의 계율에 정통할 뿐만 아니라 적어도 법랍이 20년 이상이어야 한다는 등으로 비구니 교수자로서의 비구의 자격을 제한하고 있다.[102]

---

100) "若比丘尼 不病不往受敎授者波逸提"(《대정장》 제22권, p.765상).

101) "若比丘尼 半月應往比丘僧中求敎授 若不求者波逸提"(《대정장》 제22권, p.765상).

102) "若有比丘成就十法者 然後得敎授比丘尼 戒律具足 多聞誦二部戒 利決斷無疑 善能說法 族姓出家 顏貌端正 比丘尼衆見便歡喜 堪任與比丘尼衆說法勸令歡喜 不爲佛出家而披法服犯重法 若滿二十歲若過二十歲 如此等可與比丘尼敎誡"(《대정장》 제22권, p.648하). 이것은 바일제법의 '비선이교니계(非選而敎尼戒)', 즉 "만약 비구승이 〔비구니 교계(敎誡)에〕차출되지 않고 비구니를 교계하면 바일제이다(若比丘僧不差敎誡比丘尼者波逸提).'는 조문의 주석부분에 있는 것으로, 《사분율》에서는 10법을 들고 있지만 《팔리율》의 〈경분별(Suttavibhaṅga, Ⅱ)〉에는

이것은 단지 비구라는 이유만으로 비구니를 교수하는 것이 아니라 자격을 갖춘 자만이 교수할 수 있다는 원칙에 따른 것이다. 따라서 제6법도 비구니의 교수능력 자체에 대한 부정이 아니라 당시 비구니들의 실정을 고려한 방편으로 볼 수 있는 것이다.

⑦ 비구니는 마땅히 비구가 없는 곳에서 하안거를 해서는 안 된다.[103]

제7법에 대응하는 비구니바일제는 무비구주처안거계(無比丘住處安居戒)이다. 이것에 대한 《사분율》의 조문은 다음과 같다.

만약 비구니가 비구 없는 곳에서 하안거를 하면 바일제이다.[104]

이 조문은 인도의 기후적 특성과 관련된 것으로, 비구니는 비구의 지도 아래 90일 동안의 안거를 해야 한다는 규정이다. 이것 역시 당시 출가여성의 현실과 관련해서 이해해야 할 점이 있는데, 특히 여기에는 비구니들만의 안거로 인한 문제의 소지를 사전에 예방한다는 차원을 고려해 볼 수 있다. 먼저 비구와 함께 안거를 할 경우, 맹수나 도적, 치한 등의 위협으로부터 어느 정도 신변상의 안전을 확보할 수 있

8법이 언급되고 있다. 예컨대 (1) 지계자(持戒者), (2) 바라제목차의 율의(律儀)에 따라 몸을 잘 수습하는 자, (3) 위의(威儀)를 구족한 자, (4) 작은 죄도 두려워하는 자, (5) 학처(學處)를 굳게 집지(執持)하여 배운 자, (6) 다문(多聞)인 자,(7) 들은 바를 잘 억지(憶持)하고 집적한 자, (8) 제법(諸法)을 구족하고 이부(二部:비구ㆍ비구니)의 바라제목차에 통달하여 비구니를 교계할 수 있으며, 출가 후 세존의 중법(重法)을 범하지 않고 20년을 지난 자이다.(*Vinaya-piṭaka*, Ⅳ, p.51. 《남전》 제2권, pp.81-82).

103) "比丘尼不應在無比丘處夏安居"(《대정장》 제22권, p.923중).
104) "若比丘尼 在無比丘處夏安居者波逸提"(《대정장》 제22권, p.766중).

다는 점이다. 안거는 보통 민간인의 왕래가 없는 외딴 곳에서 이루어지기 때문에 자연히 위험에 노출될 수밖에 없었다. 특히 앞서 언급한 웃팔라반나 비구니의 사례에서도 알 수 있듯이, 비구니를 수행자가 아니라 애욕의 대상으로 보는 경우도 적지 않았다. 이처럼 여기에는 치안의 부재로 인한 위험성을 비구와의 공동 안거로 해소하고자 한 일면을 생각해 볼 수 있다.

다음으로 생각해 볼 수 있는 것은 우기로 인한 행동반경의 제약이다. 주지하듯이 초기의 불교수행자들은 개별적으로 혹은 소규모 단위로 유행생활을 하고 있었다. 이것은 고타마 붓다도 예외는 아니었다. 그런데 이러한 수행생활은 자연히 수행상의 의문이라든가 경·율에 대한 학습의 부재도 불러올 수밖에 없었다. 비록 안거라는 의식 자체는 오랜 우기로 인한 유행의 불편함 때문에 생겨난 것이지만, 여기에는 이처럼 그 동안의 의문과 경·율에 대한 학습을 보충한다는 의미도 있었다. 그런데 만약 비구니가 비구와 왕래할 수 없는 곳에서 안거를 하게 된다면 이러한 것들이 원천적으로 불가능하게 된다. 이미 지적했듯이, 초기의 비구니들은 아직 제자를 지도할 능력을 갖추고 있지 못했다. 또한 그렇기 때문에 기존 비구들의 수행상의 경험과 지도도 불가피했던 것이다. 이처럼 제7법도 이러한 문제들을 사전에 예방한다는 차원이 고려될 수 있다.

⑧ 비구니승은 안거가 끝나면 마땅히 비구 승가에서 보고(見), 듣고(聞), 의심스러운(疑) 세 가지의 일에 대한 자자를 구해야 한다.[105]

---

105) "比丘尼僧安居竟 應比丘僧衆中求三事自恣見聞疑"(《대정장》 제22권, p.923중).

제8법에 대응하는 비구니바일제는 이부승중불자자계(二部僧中不自
恣戒)이다. 이것에 대한 《사분율》의 조문은 다음과 같다.

> 만약 비구니승이 하안거를 마치면 마땅히 비구 승가에 나아가 보고(見),
> 듣고(聞), 의심스러운(疑) 세 가지의 일에 대한 자자(自恣)를 설해야 한
> 다. 만약 그렇지 않으면 바일제이다.[106]

제8법은 제7법에 이어 안거 마지막 날에 행해지는 자자와 관련된 것
으로, 비구니는 비구니·비구의 양 승가에서 자자를 해야 한다는 규
정이다. 그런데 여기에도 약간의 문제점은 발견된다. 예컨대 비구들
은 단독으로 안거·포살·자자를 행할 뿐만 아니라 수계 및 기타 출
죄작법(出罪作法)도 그들만으로 행하지만, 비구니의 경우는 이 모든
행위가 비구의 동참이 없으면 인정되지 않는다는 것이다.
　이미 지적했듯이, 고타마 붓다가 여성의 출가를 승인했다는 것은 깨
달음에 대한 여성의 능력을 불신하지 않았음을 의미한다. 그리고 《테
리가타》는 이처럼 깨달음을 얻어 높은 경지에 이른 비구니가 많았음
을 확인시켜 주고 있다. 그러나 초기의 출가여성에게는 적지 않은 현
실상의 문제가 있었다. 만약 고타마 붓다가 이러한 사실을 무시하고
곧바로 비구와 동등한 비구니 승가의 설립을 도모했다면 어떻게 되었
을까? 진정 그러한 성격의 여성단체가 이루어졌다면 아마도 그 미래
를 낙관할 수만은 없었을 것이다. 지금까지 살펴봤듯이, 비구니팔경
법에는 바로 이러한 당시의 사정이 적지 않게 반영되었을 것으로 본
다. 그래서 이러한 점들을 배제하고 단지 그 표현만으로 비구니팔경

---

106) "若比丘尼僧 夏安居竟應往比丘僧中說三事自恣見聞疑 若不者波逸提"(《대정장》
　　제22권, p.766상).

법을 논하는 것에는 동의할 수 없는 것이다.

지금까지 비구니팔경법이 고타마 붓다의 직설이라는 전제 하에 논의를 진행해 왔다. 그러나 앞서 언급했듯이, 비구니팔경법이 후세의 비구들에 의한 부가 내지 창작일 가능성도 부정할 수는 없다. 그러면 이제 이 문제에 대해 살펴보도록 하자.

먼저 《사분율》 권48에서 비구니팔경법이 나오는 곳을 보면, 다음과 같은 아난과 고타마 붓다의 대화 장면으로부터 시작된다. 그리고 비구니팔경법은 바로 이 대화 다음에 열거되고 있다.

> 아난이 부처님께 "여인도 불법(佛法)에 출가하여 수계하면 수다원과(須陀洹果) 내지 아라한과(阿羅漢果)를 얻을 수 있겠습니까?"라고 여쭙자, 부처님께서 아난에게 "얻을 수 있다."고 답하였다. [107]

그런데 《오분율》 권29에는 이것에 이어 다음과 같은 말이 이어진다.

> 만약 여인이 출가하여 구족계 받는 것을 허락하지 않았다면, 부처님의 정법은 세상에 천년이나 머물렀을 것이다. 지금 출가를 허락해서 곧 500년 줄어들 것이다. [108]

여기서 "여성도 아라한과를 얻을 수 있다."는 말은 고타마 붓다의

---

107) "阿難白佛 女人於佛法中出家受戒 可得須陀洹果乃至阿羅漢果不 佛告阿難可得"(《대정장》 제22권, p.923상).
108) "若不聽女人出家受具足戒 佛之正法住世千歲 今聽出家則減五百年"(《대정장》 제22권, p.186상). 《사분율》 권48에는 "만약 여인이 불법에 출가하지 않는다면 불법은 마땅히 500년을 구주(久住)할 것이다(若女人不於佛法出家者 佛法當得久住五百歲)."(《대정장》 제22권, p.923하)라고 말하고 있다.

직설로 이해해도 크게 틀리지 않을 것이다. 왜냐하면 출가여성에 대해 부정적이었던 비구들이 이것을 부가했다고 보기는 어렵기 때문이다. 그리고 이것과 앞서 언급한 출가에 있어서의 무차별성을 감안하면, 이영자 등의 주장처럼[109] '정법 500년 감소설'은 후세의 부가 내지 창작이라고 할 수도 있다. 즉 정법이 쇠퇴한다면 불교의 입장에서는 치명적인 문제인데, 승가의 책임자로서의 고타마 붓다가 그것을 감수하면서까지 여성의 출가를 허용했다고 보기는 어렵고, 또한 이것은 불법의 전도를 위해 45년간 편력했던 고타마 붓다의 모습과도 모순되는 것이다.

이렇게 보면 《오분율》에 있어 상기의 인용문은 비구니팔경법을 매개로 고타마 붓다의 직설과 후대의 부가 내지 창작을 함께 연결하고 있는 셈이 된다. 이것에 대해 우에키 마사토시(植木雅俊)는 불전의 편찬을 주도한 비구들이 '여성도 아라한과를 얻을 수 있다.'는 것은 고타마 붓다의 직설로서 인정하지 않을 수 없었기 때문에 그 차선책으로 고타마 붓다를 빌어 비구니팔경법을 부가하고, 나아가 정법의 감소설까지 삽입했다고 보고 있다.[110] 그리고 그는 그 논거로서 《테리가타》 등 초기불전에 나타난 고타마 붓다의 여성관과 비구니팔경법에 보이는 남성 중심적인 경향은 상당히 거리가 있다는 점을 지적한다. 먼저 《테리가타》에는 고타마 붓다 당시의 수계 장면이 다음과 같이 기록되어 있다.

…… 붓다는 '어서 오시오, 밧다(Bhaddā, 발제(跋提))여.'라고 말씀하셨다. 이것에 의해서 나는 완전한 계율을 받게 되었다.(104)

---

109) 이영자, 앞의 책, p.251.
110) 植木雅俊, 앞의 책, pp.156-157.

또한 《테라가타》에도 다음과 같은 말이 기록되어 있다.

…… 스승은 …… '어서 오시오, 밧다(Bhaddā, 발타(跋陀))여.'라고
나에게 말씀하셨다. 이것이 나의 수계였다. (478)

자비로운 스승이자 모든 세간의 자애자(慈愛者)는 '어서 오시오, 수행
자여.'라고 나에게 말씀하셨다. 이것이 나의 수계였다. (625)

신들과 인간의 스승이며, 자비를 내리시는 위대한 선인(仙人) 붓다는
그때 그에게 '어서 오시오, 수행자여.'라고 말씀하셨다. 이것에 의해서 그
는 수행자의 자격을 부여받았다. (870)

위의 예를 살펴보면, 고타마 붓다의 수계는 단지 '오시오(ehi)'라
는 말만으로도 가능한 것이었다.[111] 그리고 히라카와 아키라의 분석에
따르면, 수계법은 《십송율》에 10종,[112] 《마하승기율》에 4종,[113] 《선견
율비바사(善見律毘婆沙)》에 8종,[114] 《비니모경(毘尼母經)》의 5종,[115]

---

111) 中村元, 《원시불교의 성립(原始佛教の成立)》, p.234
112) "(1) 불세존(佛世尊)은 스스로 스승 없이 구족계를 얻었다. (2) 5비구는 득도해
    서 구족계를 얻었다. (3) 장로 마하가섭(摩訶迦葉)은 자서(自誓)로써 구족계를
    얻었다. (4) 소타(蘇陀)는 수순하여 불론(佛論)에 답하였기 때문에 구족계를 얻
    었다. (5) 변지(邊地)에서는 제5의 율을 지님으로써 수구족계(受具足戒)를 얻었
    다. (6) 마하파자파제(摩訶波闍波提, Mahāpajāpatī) 비구니는 팔중법을 받아 구
    족계를 얻었다. (7) 반가시니(半迦尸尼)는 대리인을 통해 수구족계를 얻었다.
    (8) 부처님의 '선래비구(善來比丘, 어서 오시오, 비구여)'라는 말에 의해 구족
    계를 얻었다. (9) 삼보(三寶)에 귀명하고, 나는 부처님을 따라 출가하겠다고 3
    번 말함으로써 구족계를 얻었다. (10) 백사갈마(白四羯磨)에 의해서 구족계를
    얻었다(佛佛世尊自然無師得具足戒 五比丘道即得具足戒 長老摩訶迦葉自誓
    即得具足戒 蘇陀隨順答佛論故得具足戒 邊地持律第五得受具足戒 摩訶波波闍
    提比丘尼受八重法即得具足戒 半迦尸尼遣使得受具足戒 佛命善來比丘得具足戒
    歸命三寶已三唱我隨佛出家即得具足戒 白四羯磨得具足戒)"(《대정장》 제23권,
    p.410상).
113) "四種具足法 自具足 善來具足 十衆具足 五衆具足"(《대정장》 제22권, p.412중).
114) "善來比丘得具足戒 三歸得具足戒 受教得具足戒 答問得具足戒 受重法得具足戒

《율이십이명료론(律二十二明了論)》의 9종,[116] 《살바다비니비바사(薩婆多毘尼毘婆沙)》에 7종,[117] 《구사론(俱舍論)》에 10종[118] 등이 있는데, 이 가운데 각 논서에 공통하는 삼귀의구족(三歸依具足), 백사갈마수구(白四羯磨受具), 선래비구구족(善來比丘具足) 등의 성립이 가장 오래된 것으로 보고 있다.[119] 이렇게 보면 불교 초기에 있어서의 수계는 어렵고 복잡한 절차 등이 필요하지 않았다고 할 것이다. 하지만 《사분율》 등의 율장에서는 다음과 같이 비구니팔경법이 여성의 출가 조건으로서 고정되어 있다.

이와 같이 아난이여, 내가 지금 설한 이 팔불가과법(八不可過法 : 비구니팔경법)을 만약 여인이 능히 행한다면, 이것이 곧 수계이다.[120]

遣使得具足戒 以八語得具足戒 白羯磨得具足戒"(《대정장》 제24권, p.718중).

115) "有能成就此比丘五種受具 名爲受具 何者五 一者善來比丘卽得受具 二者三語卽得受具 三者白四羯磨受戒名爲受具 四者佛羯聽受具卽得受具 五者上受具 何故名爲上受具 佛在世時不受戒 直在佛邊聽法得阿羅漢 名上受具 …… 比丘尼亦有五種受具 一者隨師敎而行名爲受具 二者白四羯磨而得受具 三者遣使現前而得受具 四者善來而得受具 五者上受具"(《대정장》 제24권, p.801중).

116) "律中說依他圓德有七種 比丘有四種圓德 一由善來比丘方得 二由受三歸方得 三由略羯磨方得 四由廣羯磨方得 比丘尼有三種圓德 一由善來比丘尼方得 二由遣使方得 三由廣羯磨方得 獨覺有量功德至得 諸佛世尊無量功德波羅蜜至得 合有九種圓德"(《대정장》 제24권, p.668하).

117) "凡七種受戒 一者見諦受戒 二者善來得戒 三者三語得戒 四者三歸受戒 五者自誓受戒 六者八法受戒 七者白四羯磨受戒"(《대정장》 제23권, p.511상).

118) "諸毘柰耶毘婆沙師說 有十種得戒法 爲攝彼故復說等言 何者爲十 一由自然 謂佛獨覺 二由得入正性離生 謂五苾芻 三由佛命善來苾芻 謂耶舍等 四由信受佛爲大師 謂大迦葉 五由善巧酬答所問 謂蘇陀夷 六由敬受八尊重法 謂大生主 七由遣使 謂法授尼 八由持律爲第五人 謂於邊國 九由十衆 謂於中國 十由三說歸佛法僧 謂六十賢 部共集受具戒"(《대정장》 제29권, p.74중-하).

119) 平川彰, 《율장연구》, pp.587-588.

120) "如是阿難 我今說此八不可過法 若女人能行者卽是受戒"(《대정장》 제22권, p.923중).

이것은 《테리가타》에 있어서의 수계의 단순함과 비교하면 상당히 까다롭다. 뿐만 아니라 《테리가타》에 있어 비구니팔경법에 대한 어떠한 언급도 없고, 당사자인 마하파자파티 고타미도 이것에 대해 전혀 언급하고 있지 않다는 점도 주목할 필요가 있다. 따라서 이런 점들을 고려하면 비구니팔경법이 고타마 붓다의 교설이 아니라 후세의 부가 내지 창작이라는 것도 설득력이 있어 보인다.

그러나 비구니팔경법이 현존하는 율장 모두에 나타나 있고, 또 그 내용도 거의 유사하다는 점을 감안하면 단순히 후세의 부가, 창작이라고 보기는 어렵다. 즉 고타마 붓다가 비구니팔경법과 같은 성격의 규범을 제정했을 가능성도 부정할 수 없는 것이다. 따라서 현 상황에서는 고타마 붓다가 먼저 비구니팔경법의 원형을 제시하고, 여기에 후세의 부가, 창작이 보태진 것으로 보는 것이 옳지 않을까 생각된다.

이상과 같이, 고타마 붓다 입멸 후 인드전통의 여성멸시 관념이 유입되고, 또한 여기에 비구니팔경법이 고착화됨으로써 출가여성의 지위는 한층 격하되었다고 볼 수 있다. 더구나 이것을 고타마 붓다의 말로서 비구니 승가의 창설멤버인 마하파자파티 고타미에게 수용케 하는 장면을 설정함으로써 보다 그 권위를 더하게 되었다. 그리고 당연한 귀결이겠지만, 이로 인해 여성의 깨달음도 점점 부정되기에 이르고, 마침내 여성을 출가시킨 것은 고타마 붓다의 진의가 아니었다는 전설까지 성립하게 된 것이다. 여성의 출가를 중재한 아난에 대한 비난도 바로 그 연장선상에 있는데, 특히 여기에는 대가섭(大迦葉, Mahā-kassapa)의 이름으로 아난을 비난하고 있는 것이 많다. 《사분율》 권54와 《오분율》 권30에는 각각 다음과 같이 말해지고 있다.

대가섭이 아난에게 말하기를, 그대가 붙법 속에서 여인을 구제할 것을

요구하여 돌길라죄(突吉羅罪)를 얻었다. 지금 마땅히 참회해야 한다.[121]

가섭, 다시 아난을 힐책하며 말하기를, 그대는 세존에게 세 번이나 여인이 정법에 출가하는 것에 대한 허락을 청하여 돌길라(突吉羅)를 범했다. 마땅히 죄를 보고 잘못을 뉘우쳐야 한다.[122]

그런데 《테리가타》에는 이와 대조적인 모습의 대가섭이 나타나고 있다.

붓다의 아들이자 상속자인 가섭(Kassapa)은 마음의 안정을 얻고 있다. 과거세의 생활을 아는 그는 천계와 지옥을 보았다. 뒤이어 성자 가섭은 생사의 멸진(滅盡)에 이르러 다양한 신통력을 터득했다. 즉 이들 3종의 명지(숙명명(宿命明)·천안명(天眼明)·누진명(漏盡明))에 의해서 그는 3종의 명지(明知)를 갖춘 바라문이 되었다. 마찬가지로 밧다 카필라니(Bhaddā Kapilānī)도 또한 3종의 명지를 갖추어 사마(死魔)를 물리치는 자이다. 그녀는 악마와 그 권속을 이겨내고, 최후의 신체를 지니고 있다. 이 세간에 재앙이 있음을 보고, 우리 두 사람은 출가했다. 이리하여 우리들은 더러움을 멸하고, 마음을 조어(調御)하여 청량하고 평온함을 얻고 있다. (63-66)

이것은 밧다 카필라니라는 여성이 고타마 붓다 멸후 승가의 유력자[23]

---

121) "大迦葉語阿難言 汝於佛法中先求度女人得突吉羅罪 今應懺悔"(《대정장》 제22권, p.967중-하).
122) "迦葉復詰阿難言 汝三請世尊求聽女人於正法出家 犯突吉羅 亦應見罪悔過"(《대정장》 제22권, p.191중).
123) 대가섭을 말할 때 통상적으로 고타마 붓다의 후계자라는 수식어가 붙지만, 히라카와 아키라는 고타마 붓다가 후계자를 지명한 사실이 없고, 또한 붓다의 후계자는 당연히 붓다여야 한다는 점을 들어, 대가섭은 고타마 붓다의 후계자가 아니라 단지 고타마 붓다 멸후 승가의 유력자에 지나지 않는다는 입장을 밝히고 있다(平川彰, 《원시불교의 연구》, pp.95-105).

가 된 대가섭을 자신과 비교하는 시구(詩句)이다. 그런데 여기서 밧다 카필라니는 자신이 대가섭과 어떤 차이도 없음을 밝히고 있다. 특히 그녀는 대가섭으로부터 직접 지도를 받아 깨달음을 얻은 사람이었다고 한다.[124] 이것으로 미루어 보면 대가섭이 비구니 승가의 존재를 부정하고 있었다고 보기는 어렵다. 그렇다면 대가섭의 이름으로 행해진 여성의 출가를 중재한 아난에 대한 비난 역시 후대에 창작, 부가된 것으로 볼 수 있는 것이다.

이와 같은 여성의 출가조건인 비구니팔경법과 이것을 중재한 아난에 대한 비난은 《사분율》을 비롯한 여섯 율장 모두에 나타나 있다. 이것은 곧 아소카왕 이전에 이미 출가여성에 대해 부정적이었던 비구들이 있었으며, 나아가 여성멸시의 움직임도 시작되고 있었음을 의미한다. 그리고 이러한 움직임이 부파불교시대를 거치면서 가속화되어 '삼종오장설(三從五障說)'도 나오게 된 것이 아닐까 생각한다.

이상과 같이 율전에는 여성에 대해 부정적인 시각과 남성 종속적인 측면이 있다. 이것을 지금의 시각에서 본다면 성차별의 범주를 벗어나기는 어렵다. 그러나 지금까지 살펴봤듯이, 이것을 당시의 현실과 관련해서 보면 단순히 성차별적 요소로 단정 짓기 어려운 점이 있다. 다시 말해 바라이법에 있어 동죄이벌과 비구니팔경법에 있어 남성 종속적 계율들은 당시 출가여성의 현실을 고려한 일종의 안전장치로서도 이해될 수 있는 것이다. 다만 주의할 것은 계율의 조문을 절대시하면 시대나 장소가 바뀌어 이것이 현실에 적합하지 않게 된 경우에도 그것을 강요하려는 폐해가 생겨나기 쉽다는 점이다. 《대반열반경》에 "아난이여, 만약 승단이 원한다면 내가 죽은 후에 소소계(小小戒)는

---

124) 中村元, 《불제자의 생애(佛弟子の生涯)》, p.572.

폐지해도 좋다."[125]고 하듯이, 계율은 그 자체로 가치가 있는 것이 아니라 수행을 증진한다는데 그 의의가 있다. 따라서 계율의 조문에다 시대나 장소를 초월한 보편타당성을 주장하는 것은 바람직하지 않는 것이다. 그렇다면 우리의 문제의식도 당연히 그 방향을 전환해야만 할 것이다. 즉 고타마 붓다 입멸 후 비구들이 승가의 중심세력이 되면서 형성된 제도화된 불교, 나아가 수행환경 상이나 자질상에 있어 아무런 문제가 없음에도 불구하고 여전히 주변적인 위치에 머물고 있는 불교여성의 현실에 맞춰져야 하는 것이다.

지금까지 살펴봤듯이, 불전에는 상호 모순적인 교설들이 상당수 존재한다. 이것은 여성관련 교설에서도 예외가 아니어서 많은 이견(異見)들이 제시되면서 불전의 편찬과정에서의 첨삭 가능성도 제기되고 있다. 그럼에도 불구하고 우리의 일차적 자료는 역시 불전일 수밖에 없다. 그리고 비록 온전하지는 않지만 여기에는 당시 인도의 여성관이 상당히 반영되어 있다. 이러한 인식 하에 다음 장에서는 '삼종(三從)', '오장(五障)' 등 인도전통의 여성 관념이 등장하고 있는 부파불교시대의 여성관에 대해 살펴보기로 한다.

제 4 장

부파불교의 여성관

지금까지 살펴본 바와 같이 불교의 발생 및 그 전개과정상에 있어서 인도는 여성차별적인 바라문 사회였다. 그리고 비록 고타마 붓다가 법에 의한 남녀평등을 설했다고는 하지만, 그것은 어디까지나 승가 내에 한정된 것이었다. 즉 불교의 등장에도 불구하고 승가 밖의 여성은 여전히 바라문교의 여성차별적인 관념의 영향 아래 있었던 것이다. 뿐만 아니라 고타마 붓다의 가르침을 실천하던 승가 내에 있어서도 사실상 완전한 남녀평등을 기대하기란 어려웠다. 이미 지적했듯이, 고타마 붓다 당시 비구 승가의 상당수가 여성차별적인 문화의 정점에 있던 바라문 출신이었다. 이것은 불교에 있어 여성관의 토대 및 그 배경에 바라문교적인 여성관이 내재되어 있음을 말하는데, 이렇게 보면 불교의 성차별적인 여성관도 어느 정도 예견된 일이었다고 볼 수 있다. 그리고 이러한 경향이 보다 구체화된 것이 이른바 부파불교의 시대였다.

이 논의에 있어 주목할 것은 부파불교라고 불리던 시대의 인도적 현실과 그 당시 승가의 성격이다. 이것은 이 시기의 대표적인 성차별적 요소인 '삼종오장설(三從五障說)'이 부파불교의 사상적 특징과 관련되었다기보다는 이 시대의 승가적 특징과 관련되어 있다고 보기 때문이다. 권오민에 의하면, 부파불교시대에 있어서 아라한으로의 길을 걷는 성문과 붓다로의 길을 걷는 보살은 그 차원을 달리하는 것이다. 예컨대 아라한으로의 길은 자신의 실존문제에 관심을 둔 수행자로서의 길이지만, 보살의 길은 인류애에서 비롯된 이타행의 도정으로서 감히 그 누구도 흉내낼 수 없는 길인 것이다. 또한 그렇기 때문에 성문들은 자신들과 붓다로의 길을 걷는 보살을 엄격히 구분하고, 그 붓다로서의 지위도 결코 넘보지 않았다고 한다. 즉 이 시대에 있어서는 그 누구도 붓다가 되려고 하지 않았다는 것이다.[1] 따라서 여자로서 붓다가

될 수 없다고 하는 것도 그들에게는 큰 의미가 없었다. 그렇다면 이 시기에 등장한 삼종오장설은 어떻게 이해해야만 할까? 이것 역시 당시의 현실성과 관련된 것으로 보는 것이 옳다고 생각한다. 다시 말해 삼종오장설은 이미 인도전통의 여성차별적인 관념의 한 단면으로서, 이것이 부파불교를 주도했던 비구들의 여성관 내지 승가의 성격변화에 따라 불교 속으로 유입되었다고 보는 것이다.

이 장에서는 부파불교 전승의 불전 속에 나오는 삼종오장설과 《마누법전》 등에 있어서의 여성관과의 연관성을 검토할 것인데, 그러기 위해서는 먼저 부파불교의 성립과 《마누법전》 등의 편찬이 어떤 연관성을 갖는지에 대한 고찰이 필요하다. 따라서 《마누법전》에 대해서는 이미 제2장에서 살펴봤으므로, 여기서는 기존의 연구 성과를 토대로 부파불교의 성립 및 당시 승가의 성격 등에 대해서 알아본 후, 이 시대의 대표적인 성차별적 요소로 지적되고 있는 삼종오장설에 대해 살펴보고자 한다.

삼종오장설은 크게 인도전통의 관념을 그대로 수용한 경우와 그것을 극복한 경우로 나눌 수 있는데, 전자는 주로 부파불교 전승의 불전에 속하며, 후자는 대승불교 전승의 불전에 속한다. 여기에서는 부파불교 전승의 불전에 한정해서 삼종설의 경우는 《마누법전》과 동일한 측면에서 말해지고 있는 《불설옥야녀경(佛說玉耶女經)》, 《옥야경》 등의 불전을 중심으로 알아보고, 여인오장설의 경우는 《불설구담미기과경(佛說瞿曇彌記果經)》을 비롯하여 화지부 전승의 《오분율》 권29와 설일체유부 전승의 《중아함경》 권28 《구담미경(瞿曇彌經)》 등의 불전을 중심으로 검토해 볼 것이다.

---

1) 권오민, 《아비달마불교》, pp.315-328.

1. 부파불교의 성립과 승가의 성격변화

부파불교란 초기의 승가가 상좌부(上座部, Theravāda)와 대중부(大衆部, Mahā-saṃghika)의 두 부파로 분열된 이후의 불교를 말한다. 고타마 붓다 멸후 100년경 베살리(Vesāli)의 제2차 결집에서 전통적인 보수파에 대해 시대와 지방마다의 풍속 · 습관 · 기후 · 풍토 등에 따른 10항목의 계율, 즉 십사(十事)의 완화를 주장한 일단의 무리가 등장하였다.[2] 그리고 이 문제를 둘러싸고 두 그룹 사이에 논쟁이 일어나 마침내 승가는 상좌부와 대중부로 분열되기에 이른다. 이것이 이른바 '근본분

---

2) 십사(十事)란 ①비구는 음식을 비축해서는 안 되지만, 소금만은 비축할 수 있다(鹽淨), ②정오가 지나면 먹어서는 안 되지만, 그림자의 길이가 손가락 두 마디 내에 있을 때는 먹을 수 있다(二指淨), ③한 취락에서 한 번 탁발하여 먹어야 하지만, 다른 취락에서 또 탁발하여 먹을 수 있다(聚落間淨), ④정해진 곳에서 포살을 해야 하지만, 임시로 다른 곳에서 그것을 행할 수 있다(住處淨), ⑤정족수에 미달될 때는 갈마를 해서는 안 되지만, 불참한 비구의 동의를 예상하고 갈마를 할 수 있다(隨意淨), ⑥스승들의 관행이나 선례에 따른 행위는 비록 계율에 위배되더라도 죄가 되지 않는다(久住淨), ⑦오후에 먹어서는 안 되지만, 우유는 마실 수 있다(生和合淨), ⑧술을 마셔서는 안 되지만, 채 술이 되기 전의 야자즙은 마실 수 있다(水淨), ⑨좌구(坐具:니사단(尼師檀, niṣīdana))는 테두리를 붙이지 않고 나름대로 그 크기를 정할 수 있다(不益縷尼師檀淨), ⑩어떤 것도 비축해서는 안 되지만, 옷이나 약을 구입할 용도의 금이나 은은 받을 수 있다(金銀淨)는 것으로서, 이것은 이미 250계에서 금지되고 있는 사항들이다. 그러나 베살리의 비구들을 비롯한 진보파는 여기에는 실행되기 어려운 점들이 있기 때문에 예외를 인정해야 한다고 주장하였다(곽철환, 《시공 불교사전》, pp.437-438). 반면 북전(北傳), 특히 《이부종륜론(異部宗輪論)》(《대정장》 제49권, p.15상)에 의하면, 근본분열은 대천(大天, Mahādeva)의 '오사(五事)' 때문이라고 한다. 오사란 ①아라한도 천마(天魔) 등의 유혹에 빠지면 부정(不淨)이 흘러나올 수 있다(余所誘), ②아라한도 무지, 즉 오염되지 않은 무지(不汚染無知)는 아직 존재한다(無知), ③아라한에게도 의문이나 의혹은 남아 있다(猶豫), ④남에 의해 자신이 아라한이 되었다는 것을 아는 경우가 있다(他令入), ⑤도(道)는 소리에 의해 생겨난다(道因聲故起)는 것으로서, 대체로 아라한의 깨달음을 낮게 보는 설이다. 그러나 이것은 지말분열의 원인을 근본분열로 간주하고 있다는 점에서 대부분의 학자들로부터 수용되지 않고 있다(平川彰, 《인도불교의 역사》(상), pp.103-106).

열'로서, 이 시기를 불멸후 100년이라고 보는 것은 세일론 상좌부
(Vibhajjavāda, 分別說部)의 《도왕통사(島王統史, Dīpavaṃsa)》(이
하 《도사(島史)》로 약칭한다)와 《대왕통사(大王統史, Mahāvaṃsa)》
(이하 《대사(大史)》로 약칭한다), 설일처유부에 의해 전승된 《이부종
륜론》에 일치하기 때문에 거의 확실한 것으로 보고되고 있다.

그러면 불교사에 있어 불멸후 100년, 즉 부파불교의 시대란 구체적
으로 어느 시기를 말하는가? 이것은 삼종오장설이 등장하는 시점과도
관련되기 때문에 중요한 물음 가운데 하나이다. 하지만 이미 언급했듯
이, 인도의 고대사에서 시대를 결정하는 일은 결코 쉬운 일이 아니다.
그래서 인도 고대사의 연대를 추정함에 있어서는 비교적 그 연대가 확
인되고 있는 아소카왕의 재위연대를 기준으로 산정하는 경우가 많다.

그리스의 사료에 의해 밝혀진 아소카왕의 즉위연대는 기원전 268년
이다. 이것은 왕의 〈14장 법칙〉의 제13장에 기록되어 있는 아소카왕
시대의 서방 5왕의 재위연대에서 산출된 것이다. 아소카왕은 국내뿐
만 아니라 시리아, 이집트, 마케도니아 등에도 사신을 파견하였는데,
그 사신이 파견된 나라의 5왕의 이름이 알려지고 있다. 그리고 아소
카왕의 재위연대(기원전 268년~232년)는 바로 이러한 왕들의 재위
연대로부터 추정된 것이다.

그런데 고타마 붓다 멸후로부터 아소카왕 사이의 기간에 대해서는
남전(南傳)과 북전(北傳) 사이에 적지 않은 차이가 난다. 먼저 세일
론의 《도사》에 의하면 고타마 붓다 멸후로부터 아소카왕 즉위까지는
218년이다. 세일론에 불교가 처음으로 전해진 것은 이미 언급했듯이,
아소카왕의 아들 마힌다에 의해서이다. 이것이 이른바 세일론 상좌부
의 기원으로서, 마힌다에 의해 전해진 불전은 그의 어머니가 태어난
중인도 남서쪽에 위치한 베디사(Vedisa)에서 유력했던 불교였으며, 그

지방에서 사용되고 있던 고대방언이 이른바 팔리어였다고 한다.[3] 그런데 이 지역의 불교는 부파분열 이후 상좌부계가 세력을 형성했기 때문에 그 상좌부적 경향성을 띤 불교가 세일론에 전수되었다고 할 것이다. 그리고 세일론의 《도사》와 《대사》에 의하면, 부파분열은 고타마 붓다 멸후 100년에서 200년까지의 100년 동안에 일어난 사건으로, 아소카왕 시대에 이미 부파분열이 완료된 것으로 기술하고 있다.[4]

반면 중국으로 전해진 설일체유부 계통의 전승에 따르면, 아소카왕의 즉위는 고타마 붓다 멸후 116년경이다. 특히 일본의 우이 하쿠주우(宇井伯壽)는 고타마 붓다 멸후로부터 아소카왕 즉위까지를 218년으로 하는 세일론 전승의 신뢰성을 비판하고, 북전의 자료에 의거하여 아소카왕과 불멸의 간격을 116년으로 하는 '기원전 466~386년' 설을 제시하고 있다. 나카무라 하지메(中村元)도 우이 하쿠주우의 설과 아소카왕 시대의 그리스계 여러 왕들의 재위기간에 대한 새로운 연구 성과를 토대로 아소카왕의 즉위연도를 수정하고, 고타마 붓다의 생애를 '기원전 463~383년'이라고 주장하였다.[5]

이상과 같이, 고타마 붓다 멸후로부터 아소카왕의 즉위까지에 대한 남전과 북전 사이에는 거의 100년이라는 차이가 난다. 또한 그렇기 때문에 부파분열이 일어난 고타마 붓다 멸후 100년이라는 시점도 동일

---

3) 平川彰, 위의 책, p.92.
4) 위의 책, p.140.
5) 그 근거로서 첫째, 불멸로부터 아소카왕 즉위까지 218년은 너무 길다는 점이다. 특히 고타마 붓다로부터 아소카왕 시대까지 5명에 의해 계율이 전승되었다고 하는데, 5명만으로 218년간을 전승한다는 것은 무리라는 것이다. 둘째, 이 설은 세일론 상좌부만의 전승일 뿐 인도 본토에서는 그 어떤 증거자료도 발견되지 않는다는 점이다. 셋째, 《도사》는 4세기 후반부터 5세기 초, 《대사》는 5세기말에 제작된 것으로서, 기원전 3세기 전후의 일에 대한 기술을 신뢰하기 어렵다는 점이다(植木雅俊, 앞의 책, pp.128-129).

한 차이가 날 수밖에 없다. 하지만, 현재 어느 쪽이 옳다고 결정할 만한 자료는 없다. 그런데 아소카왕의 산치(Sāñcī), 코삼비(Kosambī), 사르나트(Sārnāth) 등의 법칙을 보면, 승가의 분열을 경계하는 내용들이 다수 발견되고 있다. 뿐만 아니라 승가의 분열을 꾀하는 비구, 비구니는 백의(白衣)를 입혀 환속시켜야 한다는 기록까지 나온다.[6] 이 것은 아소카왕 당시의 왕권이 승가를 통제하고 있었음을 단적으로 보여준다. 심지어 〈사르나트 법칙〉에는 다음과 같이 재가자의 승가에 대한 간섭권도 인정되고 있다.

   …… 그와 마찬가지로 〔교칙의〕 등본 한 통은 관청에 보존하여 경등대관(卿等大官 : 집정관)의 관리 하에 두고, 동시에 같은 등본 한 통은 모든 우바새의 관리 하에 보존케 해야 한다. 뿐만 아니라 이들 우바새는 이 교칙의 취의가 승가에서 잘 받들어지고 있는지 확신을 갖기 위해 매번의 포살에 참여해야 한다.[7]

   그런데 이러한 사실들은 앞서 언급한 아소카왕 시대에 이미 승가가 분열되어 각 부파가 번영하고 있었다는 《도사》와 《대사》의 기록과 양립할 수 없는 것들이다. 그러면 과연 어느 쪽을 따라야 하는가? 《대사》에 의하면, 아소카왕의 대신이 명령에 따르지 않는 몇 명의 장로를 참수한 적이 있으며, 아소카왕도 승가의 심문에 입회한 적이 있다고 한다.[8] 이것은 곧 승가에 대한 가장 강력한 통제권이 왕에게 있었음을

---

6) "비구 혹은 비구니로서 승가를 깨뜨리는 자는 모두 백의(白衣)를 입혀 정사(精舍)가 아닌 곳에서 살게 해야 한다."(宇井伯壽, 〈아육왕각문(阿育王刻文)〉, 《인도철학연구(印度哲學研究)》 제4, pp.310-313).
7) 위의 책, p.313.
8) 中村元, 《종교와 사회윤리(宗敎と社會倫理)》, p.243.

보여준다. 또한 상기의 〈사르나트 법칙〉에서처럼 재가자에게도 승가에 대한 간섭권이 인정되고 있었다는 것은 아직 출가자 중심의 승가가 완전히 확립되지 않았음을 보여준다. 이처럼 승가에 대한 왕의 통제권과 재가자의 간섭권을 인정한다면 비록 아소카왕 시대에 분열의 징후는 있었다고 해도 승가가 아직 결정적으로 분열된 것은 아니라고 추정해 볼 수 있다. 다시 말하면 승가의 분열은 강력한 왕권이 사라진 후, 즉 아소카왕 이후 현실화되었다고 볼 수 있는 것이다. 이것이 이른바 상좌부와 대중부의 근본분열로서, 이렇게 보면 세일론 전승의 '218년설' 보다는 우이 하쿠주우와 나카무라 하지메의 설이 보다 설득력이 있어 보인다.

그리고 이 입장을 따르면, 고타마 붓다 멸후 약 100년이라는 것은 기원전 3세기경이 되는데, 그 이후 부파분열이 계속되어 약 100년 사이(기원전 3~2세기)에 대중부계가 다시 분열하고, 그 다음 약 100년 사이(기원전 2~1세기)에 상좌부계가 다시 분열하여 기원전 1세기경까지 근본 2부(상좌부와 대중부)와 지말 18부를 합쳐 대략 20부파로 분열된 것이다.

대략적이지만, 이상의 내용에 따르면 부파불교가 성립·발전하던 시기는 이른바 《마누법전》이 편찬되던 시기와 거의 동일함을 알 수 있다. 그리고 우리가 주목해야 할 것은 바로 이 시기에 편찬된 《마누법전》 등의 여성관과 부파불교 전승의 불전에 나타난 여성관이 상당히 일치하고 있다는 점이다. 앞서도 말했지만, 이것은 당시 승가의 현실, 즉 승가를 주도한 비구들의 여성관 내지 승가의 성격과 밀접한 연관성을 갖는 것이다. 그러면 고타마 붓다 멸후 승가에 나타나기 시작한 변화의 특징부터 살펴보기로 한다.

먼저 주목할 것은 승가의 부유화이다. 히라카와 아키라(平川彰)는

기원전 2세기경부터 제작된 비문에 대한 연구를 통해 고타마 붓다 멸후 승가가 국왕이나 왕비, 대상인 등으로부터 토지나 굴원 등의 상당한 경제적 지원을 받고 있었음을 지적하고 있다.[9] 특히 나카무라 하지메에 의하면, 근본분열 이후 '십사(十事)'를 주장했던 대중부계는 점차 왕족이나 귀족들로부터 광대한 트지와 막대한 금전을 기증받고, 또한 이것을 상인조합에 이자를 받고 대부하는 등 기원 전후에는 이미 승가자체가 대지주 내지 대자본가로 변모하고 있었다고 한다.[10] 그리고 어쩌면 이러한 경제적 뒷받침이 있었기 때문에 부파불교시대의 출가자들도 대사원 안에 머물며 교리연구에 전념할 수 있었을 것이다. 그러나 이것은 곧 기원 전후에 등장한 더승불교도들로부터 '소승(小乘)'이라고 비난 받게 된 이유이기도 하였다.

물론 '소승'이라는 폄칭이 부파불교 전체에 대한 것인지는 분명하지 않다. 그러나 《마하반야바라밀경(摩訶般若波羅蜜經)》(이하, 《대품반야경(大品般若經)》으로 약칭한다.)의 주석서로서 용수(龍樹, Nāgārjuna, 150~250년경)의 찬술로 알려지고 있는 《대지도론》에서 비판되고 있는 것은 '비바사사(毘婆沙師, vaibhāṣika)', 즉 설일체유부이다. 주지하듯이 설일체유부는 정교한 이론불교로서 서북인도에서 그 세력을 떨치고 있었으며, 다른 브파 및 대승불교에도 그 영향을 주고 있었다. 따라서 히라카와 아키라도 또한 그렇기 때문에 용수가 설일체유부를 상좌부계의 유력한 대표자로서 비판했을 것이라고 추정하고 있다.[11]

다음으로 주목할 것은 승가가 출가의 성문(聲聞)을 중심으로 보수

---

9) 平川彰, 《인도불교의 역사》(상), p.133.
10) 中村元, 《종교와 사회윤리》, pp.65-66.
11) 平川彰, 《인도불교의 역사》(하), pp.44-45.

화되었다는 점이다.[12] 이것의 단초는 먼저 《숫타니파타》에서 발견되는데, 여기서 주목할 것은 출가와 재가에 대한 말의 변화이다. 나카무라하지메에 의하면, 《숫타니파타》의 시(詩) 부분은 아소카왕 이전에 성립했다고 하는데,[13] 특히 다음의 인용문은 출가자를 'bhikkhu'가 아니라 'paribbāja'라는 말로서 나타내고 있다는 점에서 상당히 오래된 것 중에 속한다.[14] 그리고 이것에 의하면, 《숫타니파타》성립 초기에는 출가와 재가가 크게 구분되지 않았음도 알 수 있다.

> 깨달은 사람(붓다)을 비방하고, 혹은 출가(paribbāja) · 재가(gahaṭṭha)의 제자(sāvaka, 불제자)를 비방하는 사람, 그 사람을 천한 사람이라고 알라.(134)

여기서 주목할 것은 출가자와 재가자를 모두 '가르침을 듣는 사람'(ⓟsāvaka, ⓢśrāvaka), 즉 불제자로 간주하고 있다는 점이다. 산스크리트어 'śrāvaka'는 '듣는다'라는 의미의 동사 śru-에 행위자 명사를 만드는 접미사 '-aka'를 붙인 것으로, '가르침을 듣는 사람'을 의미한다. 이것은 본래 자이나교에서 재가자를 의미하던 용어였지만, 불교에 수용되어 출가 · 재가를 포함한 '붓다의 가르침을 듣는 사람'이 되었다고 한다.[15] 그리고 상기의 인용문은 śrāvaka가 본래 출가와 재가를 구별하지 않은 '불제자'라는 정도의 의미로 사용되고 있었음을 보여주고 있는 것이다.

---

12) 平川彰, 《인도불교의 역사》(상), p.132.
13) 中村元, 《붓다의 말씀-숫타니파타(ブッダのことば-スッタニパータ)》, pp.433-445.
14) 植木雅俊, 앞의 책, p.116.
15) 中村元, 《원시불교의 성립》, pp.227-229.

반면 'gahaṭṭha(ⓢgṭhastha)'는 '집'을 의미하는 'gaha(ⓢgṭha)'와 '살다', '있다'는 의미의 형용사 ṭha(ⓢsṭha)'의 복합어로서, 문자 그대로 '집에 사는 사람'을 의미한다. 이러한 의미의 gahaṭṭha는 《숫타니파타》 제90게송에서도 발견된다. 고타다 붓다는 먼저 제89게송에서 계율을 잘 지키는 척, 지혜로운 척하며 고집 세고 오만하며, 더구나 거짓을 일삼고 자제심 없이 말만 많은 출가수행자를 '도(道)를 더럽히는 자'라고 한 다음, 다음과 같이 말하고 있다.

〔그들의 특징을〕 듣고, 정확히 꿰뚫어 보고 있는 재가의 뛰어난 신도(ariya-sāvaka)는 그들 〔4종의 수행자가〕 모두 이와 같음을 알고, 또한 그들을 통찰하여 이와 같음을 보더라도 그 신도의 신앙은 없어지지 않는다.

여기서 주목할 것은 '도를 더럽히는 출가자'의 언동을 보고도 조금도 흔들리지 않고, 신앙을 잃지도 않는 자가자를 지혜를 갖춘 '뛰어난 신도(ariya-sāvaka)'라고 말하고 있다는 점이다. 이 말은 자이나교와도 공통하는데, 불교흥기 당시 종교일반에서 사용되고 있던 호칭을 불교가 그대로 수용한 것이라고 한다.[16] 그러나 분명한 것은 여기에도 고타마 붓다가 재가자를 출가자와 동등한 불제자로서 인정하고 있다는 점이다. 다시 말하면 《숫타니파타》 제34게송에 말해지고 있는 '도(道)의 승리자', '도를 설하는 자', '도에 의해 사는 자'란 인간으로서의 진정한 도를 자각하여 죽을 때까지 이것을 실천하는 사람으로서, 여기에 출가와 재가의 큰 구분은 없었다고 할 수 있는 것이다.

그런데 《숫타니파타》에는 다시 출가자를 'bhikkhu'라는 말로서 표

---

16) 위의 책, pp.227-228.

현하는 경우가 발견된다. 또 제376게송과 제384게송의 두 곳에서는
재가자를 'upāsaka'로서 표현하고 있다. 먼저 제376게송에는 다음과
같이 말하고 있다.

　…… 가르침을 듣는 사람(sāvaka)은 집을 나와 출가하는 사람(anāgāra)
과 재가의 신도(upāsaka) 중 어느 쪽이 좋습니까?

여기서 주목할 것은 재가자를 'gahaṭṭha'가 아니라 'upāsaka'로서
표현하고 있다는 점이다. 비록 '가르침을 듣는 사람(sāvaka)'이 재가
를 배제한 출가에만 한정된 것은 아니지만, 따로 재가를 'upāsaka'라
는 말로서 나타내고 있다는 것은 불제자로서의 단순한 출가와 재가 이
상의 의미가 부여되기 시작했음을 의미한다. 또한 제384게송에도 다
음과 같이 말하고 있다.

　이들 출가수행자들(bhikkhu)과 재속신자들(upāsaka)은 모두 〔깨달은
사람의 가르침을〕 듣기 위해서 여기에 모여 있습니다.

여기서 출가자는 'paribbāja'가 아니라 'bhikkhu', 재가자도 'ga-
haṭṭha'가 아니라 'upāsaka'로 표현되고 있다. bhikkhu란 '탁발하는
남자수행자'라는 뜻인데, 음사해서 비구(比丘)라고 한다.[17] 반면 우바
새(優婆塞)로 음사되는 upāsaka는 '곁에 앉는다'라는 의미의 동사
'upa-√ās-'에 행위자 명사를 만드는 접미사 '-aka'를 붙인 것으로,

---

17) 이외에도 비구를 걸사(乞士), 포마(怖魔)라고도 하는데, 걸사란 모든 생업을 끊
　고 오로지 탁발로 몸을 유지하며 법을 이어간다는 의미이며, 포마란 마왕과 마
　구니(māra)를 두렵게 한다는 의미이다.

'곁에서 시중드는 사람'을 의미한다. 그러면 우바새는 과연 누구에게 시중드는 것인가? 이미 고타마 붓다의 시대는 아니기 때문에 그 대상은 바로 출가자라고 할 수 있을 것이다. 이렇게 보면 이것은 출가와 재가의 우열을 어느 정도 전제한 용법이라고 볼 수 있다.

그리고 여기에 각각의 여성형인 '탁발하는 여자수행자(bhikkhunī, 비구니(比丘尼))'와 '곁에서 시중드는 여자(upāsikā, 우바이(優婆夷))'가 덧붙어 불교도를 총칭하는 '사중(四衆)'이 성립하게 되었다. 이렇게 보면 본래 남녀의 구별도 없고, 출가와 재가의 구별도 없던 '불제자'에 점점 '탁발하는 수행자'와 '곁에서 시중드는 사람'이라는 의미가 가미되었다고 할 수 있다. 물론 앞서 언급한 《숫타니파타》의 제376게송과 제384게송을 이와 같이 해석할 수는 없지만, 적어도 출가와 재가의 분열 내지 우열에 대한 조짐은 이미 나타나고 있었다고 볼 수 있을 것이다.

이상과 같이, 《숫타니파타》에는 출가자와 재가자를 표현하는데 있어 어떤 변화가 있음을 알 수 있다. 가장 오래된 표현은 출가자를 'paribbāja', 재가자를 'gahattha'라고 부르는 것이었다. 그런데 이것이 '탁발하는 수행자(bhikkhu)', '곁에서 시중드는 사람(upāsaka)'으로 변화된 것이다. 물론 고타마 붓다 스스로가 'upāsaka'라는 말을 사용한 증거는 없다. 즉 이 말은 담미카(Dhammika)라는 재가자가 자신들을 가리켜 사용하고 있을 뿐이다. 이미 지적했듯이, 불교도 바라문교의 전통을 완전히 거부하지는 못했다. 따라서 이 경우에도 바라문교의 전통적인 방식에 따라 호칭했을 가능성이 크다. 또한 《숫타니파타》를 포함해서 불전의 편찬자가 출가비구였고, 특히 비구의 상당수가 바라문 출신이었다는 점을 감안하면 바라문교의 전통적인 호칭방식이 수용되었을 가능성이 크다. 따라서 《숫타니파타》의 성립단계

에서는 아직 출가자 위주의 우바새(upāsaka)라는 말이 사용되지 않았다고 볼 수 있다.

이것은 《앙굿타라 니카야》 1집 14(〈시제일품(是第一品)〉)에 불제자를 열거하면서 다음과 같이 'sāvaka' 내지 'sāvikā' 라는 서두로서 시작하고 있는 것을 통해서도 알 수 있다.

> 나의 남자 제자이면서 비구인 … (mama sāvakānaṃ bhikkhūnaṃ …)
> 나의 여자 제자이면서 비구니인 … (mama sāvikānaṃ bhikkhūnīnaṃ …)
> 나의 남자 제자이면서 우바새인 … (mama sāvakānaṃ upāsakānaṃ …)
> 나의 여자 제자이면서 우바이인 … (mama sāvikānaṃ upāsikānaṃ …)[18]

여기서 비록 출가자와 재가자를 비구 · 비구니 · 우바새 · 우바이라고 표현하고 있지만, 어느 경우에나 불제자를 의미하는 'sāvaka' 내지 그 여성형인 'sāvikā' 를 붙이고 있다. 이것은 아직까지 출가와 재가, 남성과 여성이 큰 구분 없이 불제자로 간주되고 있었음을 의미하는 것이다.

그러면 이러한 출가와 재가의 관계가 변화되기 시작한 것은 언제부터일까? 이것에 대해 히라카와 아키라는 고타마 붓다 멸후 서서히 진행되다가 부파분열을 지나면서 정착되었을 것으로 보고 있다.[19] 즉 부파불교 시대에 이르러 '불제자' 를 의미하던 'sāvaka' 와 'sāvikā' 가 남성만의 'sāvaka' 로 한정되었다가, 다시 재가자를 배제시킴으로써 출가자만을 의미하게 되었다는 것이다. 우에키 마사토시에 의하면, 이것을 대표하는 부파는 설일체유부이다. 예컨대 그들이 사용한 산스크

---

18) *Anguttara-Nikāya*, I, pp.23-26. 《남전》 제17권, pp.33-37.
19) 平川彰, 《인도불교의 역사》(상), p.132.

리트어의 용례를 보면, 팔리어의 'sāvaka'에 대응하는 'śrāvaka'라는 말은 있지만, 'sāvaka'에 대응하는 산스크리트어는 보이지 않는다고 한다. 따라서 그는 '소승'이라고 폄칭되던 불교에서 'śrāvaka(聲聞)'는 남성출가자에게만 한정되며, 또한 그렇기 때문에 대승불교의 비판 대상인 'śrāvaka'도 당연히 소승불교의 남성출가자를 의미한다고 보고 있다.[20]

이외에 성문 중심의 출가주의를 확인할 수 있는 것으로는 대승불교가 흥기할 무렵에 제작된 《미란왕문경(彌蘭王問經, Milinda-pañha, 那先比丘經)》[21]을 들 수 있다. 여기에서 밀린다왕은 출가와 재가 사이에 어떤 차별도 없다는 자신의 견해를 밝히는데, 이것에 대해 나가세나 장로는 재가도 물론 아라한에 도달할 수 있지만 바른 도를 닦는 으뜸은 바로 출가라고 주장하고 있다.[22] 즉 원리적으로는 가능하지만 실질적인 '재가의 아라한'이란 불가능하다는 것이다.

이처럼 부파분열을 경계로 출가와 재가뿐만 아니라 불교의 여성관에도 적지 않은 변화가 나타나게 된다. 그러면 이제 구체적으로 부파분열 전후에 있어서의 여성관에 대해서 살펴보도록 하자. 그런데 여기에는 하나의 문제가 있다. 앞서 살펴봤듯이, 불전의 전승과정에서 증보나 첨가, 재편, 기타의 수정이 이루어져 왔다는 것은 어느 정도 인정되고 있는 바이다. 문제는 어떤 경우든 불교에 관한 논의가 기본

---

20) 植木雅俊, 앞의 책, p.120.
21) 한역에서는 《미란왕문경》, 《나선비구경》 등으로 '경'이라는 이름을 붙이고 있지만, 이것은 고타마 붓다의 교설이 아니라 기원전 2세기 후반 서북인도를 지배하고 있던 그리스인 왕 밀린다(Milinda, Menandros, 미란타(彌蘭陀), 기원전 160~140년경 재위)와 불교장로 나가세나(Nāgasena, 邦先) 사이의 불교교리에 관한 문답을 기록한 것이다. 원형은 기원전 2세기 후반에 이루어졌는데, 팔리와 한역의 공통된 부분의 원형은 기원전 1세기에서 기원후 1세기 사이에 성립된 것으로 추정되고 있다.
22) 《미란왕문경》 권2, 《남전》 제59권(하), pp.62~64.

적으로 이러한 불전의 기록에 의존할 수밖에 없다는 사실이다. 따라서 과연 어디까지를 부파분열 이전의 것으로 하며, 어디까지를 부파분열 이후의 것으로 할 것인가가 문제가 된다. 그래서 불전의 성립연대를 추정하고, 이것을 아소카왕의 재위연대와 비교함으로써 판정하는 하나의 편법이 사용되기도 한다. 즉 팔리경전과 한역을 비교하여 양쪽에 공통된 기술은 아소카왕 이전, 즉 부파분열 이전의 것으로 판정하고, 한쪽에만 있는 경우는 분열 이후에 수정 내지 삽입된 것으로 판정하는 것이다.[23]

이러한 입장을 견지하면, 부파분열 이전에는 적어도 깨달음에 있어 남성과 여성에 대한 차별이 크게 없었음을 확인할 수 있다. 먼저《상윳타 니카야》〈유게편〉제1(제천상응(諸天相應))의 46(〈연소품(燃燒品)〉)에 "이와 같은 수레에 탄 사람은 여성이든 남성이든 이 수레에 의해서 열반에 이른다."[24]고 한 것에 대해, 설일체유부 전승의 한역《잡아함경》권22 제587경에는 "이와 같은 묘승(妙乘)을 남녀가 탄다면 생사의 총림(叢林)을 벗어나 안락처를 체득(逮得)한다."[25]고 기술되어 있다. 즉 팔리경전과 한역 모두 남녀 차별 없이 열반(涅槃, nirvāṇa)에 이를 수 있음을 말하고 있다.

또한 이미 언급한《테리가타》제60게송에 나오는 악마와 소마(Somā) 비구니와의 대화 장면도 한역과 일치하고 있다. 먼저 악마가 소마 비

---

23) 中村元 · 三枝充悳, 앞의 책, pp.94-95. 물론 팔리경전과 한역 중에 하나 밖에 없는 경우에도 이것을 완전히 새로운 것이라고 일방적으로 단정할 수는 없다. 즉 전승과정에서 증보나 추가뿐만 아니라 삭제 내지 유실된 것도 있을 수 있기 때문이다. 그러나 팔리경전과 한역에 공통된 내용은 적어도 부파분열 이전의 것으로 추정할 수 있다.

24) *Saṃyutta-nikāya*, I, p.33.《남전》제12권, p.46.

25) "如是之妙乘 男女之所乘 出生死叢林 逮得安樂處"(《대정장》제2권, p.156상).

구니에 대해 다음과 같이 말한다.

　이해하기 어려워 선인(仙人)들에 의해서만 파악될 수 있는 도리는 손가락
두 마디 정도의 지혜밖에 없는 여성으로서 체득하는 것은 불가능하다.(60)

이것에 대해 소마 비구니도 다음과 같이 맞서고 있다.

　마음이 잘 안정되고 지혜가 있을 때, 바르게 진리를 관찰하는 자로서 여
성이라는 것이 어찌 장애가 되겠는가?(61)

그리고 이것에 해당하는 《잡아함경》 권45 제1199경에도 이와 동일
한 내용이 기술되고 있다.

　선인(仙人)이 머무는 곳은 매우 얻기 어렵다. 그 손가락 두 마디의 지
혜로는 그 곳에 이를 수 없다. …… 마음이 정수(正受:삼매)에 들어가면,
여자의 형상 또한 무슨 소용이겠는가. 지혜가 만약 생겨나면 무상(無上)
의 법을 체득(逮得)한다. 만약 남녀의 상에서 마음이 벗어날 수 없다면,
그것이 곧 마설(魔說)에 따르는 것이다.[26]

이것에 의하면, 팔리경전의 표현과 조금도 다를 바가 없다. 즉 팔리
경전과 한역 모두 여성의 깨달음을 부정하지 않을 뿐만 아니라 오히
려 여성을 멸시하는 악마와 대적하는 소마 비구니를 칭송하는 듯한 느

---

[26] "仙人所住處 是處甚難得 非彼二指智 能得到彼處 …… 心入於正受 女形復何爲
智或若生已 逮得無上法 若於男女想 心不得俱離 彼卽隨魔說"(《대정장》 제2권,
p.326중)

낌마저 주고 있는 것이다.

이처럼 적어도 부파분열 이전까지는 여성 역시 법을 깨달을 수 있
는 존재로서 인정되고 있었다고 해도 큰 무리는 아닐 것이다. 더구나
상기의 제60계송은 불도 수행자를 '비구(bhikkhu)'가 아니라 '선인
(仙人, isi)'이라고 말하고 있다는 점에서 상당히 오래된 시[27]에 속한
다. 따라서 고타마 붓다 당시 혹은 그와 비슷한 시기의 여성은 깨달음
에 있어 남성과 동등한 입장이었고, 그것이 부파분열 이전까지는 전
승되고 있었다고 할 수 있는 것이다.

그러나 여성의 유력한 후원자였던 고타마 붓다의 입멸과 함께 여성
들의 지위는 하락하기 시작했고, 비구니도 비구 사이에서 경시되기에
이른다. 영국의 여성불교학자인 호너(I. B. Horner)에 따르면, 《미란
왕문경(Milinda-pañha)》이 작성된 기원전 2세기경에 이미 비구니의
지위가 상당히 하락하고 있었다고 한다.[28] 그리고 그녀는 이것을 가장
단적으로 보여주고 있는 것이 앞서 언급한 비구니팔경법임을 지적하
고 있다.

이러한 경향은 부파분열 뒤에도 계속되어 인도전통의 '삼종설'이나
'여인오장설'이 유입되고, 마침내 여성은 깨달음에 이를 수 없다는 것
이 하나의 관념으로 정착된 것으로 보인다. 이것은 부파불교를 대표
하는 설일체유부 전승의 《중아함경》 권28 《구담미경》과 화지부 전승
의 《오분율》 권29에 '여인오장설'이 언급되어 있고, 또 《대지도론》 권
9에 이와 같은 사고를 성문승, 즉 부파불교의 설로서 비판하고 있기

---

27) 나카무라 하지메에 의하면, 고시(古詩)가 만들어질 무렵의 불교수행자들은 승
원(僧院, vihāra, 精舍)에 머물고 있었던 것이 아니라 간소한 은둔생활을 하고 있
었기 때문에 선인(仙人, ⓟisi, ⓢṛṣi)이라고 불렸으며, 비구라고 불리게 된 것은
뒷날의 일이라고 한다(中村元. 《원시불교의 사상》(하), p.365).

28) I. B. Horner, 《원시불교의 여성들(Women under Primitive Buddhism)》, p.291.

때문에 어느 정도 설득력이 있는 것으로 생각된다.[29]

2. 부파분열 이후의 여성관

부파분열을 거치면서 각 부파는 보수주의적인 경향을 띠게 된다. 그리고 이것은 출가비구로서 계율과 금욕생활을 지키며 교리를 연구하고 체계화하는 출가주의 내지 은둔적인 승원불고로서 표면화되었다. 이와 더불어 이 시기는 고타마 붓다에 대한 관념의 변화로 그 깨달음에 있어서의 변별뿐만 아니라 불신관(佛身觀)에 있어서도 상당한 변화가 일어나고 있었다. 특히 붓다의 신체적 특징으로서 정형화된 '32상설(相說)'[30]은 이 시기의 여성관과도 밀접한 연관성을 갖는 것이다.

---

29) 이것에 대해서는 본장 제3절 '나' 항에서 상세하게 다룰 것이다.

30) 본래는 고대인도의 이상적 제왕인 전륜성왕(轉輪聖王)에게 갖추어진 32가지의 신체적 특징이었으나, 불교에 채용되어 붓다의 이상적인 신체적 특징이 되었다. 이것을 나카무라 하지메(中村元)의 《불교어대사전(佛敎語大辭典)》에 따라 정리하면 다음과 같다. ①정수리의 살이 상투처럼 솟아 있는 모습(頂成肉髻相), ②몸의 털이 하나하나 오른쪽으로 말려있는 모습(身毛右旋相), ③앞이마가 평평하고 바른 모습(額廣平正相), ④미간에 백호가 있는 모습(眉間白毫相), ⑤눈동자가 검푸른 모습(眼色如紺靑相), ⑥40개의 치아를 고루 갖춘 모습(具四十齒相), ⑦치아가 고르고 치열이 좋은 모습, ⑧치아가 촘촘하여 틈이 없는 모습(※⑦과 ⑧을 합쳐 齒齊平密相이라고도 한다.), ⑨4개의 어금니가 희고 깨끗한 모습(四牙白淨相), ⑩최상의 미감을 가진 모습(得最上味相), ⑪뺨이 사자와 같은 모습(獅子頰相), ⑫혀가 넓고 긴 모습(廣長舌相), ⑬음성이 아름다운 모습(梵音聲相), ⑭어깨가 둥글고 풍만한 모습(肩圓滿相), ⑮일곱 곳(양손·양발·양어깨·정수리)이 충만한 모습(七處充滿相), ⑯양 겨드랑이가 풍만한 모습(兩腋滿相), ⑰몸이 금색으로 빛나는 모습(身金色相), ⑱손이 무릎까지 내려갈 정도로 팔이 긴 모습(手過膝相), ⑲상체가 사자와 같은 모습(獅子上身相), ⑳몸의 각 부분이 원만한 모습(身分圓滿相), ㉑하나하나의 모발이 오른쪽으로 돌고 있는 모습(身毛石旋上飛相), ㉒몸의 털이 위로 쏠려 있는 도습(身毛上靡相), ㉓남근이 말의 그것처럼 감추어져 있는 모습(陰馬藏相), ㉔정강이가 둥근 모습(足眼正相), ㉕발등이 높은 모습(足趺高相), ㉖수족이 유연한 모습(手足柔軟相), ㉗수족

예컨대 32상 가운데 하나인 '음마장상(陰馬藏相)'은 '남근(男根)이 말처럼 몸속에 숨겨져 있다.'는 뜻으로, 이것에 의하면 붓다는 당연히 남성으로 한정될 수밖에 없는 것이다. 그리고 이것은 그 의미상 다음에 언급할 '여인오장설'과도 어느 정도 맥락을 같이 하는 것이다.[31]

《숫타니파타》에 의하면, 32상은 본래 베다, 즉 바라문교에서 설해지고 있던 것으로, 고대 인도의 이상적인 제왕인 전륜성왕의 특징이었다.

> 모든 신주(神呪, 베다)는 32가지의 완전한 위인의 상(相)을 전하며 하나하나 설명하고 있다. 수족과 몸에 이들 32가지의 위인의 상이 있는 사람, 그에게는 앞으로 두 가지의 길이 있을 뿐 제3의 길이란 없다. 만약 그가 전륜왕으로서 집에 머무른다면 이 대지를 정복할 것이다. 형벌이나 무기에 의하지 않고, 법에 의해서 통치할 것이다. 또한 만약 그가 집을 떠나 출가수행자가 된다면 덮여진 것을 열고 무상한 깨달음을 얻는 사람(붓다), 존경받을 만한 사람이 될 것이다. (1000-1003)

그러면 이러한 32상이 어떻게 고타마 붓다의 신체적 특징으로 정형화된 것일까? 초기불전에 있어 고타마 붓다는 정각을 성취한 한 사람의 현자로서 진리를 발견해 그것을 사람들에게 가르친 사람일 뿐이었

에 비단 물갈퀴가 있는 모습(手足縵網相), ㉘손가락이 가늘고 긴 모습(指纖長相), ㉙천 가지의 수레바퀴살이 있는 모습(千輻輪相), ㉚발바닥이 평평한 모습(足安平相), 발꿈치가 둥글고 긴 모습(足跟圓長相), 장딴지가 사슴의 다리와 같은 모습(腨如鹿王相).

31) 오우쵸 에니치(橫超慧日)는 이러한 '음마장상'의 조건이 여인오장설로 발전했다고 보고 있는데, 여신(女身)에는 남근이 없기 때문에 당연히 여신불성불설(女身不成佛說)이 될 수밖에 없다는 것이다(《법화사상(法華思想)》, p.97). 이외, 카지야마 유이치(梶山雄一)도 붓다가 32상을 갖춘다는 사상으로 인해 여성의 성불이 부정될 수밖에 없었다고 보고 있다(《불교에서의 여성(Women in Buddhism)》, p.65).

다. 나아가 초기에는 고타마 붓다가 발견한 진리(법)와 그 진리를 발견한 사람으로서의 고타마 붓다도 구분되고 있었다. 이러한 사실은 《맛지마 니카야》의 다음 인용문을 통해서 확인할 수 있다.

> 바라문이여, 마치 이와 같이 열반이 있고, 열반에 이르는 길이 있고, 나 또한 도사(導師)로서 있다. 게다가 나의 모든 제자는 나에게 이와 같이 교유(教諭)되고, 이와 같이 교회(教誨)되어 어떤 자는 구경(究竟)의 열반을 얻고, 어떤 자는 얻지 못한다. 바라문이여, 이것을 내가 어찌 할 수 있겠는가? 바라문이여, 여래는 단지 길을 가르쳐 주는 자일 뿐이다.[32]

이것에 의하면, 고타마 붓다는 단지 그 자신이 발견한 진리를 가르치는 사람일 뿐이다. 그리고 고타마 붓다는 법의 구현을 위해 스스로를 반성하며 나의 잘못을 지적하고 충고해 주는 선우(善友, kalyā-ṇamitta, 善知識)와 만날 것을 권하고, 스스로도 사람들을 위한 '좋은 친구(kalyāṇamitta)'임을 표방하고 있었다.[33] 《상윳타 니카야》〈유게편〉제3(구살라상응)의 18(〈제이품〉)과 《테라가타》제648게송에는 각각 다음과 같이 말해지고 있다.

> 아난이여, …… 나를 좋은 친구(善友)로 삼음으로써 생법(生法)의 중생은 그 생으로부터 해탈된다.[34]
> 모든 사람을 동료로 삼고 모든 사람을 벗으로 삼는, 모든 살아있는 것들의 자애자인 나는 항상 성내지 않음을 즐기며 자심(慈心)을 수습한다.

---

32) *Majjhima-nikāya*, Ⅲ, p.6. 《남전》제11권, p.355.
33) 中村元, 《원시불교의 성립》, p.201.
34) *Saṃyutta-nikāya*, Ⅰ, p.88. 《남전》제12권, p 148.

이것에 의하면 고타마 붓다는 결코 살아있는 신이나 예언자가 아니라 한 사람의 인간일 뿐이다. 또한 초기불전에는 고타마 붓다를 '그대', '고타마' 등으로 아주 소박하게 부르고 있는 경우도 발견된다. 예컨대 《테리가타》 제136게송에서 바싯티(Vāsiṭṭhī) 비구니는 다음과 같이 말하고 있다.

나는 평상심으로 되돌아와 〔붓다에게〕 예배하고 자리에 앉았다. 저 고타마 붓다는 자비를 베풀어 나를 위해서 진리의 가르침을 설하셨다.

여기서 주목할 것은, 당시에는 고타마 붓다를 '그대', '고타마' 라고 부를 수도 있었다는 점이다. 이것은 앞서 언급한 《상윳타 니카야》에서의 '좋은 친구(善友·善知識)' 라는 자각이 있었기 때문일 것이다. 그러나 고타마 붓다 멸후 시간이 지남에 따라 그를 보는 관점도 점차 변화하게 된다. 고타마 붓다를 보는 관점은 그 불신(佛身)의 문제와 연관되어 크게 두 방향으로 전개되었다.[35] 하나는 법을 중심으로 고타마 붓다를 생각하는 것이며, 다른 하나는 불신의 영원성을 추구하여 그 속에서 고타마 붓다의 위치를 생각하는 것이다. 여기서 전자는 상좌부계의 입장으로서 고타마 붓다가 붓다인 까닭은 어디까지나 그 정신적인 면에 있는 것이지 그 신체는 우리들과 본질적으로 다를 바 없다는 것이다. 이것은 정각자로서의 고타마 붓다에 대한 이해에 그 출발점이 있는 것으로, 결국 상좌부계는 인간으로서의 고타마 붓다를 상정하고 그 정신과 법을 계승한다는 입장이라고 할 수 있다.

반면 후자는 대중부계의 입장으로서 불신을 과거세의 수행과 결부

---

35) 이창숙, 〈인도불교의 여성성불사상에 대한 연구〉, pp.58-63.

시켜 고타마 붓다를 이상화한 것이다. 즉 고타마 붓다는 단순히 인간으로서의 정각자가 아니라 다겁(多劫)의 수행을 통해 보살일 때 이미 32상을 구비한 초자연적인 존재라는 것이다. 이것을 《이부종륜론》 권1에서는 다음과 같이 설명하고 있다.

> "이 가운데 대중부의 일설부(一說部), 설출세부(說出世部), 계윤부(雞胤部)는 …… 여래의 색신(色身)은 실로 한이 없다. 여래의 위력(威力) 또한 한이 없다. 제불(諸佛)의 수량 또한 한이 없다."[36]

이것에 의하면, 붓다는 이미 시공의 지약을 벗어난 존재로서 불신도 단순한 업의 소산이 아니라 중생제도를 위한 권화(權化)이다. 그리하여 대중부계는 고타마 붓다의 과거세뿐만 아니라 붓다가 된 이후의 신체에 대해서도 법신(法身)의 군제를 전개하게 되는 것이다.

그러나 이와 관련해서 무엇보다 주목해야 할 것은 불전(佛傳) 문학이다. 히라카와 아키라에 의하면, 불전문학은 부파불교의 율장에서 발전한 것인데, 율장에 포함된 제계(制戒)의 인연담(nidāna)이나 파계를 훈계하기 위한 교훈 비유(avadāna)가 증보되어 따로 독립한 것이라고 한다. 나아가 그는 불전을 문제 삼게 된 것은 붓다가 성불한 인연을 추구하고 그 성불을 가능케 한 수행을 밝히기 위한 것으로, 그 성불의 과정 및 수행 등의 문제가 고찰되면서 붓다 찬탄의 문학으로 발전했다고 보고 있다.[37]

에띠엔 라모뜨(Étienne Lamotte)에 의하면, 불전문학이 발달한 원

---

36) "此中大衆部 一說部 說出世部雞胤部 …… 如來色身實無邊際 如來威力亦無邊際 諸佛壽量亦無邊際"(《대정장》 제49권, p.15중-하).
37) 平川彰, 《인도불교의 역사》(상), pp.284-285.

인으로는 다음과 같은 것들이 있다.[38] 첫째는 전승의 모순되는 부분을 해명해 가는 가운데 계속적으로 새로운 이야기들이 고안되었다는 점이다. 다시 말하면 불전의 작가들이 전승하는 내용이나 연대상의 모순 등 어떤 설명을 필요로 하는 문제에 대해 새로운 전설 및 전생을 끌어들여 보완함으로써 그 내용이 지속적으로 증보되었다는 것이다. 둘째는 성지순례의 유행에 따른 그 안내자들의 윤색된 사설들이 전승되면서 확장되었다는 점이다. 특히 여기에 불교미술이 발달하면서 불상들이 제작되었는데, 이 과정을 통해 본래의 전설이 개작되거나 새로운 부분이 덧붙여졌다고 한다. 셋째는 외부의 자료를 차용함으로써 그 전기들이 증가되었다는 점이다. 특히 기원후 3세기의 쿠샤나 왕조는 이란 등의 주변국뿐만 아니라 지중해 연안의 서양과도 지속적인 관계를 유지하고 있었는데, 역사적인 진실에 개의치 않고 붓다를 찬양할 수 있는 것은 무엇이든 지어내거나 기꺼이 받아들였다고 한다. 이외에도 에띠엔 라모뜨는 불교의 영향권이 아니었던 먼 지방의 사람들이 불교에 귀의한 후 그 성지화를 위해 붓다의 방문설을 주장하는 과정에서, 혹은 대가문들이 자신들의 명성을 위해 고타마 붓다의 가계와 연결시키는 과정에서 그 전설들이 증가되었다고 보고 있다. 그리고 그는 이러한 과정을 거치면서 고타마 붓다가 한 사람의 현자로서 뿐만 아니라 32상을 갖춘 존재로 장엄되었고, 나아가 신들의 신(天中天)으로까지 격상되었다고 한다.[39]

---

38) Étienne Lamotte, 호진 역, 《인도불교사》 2, pp.436-473.
39) 이외, 아소카왕 시대에 세일론으로 전해진 《테라가타》에도 고타마 붓다를 '신들의 지도자'(288), '신들의 신'(533)이라고 표현하는 경우가 있으며, 기원전 1세기경에 정리된 《앙굿타라 니카야》 4집 36(〈윤품(輪品)〉)에도 "바라문이여, 나는 인간이 아니다. …… 바라문이여, 나를 불타(佛陀)라고 생각하라."라고 하여 이와 유사한 기술이 나오고 있다(Anguttara-nikāya, Ⅱ, pp.38-39. 《남전》 제18권, pp.69-70).

따라서 부파불교시대에는 이미 고타마 붓다의 신격화가 진행되고 있었으며, 그 특징으로서의 32상도 정형화되고 있었다고 할 수 있다.[40] 나아가 이 시기는 앞서 언급했듯이, 붓다로서의 고타마와 그 제자(성문) 사이의 깨달음에 있어서의 차별화도 말해지고 있었다. 즉 부파불교에 있어 수행의 궁극적 목표인 아라한은 고타마 붓다의 그것과 구별되는 것이다. 특히 고타마 붓다는 붓다가 되기 전까지 유정(有情)으로서 3아승기겁(阿僧祇劫)과 100겁(劫)이라는 수행을 통해 일생보처(一生補處)의 보살(한 번의 생을 마치면 부처가 되는 보살)로 태어난 결과로서 마침내 무상정등각(無上正等覺)을 이룬 것이다. 따라서 미혹의 범부로서 아라한으로 나아가려는 성문의 길과는 구별될 수밖에 없는 것이다.[41]

이처럼 양자는 그 출발점이 다를 뿐만 아니라 그 차원도 다른 것이라고 할 수 있다. 그리고 이런 관점에서 보면 여자뿐만 아니라 남자도 붓다가 될 수 없기 때문에 굳이 여인오장설이 나와야 할 이유도 없는 것이다. 그럼에도 불구하고 불전(佛典) 속에는 여인오장설이 엄연히 존재하며, 또한 이것을 극복하고자 한 노력들도 있었다. 그러면 여인오장설의 등장을 어떻게 이해해야만 할까?

먼저 주목해야 할 것은 과거칠불(過去七佛)[42] 및 미래불(未來佛)의

---

40) 물론, 고타마 붓다의 신격화 및 32상설은 대승불교에도 공통된 현상이므로 부파불교 시대의 특징으로 한정할 수는 없다. 특히《대승백복상경(大乘百福相經)》과 같은 경우에는 붓다만의 특징으로서 32상뿐만 아니라 80종호(種好)를 들어 고타마 붓다의 절대성을 강조하고 있으며(《대정장》제16권, pp.328하-330하), 《법화경》에도 무한한 광명과 수명, 불가사의한 신통력을 가진 초인적 존재로서의 석가불이 설해지고 있다(《대정장》제9권, p.42하). 다만, 32상설을 여인오장설과 관련지어 생각할 경우, 대승불교는 '공(空)의 논리'나 '변성남자설'로서 이 문제를 해결하고자 한다는 점에서 부파불교와는 어느 정도 차이점이 있다고 생각된다.

41) 권오민,《아비달마불교》, pp.315-316.

신앙이다. 이것은 이미 초기불전의 단계에서 나타나고 있는데,[43] 이른바 붓다는 고타마 붓다뿐만 아니라 과거의 6불(佛)이 더 있다는 사고이다. 뿐만 아니라 서북인도에서는 56억 7000만년 후의 미래세에 미륵보살이 고타마 붓다의 후계자로서 나타난다는 신앙도 생겨나고 있었다.[44] 원래 보살(菩薩, bodhisattva, 菩提薩埵)이라는 말은 기원전 2세기경 부파불교에서 사용되기 시작했다고 한다.[45] 이것은 '깨달음

---

42) '과거칠불(過去七佛)'은 고타마 붓다(Gotama Buddha), 즉 ⑦석가모니불(釋迦牟尼佛, Sākyamuṇi)과 그 이전에 출현한 ①비바시불(毘婆尸佛, Vipassī), ②시기불(尸棄佛, Sikhī), ③비사부불(毘舍浮佛, Vessabhū), ④구류손불(拘留孫佛, Kakusandha), ⑤구나함모니불(拘那含牟尼佛, Konagamana), ⑥가섭불(迦葉佛, Kassapa)을 말한다.

43) 예컨대 《숫타니파타》 제356게송에는 이미 고타마 붓다를 '제7의 선인(仙人)'이라고 부르고 있으며, 《테라가타》 제490게송에도 7불의 이름이 열거되고 있다.

44) 우에키 마사토시에 의하면, 마이트레야(Maitreya, 彌勒) 신앙이 강조된 것은 쿠샤나 왕조가 되면서부터이다. 그는 이것에 대한 근거로 간다라 불교미술에 고타마 붓다의 성도 이전(보살)과 이후(불타)의 모습, 그리고 마이트레야의 보살상이 예배의 대상으로서 조각되어 있다는 점, 또 간다라 미술의 영향을 받은 중인도의 마투라 등에 물병을 지닌 간다라식의 마이트레야 보살상이 발견되고 있는데, 여기에 '마이트레야상(像)'이라는 문자가 새겨져 있다는 점을 지적하고 있다(植木雅俊, 앞의 책, pp.145-146).

45) 사이구사 미츠요시(三枝充惠)에 의하면, '보살'이라는 말은 기원전 2세기경 이후, 즉 부파분열 초기에 성립한 것이다. 그는 그 근거로서 고타마 붓다의 마야(摩耶, Māyā)부인에로의 입태 장면이 조각되어 있는 바르후트(Bhārhut) 불탑의 비문과 아소카왕이 건립한 룸비니 동산의 불탑의 비문을 제시하는데, 여기에는 각각 '세존 입태하다', '세존 탄생하다'라고 새겨져 있다고 한다. 그런데 이것이 후대의 불전(Dīgha-nikāya, Mahāvastu 등)에서는 '보살 입태하다'로 되어 있다는 것이다. 그에 의하면 이것은 이 비문들이 조각된 기원전 2세기에는 아직 보살이라는 말이 성립하지 않았음을 나타내는 것이다. 그리고 그는 여기에 고타마 붓다가 바라문 청년이었던 과거세에 연등불(燃燈佛, Dīpaṃkara-buddha, 錠光佛)로부터 미래세에 석가모니불이 될 것이라는 수기를 받았다는 연등불 수기사상이 성립함으로써 보살관념이 보다 확산되었을 것으로·추정하고 있는데, 이 이야기도 아함경 및 《팔리율》과 《오분율》, 바르후트의 불전도(佛傳圖)에는 보이지 않는다고 한다. 이렇게 보면 마힌다에 의한 세일론의 불교전파 이후, 즉 부파분열 이전에 '연등불이 고타마 붓다의 전신(前身)인 청년에게 수기했다'는 단순한 사상이 성립하고, 부파분열 이후 전개되면서 보살관념이 성립한 것으로

(bodhi)을 얻는 것이 확정되어 있는 유정(有情, sattva)'이라는 의미로서, 미륵보살을 제외하면 성도 이전의 고타마 붓다를 말하기 된다. 《아비달마대비바사론(阿毘達磨大毘婆沙論)》권176에 의하면, 보살의 수행기간은 3아승기겁과 거기에 뒤따르는 추가된 100겁(餘百劫)으로 이루어져 있다. 그리고 깨달음(bodhi)이 결정되고, 신들과 인간들로부터 인정받는 진정한 보살로서의 32상을 갖추는 공덕을 닦는 것은 추가된 100겁 동안이다. 나아가 이 공덕의 결과로서 보살은 5가지의 열등한 것(劣事)을 버리고 5가지의 뛰어난 것(勝事)을 얻는다고 한다.

첫째는 모든 악취(惡趣)를 버리고 항상 선취(善趣)에 태어난다. 둘째는 천하고 열등한 집을 버리고 항상 존귀한 집에 태어난다. 셋째는 남자의 몸 아님을 버리고 항상 남자의 몸을 받는다. 넷째는 신체적[정신적, 육체적] 결함을 버리고 항상 갖추어야 할 모든 신체적 조건을 갖춘다. 다섯째는 유망실념(有忘失念: 전생이나 과거의 일을 잊어버림)을 버리고 항상 자성생념(自性生念: 전생이나 과거의 일을 잊지 않고 기억함)을 얻는다.[46]

이것에 의하면, 보살은 남성으로 한정된다. 또한 그렇기 때문에 붓다가 될 수 있는 자도 남성으로 한정될 수밖에 없는 것이다. 즉 고타마 붓다가 남성이었음은 부정할 수 없지만, 이처럼 붓다의 조건으로서 남성을 전제함으로써 여성은 처음부터 붓다의 대상일 수조차 없게 되었던 것이다. 그리고 이러한 관념들이 정착되면서 이른바 여인오장설도 점점 고착화되지 않았나 생각된다.

볼 수 있다(中村元·三枝充悳, 앞의 책, pp.196-204).
46) "捨五劣事得五勝事 一捨諸惡趣恒生善趣 二捨下劣家恒生貴家 三捨非男身恒得男身 四捨不具根恒具諸根 五捨有忘失念恒得自性生念"(《대정장》제27권, p.887상).

다음으로 살펴볼 것은 고타마 붓다 멸후 승가 내에서 저하된 비구니의 지위문제이다. 처음 비구니 승가가 발족했을 때는 비록 온전하지는 않지만 비구니들에게도 몇 가지 사항에 대한 권리가 주어지고 있었다. 예컨대 초기 출가여성의 사정을 보여주는 《테리가타》에 의하면, 비구니팔경법과는 달리 비구니에 의한 여성의 출가도 허용되고 있는 것이다. 그리고 이것은 고타마 붓다 당시의 일이었기 때문에 고타마 붓다가 비구니에 의한 여성의 출가를 인정하고 있었다고 해도 큰 무리는 아닐 것이다.[47] 이외 《테리가타》에는 비구니의 독자적인 설법도 인정되고 있는데, 제54게송의 주인공 숙카 비구니는 수신(樹神)조차 감화시킬 정도로 그 능력이 뛰어났다고 하며, 이미 언급한 바셋티 비구니도 순다리 비구니의 부친인 수자타라는 바라문을 교화하여 출가케 한 인물이었다. 하지만 여성의 이러한 위상도 고타마 붓다가 입멸하면서 점차 바뀌게 되었다. 이것은 무엇 때문일까?

이와 관련하여 고타마 붓다의 입멸 전후의 사정을 전하고 있는 《대반열반경》은 하나의 실마리를 제공한다. 먼저 여기에는 고타마 붓다의 입멸 소식을 전해들은 대가섭 등의 일행이 고타마 붓다의 죽음을 비탄해 하는 장면이 기록되어 있다. 그런데 그 일행 중에 노년에 출가한 수밧다(Subhadda, 須跋)라는 비구가 다음과 같이 말한다.

---

47) 《테리가타》에 대한 하야시마 코쇼(早島鏡正)의 주석에 따르면, 웃타마(Uttamā), 단티카(Dantikā), 숙카(Sukkā), 밧다(Bhaddā) 카필라니(Kapilānī), 굿타(Guttā), 수바(Subhā), 이시다시(Isidāsī) 등의 여성은 비구니들에 의해 출가한 경우인데, 이것이 고타마 붓다 당시의 일이었음을 감안하면 고타마 붓다가 여성의 출가를 비구니에게 일임하고 있었다고 해도 큰 무리는 아닐 것이다. 그러나 앞서 살펴봤듯이, 비구니팔경법에는 비구 승가와 비구니 승가의 양쪽에서 수계를 받아야 한다고 하여 비구니 단독의 수계를 규제하고 있다(早島鏡正, 《불제자의 시》, pp.410-428).

그만두라, 벗이여. 슬퍼하지 말고 통곡하지 말라. 우리들은 저 대사문으로부터 완전히 벗어났다. '이것은 너희들에게 허락한다. 이것은 너희들에게 허락하지 않는다.'고 하면서 [우리들을] 괴롭히며 핍박했지만, 이제 우리들은 하고 싶은 것을 하며, 또 하고 싶지 않은 것은 하지 않아도 된다.[48)]

이에 의하면, 승가 일부에서는 고타마 붓다에 대한 약간의 반발도 있었음을 짐작케 한다. 앞서도 언급했지만, 출가비구 중 상당수가 바라문 출신이었다. 이것은 곧 출가생활의 밑바탕에 바라문적 전통이 내재되어 있음을 시사하며, 또한 비록 전부는 아닐지라도 일부, 예컨대 여성의 출가 등 인도전통에서 용인되지 않던 것들에 대한 거부감이 있었다고도 볼 수 있다. 또한 그 때문에 고타마 붓다 멸후 비구가 승가를 주도하고, 그와 더불어 비구니 승가의 지위도 점점 하락했다고 할 수 있는 것이다. 그리고 이런 상황 속에서 바로 경장과 율장의 편찬도 이루어지게 된다. 이것을 담당한 것은 비구였으며, 비구니가 관여했다는 기록은 발견되지 않는다.

위와 같이 불신관의 변화에 따른 32상의 정형화 및 비구 중심의 승가운영으로 인한 비구니의 지위하락과 관련해서 인도전통의 여성차별 관념이 유입되고, 또한 그럼으로써 여인오장설도 점차 정착되었을 가능성이 높다. 다음 절에서는 이처럼 이 시기의 승가 내외적인 상황과 맞물려 등장한 삼종오장설에 대해 구체적으로 살펴보기로 한다.

---

48) *Mahāparinibbāna-suttanta, Dīgha-nikāya*, II, p.162. 《남전》 제7권, p.155. 한역 《장아함경》 권4의 《유행경》에서 이것에 해당하는 부분은 다음과 같다. "汝等勿憂 世尊滅度 我得自在 彼者常言 當應行是 不應行是 自今已後 隨我所爲"(《대정장》 제1권, p.28하).

3. 삼종오장설의 성차별성

가. 삼종설

먼저 '삼종설'은 제2장 제3절에서도 언급했듯이, 이미 힌두사회의 기본성전인 《마누법전》에 규정되어 있는 것이다. 《마누법전》이 성립하던 기원전 2세기경은 마우리야 왕조가 붕괴되고 바라문교가 다시 부활하던 시기이기도 하였다. 또한 부파분열을 거친 승가가 보수화되면서 출가와 재가, 남성과 여성의 차별도 심화되고 있었다. 그리고 앞서 이러한 시대적 상황과 맞물려 '삼종설'이 불교에 유입되었을 가능성을 지적했다.[49]

불전에서 '삼종설'이 나오는 대표적인 것으로는 《불설옥야녀경》, 《옥야경》, 《법구비유경(法句譬喻經)》, 《현우경(賢愚經)》, 《대방광불화엄경(大方廣佛華嚴經)》(이하, 《화엄경》(40화엄)으로 약칭한다.) 등을 들 수 있다. 여기서 《화엄경》(40화엄)은 대승불전이며, 《법구비유경》과 《현우경》은 비록 대승불전은 아니지만, '삼종설'에 대한 부정적인 입장에서 기술되고 있기 때문에 다음 장에서 함께 다루기로 한다.

먼저 《불설옥야녀경》의 '삼종설'은 급고독장자의 며느리 옥야(玉耶, Sujātā · 선생(善生))가 친정의 배경을 믿고 오만방자하며 아내의 도리를 지키지 않는 것에 대한 고타마 붓다의 교화 속에 나온다.

---

49) '삼종설'은 고대 중국의 《예기(禮記)》*나 《소학(小學)》** 등에도 동일한 형태로서 나타나고 있는데, 미치하타 료슈(道端良秀)에 의하면, 비록 공통점이 있다고는 해도 현재 상호간에 어떤 영향이 있었는지는 알 수 없기 때문에 일단 독립적인 것으로 볼 수밖에 없다고 한다(道端良秀, 《중국불교사전집(中國佛教史全集)》 제7권, pp.269-270).
   * "婦人從人者也 幼從父兄 嫁從夫 夫死從子"(권오돈 역해, 《예기》, pp.232-233).
   ** "婦人伏於人也 是故無專制之義 有三從之道 在家從父 適人從夫 夫死從子 無所敢自遂也"(이기석 역해, 《소학》, pp.90-91).

부처님께서 옥야에게 말씀하시기를, 여인의 법에 삼장십악(三鄣十惡)
이 있다. …… 첫째는 어릴 때 부모에게 종속되고, 둘째는 출가하여 남편
에게 종속되고, 셋째는 늙어서 아들에게 종속된다. 이것을 삼장(三鄣)이
라고 한다.[50]

여기서 '삼장(三鄣:三障)'이 '삼종(三從)'에 해당한다는 것은 쉽게
짐작할 수 있다. 그리고 같은 계통의 《옥야경》에서는 여인의 '십악사
(十惡事)' 속에 그 일면이 보인다.

…… 여덟 번째, 여인은 어려서는 부모의 단속을 받는다. 아홉 번째, 젊
어서는 남편의 제재를 받고, 열 번째. 노년에는 자손의 가책을 받는다. 태
어나서부터 죽을 때까지 자재(自在)를 얻지 못한다.[51]

여기에는 '삼장'이나 '삼종'이라는 말이 보이지는 않지만, 내용적
으로 보면 '삼종'과 동일함을 알 수 있다. 그런데 《옥야녀경》에서는
"여인의 몸속에 십악사가 있다."[52]고만 할 뿐, 《불설옥야녀경》이나 《옥
야경》에서의 '삼장' 내지 '삼종'이 보이지는 않는다.
그러면 이와 같이 《불설옥야녀경》이나 《옥야경》 속에 '삼종설'이 들
어있는 이유는 무엇일까? 《옥야녀경》 계통의 경전군은 아내로서의 존
재방식이 그 기본형으로 되어 있다. 그리고 이것은 인도전통의 여성
관을 그대로 반영하고 있기 때문에 '삼종설'도 그 연장선상에서 유입

---

50) "佛告玉耶 女人之法 有三鄣十惡 …… 一者小時父母所障 二者出嫁夫主所障 三
    者老時兒子所障 是爲三障"(《대정장》 제2권, p.864상)
51) "…… 八者女人小爲父母所撿錄 九者中爲夫壻所制 十者年老爲兒孫所呵 從生至
    終不得自在"(《대정장》 제2권, p.866상).
52) "女人身中有十惡事"(《대정장》 제2권, pp.864하-865상).

된 것이 아닐까 생각된다.

먼저 이들 경전에 열거된 여성에 대한 '십악(十惡)'을 보면 전통적인 인도여성의 실태가 그대로 나타나고 있다. 이것을 차례로 정리하면 다음과 같다.

(1)《불설옥야녀경》: ①태어날 때 부모가 기뻐하지 않는다. ②양육해도 무의미하다. ③항상 시집보내기와 예를 잃지 않을까 근심한다. ④어디서나 남을 두려워한다. ⑤부모와 이별한다. ⑥남에게 기댄다. ⑦회임이 매우 어렵다. ⑧출산 때 어렵다. ⑨항상 남편을 두려워한다. ⑩영원히 자재를 얻지 못한다.[53]

(2)《옥야녀경》: ①탄생해도 부모가 매우 양육하기 어렵다. ②회임을 근심 걱정한다. ③처음 태어났을 때 부모가 기뻐하지 않는다. ④양육해도 무의미하다. ⑤부모를 따라다니며 잠시도 떨어지지 않는다. ⑥어디서나 남을 두려워한다. ⑦항상 시집보내기를 근심한다. ⑧살면서 이미 부모와 이별한다. ⑨항상 남편을 두려워한다. ⑩자재를 얻지 못한다.[54]

(3)《옥야경》: ①여인이 처음 태어나 땅에 떨어졌을 때 부모가 기뻐하지 않는다. ②양육하며 보살피지만 재미가 없다. ③여인의 마음은 항상 남을 두려워한다. ④부모는 항상 시집보내기를 근심한다. ⑤부모와 서로 생이별한다. ⑥항상 남편을 두려워하며, 그 안색을 살핀다. ⑦회임과 출산이 매우 어렵다. ⑧여인은 어려서 부모의 단속을 받

---

53) "何等十惡 一者生時父母不喜 二者養育無味 三者常憂嫁娶失禮 四者處處畏人 五者與父母別離 六者倚他門戶 七者懷妊甚難 八者産生時難 九者常畏夫主 十者恒不得自在"(《대정장》제2권, p.864상).

54) "何等十惡 一者託生父母甚難養育 二者懷妊憂愁 三者初生父母不喜 四者養育無味 五者父母隨逐不離時宜 六者處處畏人 七者常憂嫁之 八者生已父母離別 九者常畏夫婿 十者不得自在"(《대정장》제2권, p.865상).

는다. ⑨젊어서는 남편의 제재를 받는다. ⑩늙어서는 자손의 가책을 받는다.[55]

여기서 공통적으로 발견되는 "태어나도 부모가 기뻐하지 않는다.", "양육해도 무의미하다.", "항상 남편의 제재를 받는다.", "항상 자재가 주어지지 않는다." 등의 항목들은 인도 전통의 남성 중심적인 사회상을 그대로 반영하고 있는 것이다.

또한 이들 세 경전에는 공통적으로 '오선삼악(五善三惡)'이 설해지고 있는데, 이것 역시 인도전통의 시부모와 남편을 섬기는 존재로서의 여성에 대한 관념을 그대로 반영하고 있는 것이다. 먼저 '오선(五善)'을 정리하면 다음과 같다.

(1)《불설옥야녀경》: ①늦게 자고 일찍 일어나 가사를 꾸린다. 맛있는 반찬이 있으면 자신이 먹지 않고 시부모와 남편에게 먼저 내놓는다. ②집안의 물건을 잘 살펴 누실이 없게 한다. ③잡담과 수다를 삼가하고, 인욕하며 성내지 않는다. ④[행동거지를] 근엄하고 장중하게 하고, 삼가 조심하면서 항상 미치지 못함이 있을까 두려워한다. ⑤일심으로 시부모와 남편을 공경하고 효도하며, 좋은 평판으로 친족이 환희하고 남이 칭찬하는 바가 된다.[56]

(2)《옥야녀경》: ①늦게 자고 일찍 일어나며, 좋은 음식은 먼저 내놓는다. ②때리고 욕해도 성내지 않는다. ③일심으로 남편을 대하며 부정한 회임을 하지 않는다. ④남편의 장수를 바라며 온몸으로 봉사

---

55) "女人身中有十惡事 何等爲十 一者女人初生墮地父母不喜 二者養育視無滋味 三者女人心常畏人 四者父母恒憂嫁娶 五者與父母生相離別 六者常畏夫婿視其顔色 …… 七者懷妊産生甚難 八者女人小爲父母所撿録 九者中爲夫婿所制 十者年老爲兒孫所呵"(《대정장》 제2권, p.866상).

56) "佛告玉耶言 一者晚眠早起修治家事 所有美膳莫自向口 先進姑嫜夫主 二者看視家物 莫令漏失 三者愼其口語忍辱少瞋 四者矜莊誡愼 恒恐不及 五者一心恭孝姑嫜夫主 使有善名 親族歡喜爲人所譽 是爲五善"(《대정장》 제2권, p.864상).

한다. ⑤남편이 먼 길을 떠나면 집안을 잘 다스리고 딴 마음을 가지지 않는다.[57]

(3) 《옥야경》: ①아내는 마땅히 늦게 자고 일찍 일어나 빗으로 머리를 빗고 의복을 정돈하며, 얼굴을 씻어 더러움이 없게 해야 한다. 일을 하기에 앞서 소존(所尊:佛壇)을 열고, 마음을 항상 공손히 하여 설령 맛이 좋아도 먼저 먹지 않는다. ②남편이 꾸짖고 욕해도 성내거나 원망하지 않는다. ③일심으로 남편을 지키며, 사음(邪婬)을 생각하지 않는다. ④항상 남편의 무병장수를 바라며, 남편이 길을 떠나면 아내는 마땅히 집안을 정돈해야 한다. ⑤항상 남편의 선(善)을 생각하며, 남편의 악(惡)은 생각지도 않는다.[58]

다음으로 '삼악(三惡)'을 정리하면 다음과 같다.

(1) 《불설옥야녀경》: ①어둡지도 않은데 일찍 자고, 해가 떠도 일어나지 않는다. 남편이 꾸짖으면 눈을 부릅뜨고 오히려 불평하며 욕한다. ②좋은 음식은 자기가 먹고, 나쁜 음식은 시부모와 남편에게 준다. 간색(姦色), 사기(詐欺), 요사(妖邪)한 것 일색이다. ③생활은 생각지 않고 세간을 방탕하게 떠돈다. 남의 호추(好醜)를 말하며, 사람의 장점과 단점을 구한다. 구설(口舌)로 분란을 일으키며 친족을 미워하고 시기해서 남이 천하게 여기는 바가 된다.[59]

(2) 《옥야녀경》: ①남편을 업신여기고 시부모를 따르지 않으며, 좋은 음식은 자기가 먹는다. 어둡지도 않은데 일찍 자고 해가 떠도 일어

---

57) "何等五善 一者後臥早起美食先進 二者擒罵不得懷恚 三者一心向夫不得邪婬 四者願夫長壽以身奉使 五者夫婿遠行整理家中無有二心"(《대정장》 제2권, p.865상).

58) "何等爲五善 一者爲婦當晩臥早起 櫛梳髮綵整頓衣服 洗拭面目勿有垢穢 執於作事先啓所尊 心常恭順 設有甘美不得先食 二者夫[土肖]呵罵不得瞋恨 三者一心守夫婿 不得念邪婬 四者常願夫婿長壽 出行婦當整頓家中 五者常念夫善不念夫惡"(《대정장》 제2권, p.866상-중).

59) "何者三惡 一者未冥早眠日出不起 夫主訶瞋反見嫌罵 二者好食自噉 惡食便與姑

나지 않는다. 남편이 꾸짖으면 눈을 부릅뜨고 성내며 대든다. ②남편을 보고도 기뻐하는 마음이 없고, 항상 낙심하며 다른 남자가 좋다고 생각한다. ③남편이 일찍 죽어 다시 시집가기를 바란다.[60]

(3) 《옥야경》: ①아내의 도리로써 시부모와 남편을 섬기지 않고, 오직 좋은 음식을 바라며 먼저 그것을 뜬다. 어둡지도 않은데 일찍 자고 해가 떠도 일어나지 않는다. 남편이 꾸짖으려 하면 눈을 부릅뜬 채 남편을 노려보며 오히려 욕한다. ②일심으로 남편을 대하지 않고, 오직 다른 남자를 생각한다. ③남편이 일찍 죽어 다시 시집가기를 바란다.[61]

이상과 같이 '오선삼악'은 재가여성, 특히 아내로서의 존재방식이 남편을 중심으로 이루어져 있음을 보여준다. 그리고 이것으로 미루어 보면, 이들 불전이 편찬되는 시기에는 적어도 이러한 관념이 승가 속에도 침투하고 있었음을 알 수 있다.

하지만 불전에는 남편의 존재방식을 설한 가르침도 있다는 것을 잊어서는 안 된다. 이미 언급했듯이, 《싱가라에의 가르침》에는 남편의 아내에 대한 의무로서 ①존경할 것, ②경멸하지 않을 것, ③도리를 벗어나지 않을 것, ④권위를 줄 것, ⑤장식품을 제공할 것 등 5가지 사항을 들고 있다.[62] 그리고 여기에 보이는 아내에 대한 남편의 의무는

婬夫主 姦色欺詐妖邪萬端 三者不念生活 遊冶世間 道他好醜求人長短 鬥亂口舌 親族憎嫉 爲人所賤 是爲三惡"(《대정장》제2권, p.864상).

60) "何等三惡 一者輕慢夫婿不順大長 美食自噉 未冥早臥日出不起 夫婿教訶瞋目怒 應 二者見夫不歡心常敗壞 念他男子好 三者願夫早死更嫁"(《대정장》제2권, p.865상).

61) "何等爲三惡 一者不以婦禮承事姑妐夫婿 但欲美食先而噉之 未冥早臥日出不起 夫欲教呵瞋目視夫 應拒猶罵 二者不一心向夫婿 但念他男子 三者欲令夫死早得更 嫁"(《대정장》제2권, p.866중).

62) 제3장 제2절의 '나' 항 참조 바람.

상기의 불전들뿐만 아니라 인도전통의 윤리와도 매우 상반된 것이다. 특히 여자의 천성은 부정하기 때문에 항상 남자의 규제를 받아야 하고(9·16), 남편이 비록 그 성이 악하더라도 아내에 의해 신처럼 섬겨져야 한다(5·154)는 등의 《마누법전》의 규정과 비교해 보면 매우 획기적인 것이다.

이상과 같이 고타마 붓다는 어느 일방이 아니라 남편과 아내가 서로 존경하고 봉사할 것을 설하고 있었다. 즉 출가뿐만 아니라 재가에 대해서도 비록 온전하지는 않지만 어느 정도의 평등을 설하고 있는 것이다. 따라서 이러한 점들을 고려하면, 상기의 '십악'과 '오선삼악'도 고타마 붓다 멸후 인도전통의 관념에 따라 부가된 것으로 볼 수 있다. 그리고 이렇게 보면 '삼종'도 그 연장선상의 하나로 보는 것이 타당할 것이다.

나. 여인오장설

다음으로 '여인오장'이란 여성이 될 수 없는 다섯 가지의 지위나 신분을 말하는데, 이것의 출전으로는 송(宋)의 혜간(慧簡)이 번역한 《불설구담미기과경》을 비롯하여 화지부 전승의 《오분율》 권29와 설일체유부 전승의 《중아함경》 권28 《구담미경》 등을 들 수 있다. 이것을 순서대로 열거하면 다음과 같다.

> …… 여인은 끝내 오사(五事)가 될 수 없다. 여래·무소착등정각 및 전륜왕이 될 수 없다. 〔제〕석이 될 수 없다. 마〔왕〕이 될 수 없다. 범〔천〕이 될 수 없다.[63]

---

[63] "…… 女人 終不得五事 不得成如來無所著等正覺 及轉輪王 不得爲釋 不得爲魔 不得爲梵"(《대정장》 제1권, pp.857하-858상).

여인은 오애(五礙)가 있어 천제석, 마천왕, 범천왕, 전륜성왕, 삼계의 법왕이 될 수 없다.[64]

아난이여, 마땅히 알아야 한다. 여인은 오사(五事)가 될 수 없다. 만약 여인이 여래·무소착등정각 및 전륜왕, 천제석, 마왕, 대범천이 된다면 끝내 옳지 않다. 마땅히 알라. 남자는 오사가 될 수 있다. 만약 남자가 여래·무소착등정각 및 전륜왕, 천제석, 마왕, 대범천이 된다면 필시 옳다.[65]

여기에 언급된 '오사(五事)'와 '오애(五礙)'는 내용적으로 보면 '여인오장'과 일치하는 것이다. 그러나 《오분율》과 《중아함경》은 현재 산스크리트 원전이 없기 때문에 오사와 오어가 무엇에 대한 번역인지 확인할 수는 없다. 또 우에키 마사토시(植木雅俊)에 의하면, 《중아함경》에 상응하는 팔리의 《맛지마 니카야》에드 '여인오장'에 해당하는 말이 없고, 팔리어 사전에도 그 용례를 찾을 수 없다고 한다.[66] 따라서 이것만으로는 오사와 오애의 본래적인 의미를 파악하기는 힘들다. 그러나 비록 대승불전이기는 하지만, 《법화경》에는 한역과 산스크리트어가 모두 현존하고 있고, 특히 여기에 오장의 원어가 제시되어 있기 때문에 어느 정도 그 본래의 의미를 파악할 수 있을 것으로 보인다.

먼저 구마라집(鳩摩羅什)이 번역한 《법화경》 권4의 〈제바달다품〉에는 문수사리보살이 대해(大海)의 사가라(Sāgara) 용궁에서 행한 중생교화에 대해 말하는 장면이 있는데, 이때 그 대표적 인물로 8세의 용

---

64) "女人有五礙 不得作天帝釋 魔天王梵天王轉輪聖王三界法王"《대정장》제22권, p.186상).

65) "阿難 當知女人不得行五事 若女人作如來無所著等正覺 及轉輪王天帝釋魔王大梵天者 終無是處 當知男子得行五事 若男子作如來無所著等正覺 及轉輪王天帝釋魔王大梵天者 必有是處"《대정장》제1권, p.607중)

66) 植木雅俊, 앞의 책, p.163.

녀(龍女)를 소개하고 이미 불퇴전(不退轉)에 이르렀음을 말한다. 하지만 성문, 즉 소승불교의 입장을 대변하는 사리불은 "여자의 몸으로는 붓다가 될 수 없다."고 하며, 그 이유로서 '여인오장'을 들고 있다.[67]

이것에 의하면, '오장'에 해당하는 산스크리트어는 'pañca sthānāni'이다. 여기서 'pañca'는 '다섯'을 의미하며, 'sthānāni'는 '지위', '신분', '계급'을 의미한다. 따라서 문자 그대로 해석하면 '다섯의 지위', 즉 '오위(五位)'가 적당한 번역어가 될 것이다.[68] 그러면 구마라집이 이것을 '오장'이라고 번역한 이유는 무엇일까? 이것은 원문에 있어서의 '도달하기 어렵다'는 점을 보다 강조하기 위한 것이 아니었을까 생각된다. 즉 '오위'보다는 '오장'이라는 표현이 보다 강한 느낌을 주는 것이다. 뿐만 아니라 산스크리트어 《법화경(Saddharma-puṇḍarīka-sūtra)》에 있어서의 '불퇴전의 보살'을 '불신(佛身)'으로 바꾼 것도 이와 같은 이유가 아닐까 생각된다.

그런데 여기서 주목할 것은 '여인오장'도 '삼종'과 마찬가지로 오랜 바라문교의 전통을 그대로 수용하고 있다는 점이다. 예컨대 브라흐마신[범천왕], 인드라신[제석천], 마왕[타화자재천(他化自在天)]은 고대 인도에 있어 최고의 신들이며, 전륜성왕도 고대 인도의 이상적인 제왕이었다. 따라서 불교의 오장이란 단지 여기에다 '불퇴전의 보살',

---

67) "又女人身猶有五障 一者不得作梵天王 二者帝釋 三者魔王 四者轉輪聖王 五者佛身 云何女身速得成佛"(《대정장》제9권, p.35하).

68) 산스크리트어 《법화경(Saddharma-puṇḍarīka-sūtra)》에서 한역 "또한 여인의 몸에는 오장조차 있다(又女人身猶有五障)"에 해당하는 부분은 "여성은 지금까지 다섯의 지위(五位)에 도달한 적이 없다."이다. 또한 '오장'에 대해서는 "제1은 브라흐마신의 지위(brahma-sthāna), 제2는 인드라신의 지위(śakra-sthāna), 제3은 대왕의 지위(mahā-rāja-sthāna), 제4는 전륜성왕의 지위(cakra-varti-sthāna), 제5는 불퇴전 보살의 지위(avaivartika-bodhisattva-sthāna)이다."고 하여, 한역의 '마왕'이 '대왕', '불신'이 '불퇴전의 보살'로 되어 있다(植木雅俊, 앞의 책, p.164).

'삼계의 법왕', '여래·등정각', '불신' 등을 추가했을 뿐인 것이다.

이러한 '여인오장설'의 구체적인 근거로서는 섭승원(聶承遠)이 번역한 《불설초일명삼매경(佛說超日明三昧經)》에 약간의 설명이 보인다. 이것은 상도(上度)라는 비구가 혜시(慧施)라는 여성에게 말한 것으로, 이것을 정리하면 다음과 같다.[69]

① 악과 교태가 잡다하기 때문에 여인은 천제석이 될 수 없다.
② 음란방자하고 절제가 없기 때문에 여인은 범천이 될 수 없다.
③ 경만불순(輕慢不順)하고, 정교(正敎)를 훼손하고 싫어하기 때문에 여인은 마천(魔天)이 될 수 없다.
④ 숨기는 태도가 84가지나 있고 청정헝이 없기 때문에 여인은 성제(聖帝:전륜성왕)가 될 수 없다.
⑤ 색욕에 집착하며 정에 얽매고, 속마음과 겉모양이 다르기 때문에 여인은 부처가 될 수 없다.

이것 역시 '삼종설'과 마찬가지로 인도전통의 여성관을 그대로 반영하고 있는 것이다. 그러면 이러한 '삼종설'과 '여인오장설'은 언제부터 불교 속에 등장하게 되었을까? 이것은 대승불교의 여성관과도 상당한 연관성을 갖기 때문에 잠시 살펴보기로 한다. 결론적으로 말하면 이 시기는 불교가 세일론에 전해진 기원전 3세기말 이후, 즉 부파분열 이후일 것으로 본다. 그리고 시기적으로는 '삼종설'이 '여인

---

69) "何謂五礙 一曰 …… 雜惡多態故 爲女人不得作天帝釋 二曰 …… 姪恣無節故 爲女人不得作梵天 三曰 …… 輕慢不順毀疾正敎故 爲女人不得作魔天 四曰 …… 匿態有八十四無有淸淨行故 爲女人不得作聖帝 五曰 …… 而著色欲淖情匿態身口意異故 爲女人不得作佛得"(《대정장》 제15권, p.541중).

오장설' 보다 먼저 등장한 것으로 생각한다. 이렇게 생각하는 근거는 다음과 같다.

첫째, 이미 본장 제1절에서 언급했듯이 이 주제와 관련된 《법구경》이나 《옥야녀경》 등의 팔리경전과 한역을 비교함으로써 도출된다. 즉 양자에 공통하는 것은 부파분열 이전, 어느 한쪽에만 있는 것은 부파분열 이후의 것으로 판정함으로써 도출하는 것이다.

먼저 《법구경》 계통으로는 팔리의 《담마파다(Dhammapada)》와 한역의 《법구경》, 《법구비유경》을 들 수 있다.[70] 여기서 '삼종' 은 《담마파다》와 《법구경》에는 없고, 《법구비유경》의 산문 속에서만 발견된다. 그리고 '여인오장' 은 이 가운데 어디에서도 발견되지 않는다.

다음 《옥야녀경》 계통에 속하는 것으로는 《앙굿타라 니카야》 7집 59(〈무기품(無記品)〉)[71]와 《불설옥야녀경》, 《옥야녀경》, 《옥야경》 등이 있다. 이 가운데 '삼종' 이 나오는 것은 《불설옥야녀경》과 《옥야경》이며, 상기의 《앙굿타라 니카야》와 《옥야녀경》에는 보이지 않는다. 여기서도 '여인오장' 은 어디에도 없다.

이상과 같이, 팔리의 《담마파다》와 한역 《법구경》, 팔리의 《앙굿타라 니카야》와 한역 《옥야녀경》에는 '삼종설' 이 보이지 않는다. 특히 고타마 붓다의 말로서 '삼종' 을 언급하고 있는 것은 한역 《불설옥야녀

---

70) ① 《담마파다》(423게송, 기원전 4~3세기 성립).
② 《법구경》(500게송, 224년 한역, 《대정장》 제4권, pp.559상-575중).
③ 《법구비유경》(300게송 외, 290~306년 한역, 《대정장》 제4권, pp.575중-609중). 여기서 ①, ②는 운문으로 이루어진 반면 ③ 《법구비유경》은 《법구경》의 약 3분의 2에 해당하는 게송을 채택하여 그 게송이 설해진 인연·비유를 산문으로 덧붙인 것이다. 따라서 《법구비유경》이 가장 늦게 성립했다고 할 수 있다. 특히 마에다 에가쿠(前田惠學)는 《담마파다》를 방대한 불전 가운데 고타마 붓다의 진의를 전하는 최고의 성전으로 보고, 이것의 편집시기도 기원전 4~3세기라고 보고 있다(水野弘元 외, 《불전해제사전(佛典解題事典)》, p.66).
71) *Anguttara-nikāya*, IV, p.91-98. 《남전》 제20권, pp.342-352.

경》과 《옥야경》뿐이다.[72] 이것은 곧 아소카왕 시대의 불교에는 '삼종설'이 아직 유입되지 않았음을 의미한다. 다시 말해 '삼종'은 부파분열 이후에 불교 속으로 유입되었다고 할 수 있는 것이다. 뿐만 아니라 위에 언급된 경전들에서 공통적으로 '여인오장'과 관련된 기술이 없다는 것은 '여인오장'이 '삼종'보다 늦게 도입되었음을 보여주는 것이다.

둘째, 동일한 내용에 대한 팔리경전과 한역의 비교에서 '여인오장설'이 공통된 사항이 아니라는 점을 통해서 도출된다. 여성의 출가와 비구니 승가의 성립에 대해 언급하고 있는 율장으로는 《팔리율》과 《사분율》, 《오분율》 등을 들 수 있는데, 이 중에서 《팔리율》과 《사분율》에는 '여인오장'이 없고, 《오분율》에만 '여인오장'이 나온다. 먼저 《팔리율》의 〈소품(Cullavagga, Ⅹ)〉에는 다음과 같이 비록 여성의 출가에 대해 부정적인 어조이긴 하지만, '여인오장'에 대한 언급은 없다.

아난이여, 만약 여인이 여래가 설한 바의 법과 율에 출가하지 않았다면, 범행(梵行)은 구주(久住)하고 정법은 천년이나 머물렀을 것이다. 아난이여, 여인이 여래가 설한 바의 법과 율에 출가했기 때문에, 이제 범행은 구주하지 못하고, 이제 정법도 오백년밖에 머물지 못할 것이다.[73]

그리고 이것에 대응하는 법장부 전승의 《사분율》에도 '여인오장'에 대한 언급은 없다.

---

72) 물론 《법구비유경》에도 '삼종'이 나오지만, 이것은 후세에 부가된 산문에 있어서이며, 그것도 고타마 붓다의 말이 아니라 재가의 바라문 여성들이 '삼종'에 의한 구속을 한탄하는 말로서 나온다. 따라서 비록 《법구비유경》에 '삼종'이 기술되어 있다고 해도 이것은 불교적인 입장을 대변하는 것으로는 볼 수 없다.
73) *Vinaya-piṭaka*, Ⅱ, p.256. 《남전》 제4권, p.382.

부처님께서 아난에게 고하기를, 만약 여인이 불법에 출가하지 않는다면 불법은 마땅히 오백년을 구주(久住)할 것이다.[74]

그런데 이것과 관련한 화지부 전승의 《오분율》 및 설일체유부 전승의 《중아함경》에는 '여인오장'이 언급되고 있다. 먼저 《오분율》 권29에는 다음과 같이 '오애(五礙)'가 말해지고 있다.

여인은 오애가 있어 천제석, 마천왕, 범천왕, 전륜성왕, 삼계의 법왕이 될 수 없다. 만약 여인에게 출가하여 구족계 받는 것을 허락하지 않는다면 부처님의 정법은 세상에 천년 동안 머물 것이다. 지금 출가를 허락하면 곧 오백년이 감소된다.[75]

그리고 《중아함경》 권28 《구담미경》에도 다음과 같이 '오사(五事)'가 언급되고 있다.

만약 여인이 이 정법과 율 속에서 지신(至信)으로 집을 버리고 집 없이 도를 배우지 않는다면 정법은 마땅히 천년이나 머물 것이다. 지금 오백년을 잃고 나머지 오백년이 있다. 아난이여, 마땅히 알아야 한다. 여인은 오사가 될 수 없다. 만약 여인이 여래·무소착등정각 및 전륜성왕, 천제석, 마왕, 대범천이 된다면 끝내 옳지 않다.[76]

---

74) "佛告阿難 若女人不於佛法出家者 佛法當得久住五百歲"(《대정장》 제22권, p.923하).
75) "女人有五礙 不得作天帝釋魔天王梵天王轉輪聖王三界法王 若不聽女人出家受具足戒 佛之正法住世千歲 今聽出家則減五百年"(《대정장》 제22권, p.186상).
76) "若女人不得於此正法律中 至信捨家無家學道者 正法當住千年 今失五百歲 餘有五百年 阿難 當知女人不得行五事 若女人作如來無所著等正覺 及轉輪王天帝釋魔王大梵天者 終無是處"(《대정장》 제1권, p.607중).

이처럼 부파마다 그 내용이 다르다는 것은 '여인오장설'이 부파분열 이후에 성립했음을 의미하는 것이기도 하다. 다시 말하면 각 부파로 분열된 이후 그 입장에 따라 편입된 것으로 볼 수 있는 것이다. 또한 위에 언급한 《중아함경》과 달리, 이것에 대응하는 팔리의 《맛지마니카야》에는 '여인오장설'이 없기 때문에 앞서 언급한 첫 번째의 기준에 따라 부파분열 이후의 것으로 추정할 수 있다.

이외에 초기 대승경전인 《소품반야경(小品般若經)》[77]과 《법화경》[78]에 '여인오장'이 언급되고 있다는 것도 이미 부파불교에서 '여인오장설'이 말해지고 있었음을 의미한다. 또한 《대지도론》 권9에서 '여인에게는 다섯 가지의 장애가 있다(女人有五礙).'는 것을 성문승의 설로서 취급하며 비판하고 있는 것도 이와 같은 사실을 뒷받침하고 있다.[79]

---

77) 《대정장》 제8권, pp.536하-586하. 이것은 대승불교 초기의 공사상에 의한 지혜(prajñā, 般若)를 설한 기초적 경전의 하나로서, 구마라집이 산스크리트어의 《팔천송반야경(八千頌般若經, Aṣṭasāhasrikā-prajñā-pāramitā-sūtra)》을 번역한 것이다. 여기에는 이미 '여인오장'에 해당하는 범천왕, 제석천, 마왕, 전륜성왕에 대한 표현들이 곳곳에서 발견되고 있다.

78) "又女人身猶有五障 一者不得作梵天王 二者帝釋 三者魔王 四者轉輪聖王 五者佛身 云何女身速得成佛"(《대정장》 제9권, p.35하).

79) "또다시 그대가 말하기를, 부처님께서 여인은 오사가 될 수 없다고 설했다고 한다. …… 그대는 이 뜻을 잘못 이해한 것이다(復次汝言 佛自說女人不得作五事 …… 汝不解此義)."(《대정장》 제25권, p.125상). 여기서 비난의 대상이 되고 있는 '그대'는 《대지도론》의 내용상 성문승을 의미한다고 볼 수 있다. 예컨대 권4에는 '마하연(摩訶衍, mahā-yāna, 大乘)은 광대하다. 모든 승(乘)과 모든 도(道)는 다 마하연으로 들어간다. 성문승은 협소해서 마하연을 받아들이지 못한다. 비유컨대 항하(恒河, 갠지스강)가 대해(大海)를 받아들이지 못하는 것과 같다. 그것은 협소하기 때문이다(摩訶衍廣大 諸乘諸道皆入摩訶衍 聲聞乘陝小不受摩訶衍 譬如恒河不受大海 以其陝小故."(p.86상), "이것(마하연)은 부처님의 진실한 법이며 부처님의 입으로 설해진 것이다. 그대(성문승)는 거역하지 말라. 그대는 마하연 속에서 다시 태어나야 한다(是佛眞法佛口所說 汝無反 復汝從摩訶衍中出生)."(p.92중) 등으로 보살과 성문을 구분하면서 성문승을 비난하고 있다.

이처럼 화지부 전승의 《오분율》, 설일체유부 전승의 《중아함경》에 '여인오장'이 언급되어 있고, 《대지도론》이 부파불교를 대표하는 설일체유부를 비판하고 있는 점들을 고려하면, '여인오장설'이 부파불교의 시기에 나온 견해라는 것은 분명한 것으로 보인다. 그리고 지금까지 살펴봤듯이, 그 배경에는 여성차별적인 인도적 현실과 승가 내외적인 상황이 연관되어 있다고 할 수 있다.

제 **5**장

대승불교의
여성관

지금까지 초기불교시대와 부파불교시대의 여성관에 대해서 살펴보았다. 비록 그 표현상의 성차별적인 요소를 부정할 수는 없지만, 고타마 붓다 및 초기불교시대의 여성은 적어도 깨달음에 있어서 남성과 동등한 존재로 인식되고 있었다. 그런데 부파불교시대에 이르러 인도전통의 성차별적인 관념이 유입되면서 여성은 더 이상 남성과 동등한 깨달음의 주체일 수만은 없게 되었다. 특히 '여인오장설(女人五障說)'은 여성으로서의 깨달음을 원천적으로 부정하는 것이었다. 하지만 부파불교와 성격을 달리하는 대승불교라는 새로운 불교운동이 일어나면서 이러한 여성관에도 질적인 변화가 일어나게 된다. 예컨대 대승불교에서의 여성은 다시 깨달음의 주체로서 인정받게 된 것이다.

　그렇다면 이렇게 여성관의 변화가 일어난 이유는 무엇일까? 지금까지 살펴봤듯이, 불교는 시공을 초월한 보편적인 종교인 동시에 구체적인 현실도 무시하지 않았던 종교였다. 만약 이것을 인정한다면 여성관의 변화도 당시의 시대적, 사회적 배경과 관련되어 있음은 말할 필요도 없다. 또한 그렇기 때문에 대승불교의 대표적인 여성론인 '변성남자설(變成男子說)'도 단순한 성차별이 아니라 당시 인도여성의 현실과 밀접한 연관성을 갖는 것이라고 할 수 있다. 따라서 이 논의도 먼저 대승불교의 성립 시점을 통해 당시 인도여성의 현실을 살펴보는 것으로부터 시작하며, 나아가 이것을 토대로 그 현실과 대승불교 여성관과의 관련성을 살펴 볼 것이다.

　이 논의는 크게 대승불전에 나타난 삼종오장설을 비롯하여 그것에 대한 극복으로서의 변성남자설과 여신성불설(女身成佛說), 정토교의 여인왕생사상(女人往生思想)과 여인불생설(女人不生說) 등을 중심으로 진행할 것이다. 먼저 삼종설은 그것에 대한 비판 내지 극복이 말해지고 있는 《법구비유경》, 《현우경》, 《화엄경》(40화엄) 등의 불전을

중심으로 살펴보고, 여인오장설은 《수능엄삼매경(首楞嚴三昧經)》, 《유마힐소설경(維摩詰所說經)》(이하 《유마경》으로 약칭한다.), 《법화경》 등 공의 논리와 변성남자설로서 이것을 극복하고 있는 측면과 《불설해룡왕경》, 《승만경》 등 여신(女身) 그대로 성불할 수 있다는 여신성불설로서 이것을 극복하고 있는 측면으로 나누어 살펴볼 것이다. 마지막으로 정토교의 여인왕생사상과 여인불생설은 문제의 소재가 되는 《무량수경》과 세친(世親, Vasubandhu, 天親)의 《정토론》을 중심으로 살펴보면서 담란(曇鸞), 선도(善導) 등의 해석을 통해 그 의미를 검토해 볼 것이다.

1. 대승불교의 성립과 여성관의 변화

대승불교의 여성관은 기존의 부파불교와는 상당히 다른 측면을 가지고 있다. 따라서 이것은 불교에 있어 여성관의 변화가 일어난 시점을 밝히는 동시에, 그러한 여성관이 등장한 시대적, 사회적 배경 및 당시 인도여성의 현실성을 밝히는 중요한 문제 가운데 하나이다.

대승불교가 언제 성립했는가에 대한 확실한 기록은 없다. 그래서 현재 학계에서는 중국에 번역된 대승경전의 번역연대를 통해서 그 대략적인 시기를 추정하고 있는 실정이다. 현재 중국의 불교전래에 관한 논의는 기원전 2세기까지 소급하는 경우도 있지만, 가장 유력한 것은 '기원후 1세기설'이다.[1] 다만 불교경전이 본격적으로 번역된 것은 기

---

1) 《위략서융전(魏略西戎傳)》에 의하면, 기원전 2세기 전한(前漢)의 애제(哀帝) 때 경려(景廬)가 대월지국(大月氏國)의 사자(使者)로부터 불교경전을 전수받았다고 전하며, 《후한서(後漢書)》에는 후한(後漢)의 명제(明帝, 57~75년) 때 초왕영(楚王英)이 낙양의 동쪽 팽성(彭城)에서 불교를 믿고 있었다고 한다. 이외 기무라

원후 2세기부터이다. 후한(後漢)의 환제(桓帝, 146~167년 재위) 때 안식국(安息國, Parthia)의 안세고(安世高)가 낙양에 와서 소승경전 34부 40권을 번역하고, 환제(桓帝)·영제(靈帝, 167~189년 재위) 때 월지(月支, 月氏, Kuṣāṇa)의 지루가참(支婁迦讖)이 대승경전 14부 27권을 번역한 것이 한역의 시초라고 한다. 그리고 지루가참이 번역한 경전 중에는 《도행반야경(道行般若經)》, 《반주삼매경(般舟三昧經)》, 《도사경(兜沙經)》, 《수능엄삼매경(首楞嚴三昧經)》, 《아촉불국경(阿閦佛國經)》, 《보적경(寶積經)》 등 주요 대승경전들이 포함되어 있어 당시 월지에는 이미 많은 대승경전이 성립하고 있었음을 짐작케 한다. 특히 《도행반야경》 권1 〈도행품(道行品)〉[2]에는 대승을 '마하연(摩訶衍, mahā-yāna)' 으로 음사하는 경우가 있는데[3], 이것은 〈도행품〉이 성립한 기원 전후경에 이미 대승불교가 성립하고 있었음을 의미한다. 즉 《도행반야경》이 성립하기 이전에 이미 대승불교운동이 일어나고 있었으며, 이 운동의 추진자들에 의해 반야계의 경전이 만들어졌다고 할 수 있는 것이다.

다음으로 '관불삼매(觀佛三昧)'를 설하고 있는 《반주삼매경》도 지루가참의 번역이기 때문에 이미 기원후 1세기경에는 월지에 존재하고 있었다고 볼 수 있다.[4] 특히 이것은 아미타불(阿彌陀佛)의 관상(觀想)

기요타가(木村清孝)도 중국의 불교전래를 장건(張騫)의 서역원정(기원전 139~126) 이후 동서무역에 종사한 중국 사람들에 의해서라고 주장하고 있다(木村清孝, 장휘옥 역, 《중국불교사상사》, pp.14-15).

2) 히라카와 아키라(平川彰)에 의하면, 《도행반야경》이 중국에 전해진 것은 170년경이기 때문에 가장 오래된 〈도행품〉 등의 성립은 적어도 기원후 1세기경 이상까지 소급할 수 있지만, 아소카왕의 〈법칙〉에 대승사상이 보이지 않기 때문에 대승의 흥기를 기원 전후경에서 너무 소급시킬 수는 없다고 한다(平川彰, 〈대승불교의 특질(大乘佛教の特質)〉, 《강좌 대승불교(講座大乘佛教)》1, p.9).

3) "須菩提白佛言 何因爲摩訶衍三拔致"(《대정장》 제8권, p.427하).

4) 나카무라 하지메(中村元)도 《반주삼매경》이 기원 전후에서 1세기경에 걸쳐 편찬된 것으로 보고 있다.(《불전해제사전》, p.97).

에 대해 설하고 있기 때문에 《반주삼매경》의 성립보다 아미타불 신앙이 더 오래되었음을 보여주고 있다. 하지만 아미타불 신앙과 관련된 가장 오래된 경전은 지겸(支謙)이 번역(222~253년경)한 《대아미타경(大阿彌陀經)》으로 알려져 있다. 《대아미타경》은 비록 그 번역시기는 지루가참의 《반주삼매경》보다 늦지만, 내용상 《무량수경》의 이본(異本) 가운데 가장 오랜 것으로 인정되고 있다.[5] 뿐만 아니라 아미타불 신앙은 지겸이 번역한 《혜인삼매경(慧印三昧經)》, 《사가매경(私呵昧經)》, 《차마갈경(差摩竭經)》, 《노여인경(老女人經)》 등 이미 많은 경전에 설해지고 있기 때문에 반야계의 경전과 더불어 상당히 오래되었음을 짐작케 한다.[6]

이외에도 《대아미타경》에는 《도지대경(道智大經)》과 《육바라밀경(六波羅蜜經)》[7] 등이 인용되고 있는데, 이것 역시 대승경전으로서 《대아미타경》보다 오래되었음을 짐작케 하는 것이다. 뿐만 아니라 지루가참이 번역한 《유일마니보경(遺日摩尼寶經)》에도 《육바라밀경》과 《보살비라경(菩薩毘羅經)》, 《불제품(佛諸品)》[8]이 인용되고, 지루가참과 동시대의 안현(安玄)이 번역한 《법경경(法鏡經)》에도 《삼품경(三品經)》[9]이 인용되고 있다. 이것은 결국 현재 알려진 것보다 더 오

5) 타카사키 지키도(高崎直道)는 반야계 경전과 관련된 고리가 보이지 않는다는 점과 대승이라는 이름이 없다는 점을 들어 《대아미타경》을 원시대승으로 분류하고 있다(高崎直道, 〈대승불전발달사(大乘佛典發達史)〉, 《강좌 대승불교》 1, p.71).
6) 이것과 관련하여 고고학적인 자료들도 제출되고 있는데, 최근 마투라 외곽에서 발견된 쿠샤나 왕조 후비시카(Huviṣka)왕 시대의 명문(銘文)으로 된 아미타불상의 대좌(臺座)는 이미 2세기 이전의 인도에 아미타불 신앙이 유포되고 있었음을 보여주는 것으로 보고되고 있다.
7) "其佛廣說道智大經"(《대정장》 제12권, p.307상), "奉行六波羅蜜經者"(《대정장》 제12권, p.309하).
8) "六波羅蜜及菩薩毘羅經及佛諸品"(《대정장》 제12권, p.189하).
9) "以論三品經事"(《대정장》 제12권, p.18하).

래된 대승경전이 있었음을 말해준다. 이처럼 기원이 오래된 대승경전 속에 다시 대승경전이 인용되고 있다는 점을 고려하면, 대승불교의 기원은 기원 전후경까지 충분히 소급할 수 있으며, 나아가 기원전 1세기경까지도 가능할 것이다.

이와 관련해서 또 하나 주목할 것은 지루가참이 번역한 《불설아자세왕경(佛說阿闍世王經)》이다. 여기에는 이미 과거에 불도를 이루었지만, 아직까지 보살의 법을 버리지 않고 있는 문수를 '보살의 부모'[10]로서 설정하고 있는데, 이것은 성불하여 열반에 들면 중생제도가 불가능하기 때문에 보살의 상태에 그대로 머문다는 사고방식이다. 이러한 사고는 《수능엄삼매경》에도 나타나고 있는데,[11] 문수를 그 인격적 표상으로 하여 새로운 불교운동지도자로서 보살의 존재방식을 기술하고 있다.[12] 이렇게 보면 보살이 수행을 완성하더라도 성불하지 않고, 이 땅에 계속 머문다는 대승불교의 보살사상도 이미 기원후 1세기경에는 성립하고 있었다고 할 수 있다.

이와 같이 기원후 1세기경에는 반야계의 경전뿐만 아니라 다양한 계통의 대승경전이 존재하고 있었다. 더구나 이들 경전 속에는 《보살비라경》, 《삼품경》, 《도지대경》, 《육바라밀경》 등이 인용되고 있어, 대승불교의 성립을 적어도 기원 전후경까지 소급하는 것은 큰 무리가 없을 것으로 보인다.[13] 그리고 이렇게 보면 대승불교의 여성관은 부파불

---

10) "文殊師利者 是菩薩之父母"(《대정장》 제15권, p.394중).
11) "而亦不捨菩薩之法 於般涅槃不畢竟滅"(《대정장》 제15권, p.644상). 지루가참이 번역한 《수능엄삼매경》은 현존하지 않기 때문에, 구마라집이 번역한 《수능엄삼매경》을 통해 그 내용의 일단을 알 수 있을 뿐이다.
12) 高崎直道, 앞의 논문, p.72.
13) 대승불교의 기원에 대해서는 아직 어느 것이라고 단정할만한 확실한 증거자료는 없지만, 현재까지 유력한 설로는 3가지가 있다. 첫째는 대중부와 같은 진보적 성향의 부파로부터 발전하였을 것이라고 보는 설이다. 이것은 대승불교의

교 및 이 시대에 성립하고 있던 《마누법전》의 여성관과도 연관성을 갖지 않을 수 없다. 왜냐하면 《마누법전》은 이미 언급했듯이 기원전 2세기에서 기원후 2세기 사이에 성립한 것으로 부파불교의 전개 및 대승불교의 성립시기와 맞물려 있고, 또한 그 여성관에 있어서도 부파불교와 궤도를 같이 하면서 대승불교와는 상반된 입장을 보이고 있기 때문이다. 따라서 대승불교의 여성관은 부파불교 및 《마누법전》의 여성관과 연관성이 있다고 보지 않을 수 없고, 그 성격상 이것에 대한 반발 내지 극복으로서 이해할 점이 있는 것이다.

2. 대승불전에 나타난 여성상

지금까지 살펴봤듯이 대승불교운동이 일어난 것은 부파불교에서 '삼종설'과 '여인오장설'이 등장하고 있던 시기였다. 그리고 부파불교는

교리가 대중부계의 설출세부(說出世部), 일설부(一說部), 설가부(說假部) 등과 유사할 뿐만 아니라 초기의 대승불교를 대표하는 반야계의 경전도 남인도의 대중부계 제다산부(制多山部)가 전하고 있기 때문에 대중부에서 그 기원을 찾을 수 있다는 입장이다. 둘째는 불탑신앙에서 발전하였을 것이라고 보는 설이다. 불멸 후 그 유골, 즉 사리(舍利, sarīra)를 분배하여 불탑을 조성하였는데, 이것이 점차 신자들의 신앙심을 고취시켜 불탑신앙으로 발전하였고, 이들이 하나의 그룹을 이루어 대승불교로 발전했다는 것이다. 셋째는 상기의 불탑신앙과도 밀접한 관계가 있는 불전(佛傳)문학, 즉 찬불승(讚佛乘)에 의해 성립하였을 것이라고 보는 설이다. 불탑신앙자들의 붓다에 대한 동경과 찬탄은 마침내 종래의 법 중심의 이론적 교설과는 다른 형태의 비유와 은유, 우화적 성격의 문헌을 낳았는데, 이것이 이른바 불전문학이다. 불전은 주로 붓다의 성불을 가능케 한 전생과 현생의 수행을 밝히기 위한 것이었는데, 이것을 주도한 그룹을 찬불승이라고 한다. 그리고 이들에 의해 새로운 교설들이 생겨났는데, 이것이 대승불교의 흥기를 고취했다는 것이다. 또한 여기에 힌두교의 화신(化身, avatāra)사상이나 신애(信愛, bhakti)사상 등의 영향도 있었을 것이라는 추측도 있다(권오민, 《인도철학과 불교》, pp.237-241).

출가비구를 중심으로 교리체계를 정교화 하는데 주의를 기울이고 있었기 때문에 재가와는 어느 정도 거리를 둔 불교였다. 또한 이 시기는 불전 편찬이 출가비구의 주도로 이루어졌다는 점에서도 알 수 있듯이, 비구 중심의 승가가 형성됨으로써 불교 내에서의 비구니 내지 여성의 지위도 거의 유명무실해지고 있었다.

그러면 기존 불교에 대한 대승불교의 여성관의 차별성은 어디에 있을까? 이것은 바로 이러한 문제들을 비판적으로 인식하면서 여성을 성불의 주체로 인식했다는 데 있다. 그리고 이처럼 여성을 성불의 주체로 인식하기 위해서는 당연히 부파불교의 여성관도 비판의 대상이 될 수밖에 없었다. 즉 대승불교도들은 기존 불교의 여성차별적인 요소를 어떻게 극복할 것인가 하는 문제의식을 갖지 않을 수 없었다는 말이다. 특히 그들은 부파불교시대에 유입된 인도전통의 '삼종설'과 '여인오장설'을 극복하기 위해 노력하지 않을 수 없었다. 그러면 이제 '삼종설'과 '여인오장설'이 대승불교에서 어떻게 극복되고 있는지에 대해 살펴보도록 하자.

가. 대승불전의 삼종오장설

'삼종설'이 나오는 불전으로는 《불설옥야녀경》, 《옥야경》, 《법구비유경》, 《현우경》, 《화엄경》(40화엄) 등을 들 수 있다. 이 가운데 '삼종'을 불설(佛說)로서 옹호하고 있는 《불설옥야녀경》과 《옥야경》에 대해서는 이미 앞에서 설명하였다. 따라서 여기서는 '삼종설'에 대한 부정 내지 극복이 설해지고 있는 불전들을 중심으로 살펴보기로 한다.

먼저 290~306년에 한역된 《법구비유경》은 《법구경》(500게송)의 약 2/3에 해당하는 게송에 각각의 게송이 설해진 사정을 산문으로 엮은

것이다. 여기서 '삼종'은 권1 〈화향품(華香品)〉의 산문 속에 나오는데, '삼종설'로 인해 괴로워하는 여성을 구제한다는 내용으로 이루어져 있다. 그런데 동일 계통의 팔리경전 《담마파다(Dhammapada)》와 한역 《법구경》(기원후 224년)에는 '삼종설'이 없다는 점이 주목된다. 특히 《담마파다》는 기원전 4~3세기경에 편집되었기 때문에[14] 이것은 곧 아소카왕 시대에는 아직 '삼종설'이 없었음을 의미하는 것이다. 그 일단을 인용하면 다음과 같다.

바라문의 여인 500인이 있었다. 기도(異道, 외도)를 받들어 섬기며 마음 깊이 정진하였는데, 붓다가 있음을 알지 못하였다. 그때 모든 여인들이 서로 말하기를, 우리들은 천부적으로 여인의 모습으로 태어났다. 어려서부터 늙을 때까지 삼사(三事)의 감시 하에 자유를 얻지 못한다.[15]

이것은 바라문 전통의 재가여성들이 어릴 때부터 노년에 이르기까지 '삼사(三事, 삼종)'로 인해 자유가 없음을 탄식하고 있는 말이다. 그리고 이 경전은 고타마 붓다가 이들의 괴로움을 듣고, 가르침을 베풀어 구제한다는 내용으로 구성되어 있다. 그런데 이 내용을 분석해 보면, 앞서 언급한 《불설옥야녀경》이나 《옥야경》과는 상당히 다름을 알 수 있다. 즉 《법구비유경》은 '삼종설'을 용인하는 것이 아니라 그로 인해 자유를 제약받고 있던 여성들을 해방하려는 모습을 보이고 있는 것이다. 비록 대승불전은 아니지만, 《법구비유경》의 '삼종설'을 부파불교시대의 '삼종설'과 구분한 것도 바로 그와 같은 이유 때문이다.

---

14) 《불전해제사전》, p.66.
15) "有婆羅門女五百人 奉事異道意甚精進 不知有佛 於時諸女自相謂曰 我等稟形生 爲女人 從少至老爲三事所鑑不得自由"(《대정장》 제4권, p.584하).

이것은 《현우경》도 마찬가지이다. 《현우경》에서는 마하사나(摩訶斯那)라는 재가여성에 대한 이야기 속에서 그 일단이 발견된다. 《출삼장기집》 권9의 〈현우경기(賢愚經記)〉에 의하면, 《현우경》은 하서(河西)의 담학(曇學), 위덕(威德) 등 8명의 승려가 우전(于闐, Khotan)의 대사(大寺)에서 각자 청문한 것을 번역하고(445년), 이것을 뒤에 편집하여 붙인 이름이라고 한다.[16)]

《현우경》에서의 '삼종'은 권4의 〈마하사나우바이품(摩訶斯那優婆夷品)〉에 나오는데, 특히 사리불이 마하사나라는 재가여성을 극찬하는 말 속에 나타나고 있다.

> 사리불이 말하기를, 부인의 법은 일체의 시간 속에서 항상 자재가 없다. 어릴 때에는 부모가 지키고, 젊을 때에는 그 남편이 지키며, 늙었을 때에는 아들이 지킨다. 하지만 그대는 부자(夫子)의 제재를 받지 않고 마음대로 선을 닦는다.[17)]

여기서 '부인의 법'으로서 열거되고 있는 것이 '삼종'임은 말할 필요도 없다. 하지만 내용적으로 볼 때 이것 역시 '삼종설'에 대한 극복이 주된 내용을 이루고 있음을 알 수 있다. 특히 인도사회 일반의 통념이었던 '삼종'에서 벗어난 여성의 주체적인 생활방식이 오히려 남편과 주위사람으로 하여금 도를 깨닫게 하는 결과를 가져왔다는 것이 주된 내용을 이루고 있다.

마지막으로 살펴볼 것은 《화엄경》(40화엄)이다. 이것의 원전은 서

---

16) 《대정장》 제55권, p.67하.
17) "舍利弗言 婦人之法 一切時中 常不自在 少小則父母護 壯時則其夫護 老時則子護 而汝不爲夫子所制 隨意修善"(《대정장》 제4권, p.374하).

역의 코탄 부근에서 기원후 400년경 전후, 적어도 4세기 후반에는 존재하고 있었다고 전해진다. 특히 개별적으로 성립하고 있던 경전을 모아 배열하고, 여기에 다시 몇 장을 부가하여 하나의 경전체계를 갖춘 것이라고 한다.

《화엄경》(40화엄)에 있어 '삼종설'은 권28의 〈보현행원품(普賢行願品)〉에 나온다. 앞서 살펴봤듯이, 445년 이전에 이미 코탄어는 《현우경》이 존재하고 있었다. 따라서 《화엄경》(40화엄)의 편찬자들도 《현우경》을 보고 있었을 가능성이 높다. 특히 《현우경》에는 '삼종'에 얽매이지 않는 여성을 찬탄하는 태도가 표명되고 있는데, 이것이 〈보현행원품〉에 어떤 영향을 주었을지도 모른다.

《화엄경》(40화엄)에서 '삼종설'과 관련된 부분은 문수사리보살로 인해 발심한 선재동자(善財童子)가 남방으로 구법(求法) 여행을 떠나 관음, 미륵 등 53명의 선지식에게 가르침을 받는 것으로부터 시작된다. 그 가운데 〈보현행원품〉에는 석녀(釋女) 구파(瞿波, Gopā)로부터 가르침을 받는 장면이 나오는데, 여기에 '삼종설'에 대한 이야기도 함께 나온다. 먼저 구파는 선재동자에게 대수묘고길상(大樹妙高吉祥)이라는 도시에 재주(財主)라는 왕이 있었을 때의 일을 이야기한다. 그때의 태자는 위덕주(威德主)였는데, 어느 날 그 도시의 구족염길상(具足艶吉祥)이라는 여인으로부터 사랑고백을 받게 되었다. 하지만 태자는 여인이 세간과 출세간의 큰 우환일 뿐만 아니라 무상보리의 장해임을 들어 거절하게 되는데, '삼종설'은 바로 이 속에 포함되어 있다. 그 대표적인 몇 가지를 열거하면 다음과 같다.

지혜로운 사람들이 설한 바의 모든 번뇌, 일체의 과업(過業)은 여인으로 말미암아 생긴다.

오통(五通)[18]의 선인(仙人), 대위덕(大威德)이 신통을 퇴실하는 것도 여인 때문이다.

염화(炎火), 흑사(黑蛇), 칼, 독약, 여인이 해(害)하는 것 이것이상이다.

염마(琰魔 : 閻魔, 곧 지옥의 신 야마(yama))는 중생을 죽이는 것을 싫어하지 않는다. 여인이 남자의 마음을 바라는 것 또한 그렇다.

마음속은 맹악(猛惡)하며 독해(毒害)를 일으킨다. 이 때문에 여인의 말은 참으로 믿기 어렵다.

처녀 때는 집에 살며 부모를 따르고, 계년(笄年)[19]에는 시집가서 또한 남편을 따르고, 남편이 죽으면 아들을 따르며 혐의를 단속한다. 이로 말미암아 항상 자재가 없다고 일컫는다.[20]

이외에도 여성멸시적인 말은 계속 나열되고 있다. 그리고 태자는 결론적으로 다음과 같이 말한다.

나는 아뇩다라삼먁삼보리(阿耨多羅三藐三菩提 : 무상정등각(無上正等覺), 곧 붓다의 깨달음)를 구하기 위해 끝없는 미래에 보살행을 행하고자

---

18) 불도수행의 결과 얻게 되는 초인적인 5가지의 자유자재한 능력으로서, 천안통(天眼通)·천이통(天耳通)·타심통(他心通)·신족통(神足通)·숙명통(宿命通)을 말한다. 천안통은 모든 것을 꿰뚫어보는 능력, 천이통은 아무리 작고 멀리 있는 소리라도 듣는 능력, 타심통은 타인이 생각하고 있는 바를 아는 능력, 신족통은 어디라도 자유자재로 출현하고, 생각대로 외계의 모습을 변화하는 능력, 숙명통은 자타(自他)의 과거모습을 모두 아는 능력을 말한다. 그리고 여기에 번뇌가 다해 해탈했음을 아는 능력인 누진통(漏盡通)을 더해 육신통(六神通)이라고 한다.

19) 중국에서는 여자 나이 15세가 되면 비녀를 꽂았는데, 이 연령을 '계년(笄年)'이라고 한다. 이것은 곧 여자가 성년에 이르렀음을 말하는 것이다.

20) "智人所說諸煩惱 一切過業由女生", "五通仙人大威德 退失神通因女人", "炎火黑蛇刀毒藥 女人爲害過於此", "琰魔不厭殺衆生 女人欲男心亦爾", "心中猛惡興毒害 是故女言難定信", "處女居家隨父母 笄年適事又從夫 夫亡從子護嫌疑 由是常名不自在"(《대정장》 제10권, pp.789하-791상).

한다. …… 그때 마땅히 그대는 나에게 장애가 되어 나로 하여금 보살행
을 베풀어 원만(圓滿)을 얻지 못하게 하리라.[21]

이것에 대해 구족염길상도 불도에 뜻을 둔 터자의 결의가 결코 자
신과 다르지 않음을 표명하고, 다음과 같이 말한다.

> 나의 마음은 본래부터 부귀를 구하지 않았습니다. 또한 오욕(五欲 : 색
> 욕(色欲)·성욕(聲欲)·향욕(香欲)·미욕(味欲)·촉욕(觸欲))의 즐거움
> 을 탐하지도 않았습니다. 다만 [구하는] 법이 같으니 함께 수행합시다. 이
> 로 말미암아 당신을 주인으로 삼고자 하는 것입니다.[22]

나아가 그녀의 어머니인 선현(善現)도 "이 여인은 희유하여 인간의
보배이다. …… 이 여인은 본래 연화에서 태어나 …… 여인의 허물은
모두 다 여의어서 태자를 따라 함께 수행할 만하다."[23]고 한다. 그리
하여 위덕주 태자와 구족염길상은 함께 여래를 방문하여 가르침을 받
고, 태자는 10삼매해문(三昧海門)을 증득하고 그녀도 아뇩다라삼먁
삼보리를 얻었다고 한다.
이상이 구파가 선재동자에게 말한 이야기의 대강이다. 지금까지 보
았듯이, 여기에는 태자의 말로서 여성멸시적인 인도사회의 여성관이
여과 없이 반영되고 있다. 그리고 그 속에 '삼종설'도 등장한다. 하지

---

21) "我爲求阿耨多羅三藐三菩提 願盡未來行菩薩行 …… 當於爾時 汝或於我而作障
   難 令我施行不得圓滿"(《대정장》제10권, p.792중).
22) "我心本不求豪富 亦復不貪五欲樂 但爲同法共修行 由是願以爲主(《대정장》제10
   권, p.792하).
23) "此女希有人間寶 …… 此女本從蓮華生 …… 女人之過咸皆離 堪隨太子共修持"
   (《대정장》제10권, p.793상).

만 이것은 결론적으로 보면 이러한 여성관을 가지고 있던 태자가 구족염길상을 반려자로 삼고, 또한 함께 수행하여 불퇴전위(不退轉位)에 이르렀음을 말하고 있는 것이다. 다시 말해 〈보현행원품〉은 구족염길상의 이야기를 통해 '삼종'을 비롯한 인도사회의 여성관을 극복하고 있는 것이다. 다만 여기에는 "이 여인은 희유하여 ……", "이 여인은 여인의 허물을 모두 다 여의어서 ……" 등으로 구족염길상을 특별한 여성으로서 다루고 있어, 이것이 곧 여성에 관한 일반론이었다고 단정하기는 어렵다.

지금까지 '삼종설'과 관련한 내용들을 분석해 보면, 여기에는 몇 가지의 중요한 사실이 발견된다. 먼저 《옥야녀경》과 《법구경》 계통의 경전과 관련해서 그 팔리경전 및 한역에 '삼종설'에 대한 기술이 없다는 점이다. 이것은 곧 부파분열 이전까지 '삼종설'이 불교 내의 주된 흐름이 아니었음을 말한다. 또한 그렇기 때문에 《불설옥야녀경》과 《옥야경》에서 언급하고 있는 '삼종설'도 부파분열 이후에 부가된 것으로 볼 수 있다. 그리고 《화엄경》(40화엄)의 예에서처럼 대승불전에 '삼종'의 제약을 거부하거나 논파한 여성이 주요 테마로 등장하고 있다는 사실은 대승불교도들이 기존의 부파불교와는 다른 여성관을 가지고 있었으며, 또한 그러한 여성관을 극복하기 위해 노력하고 있었음을 말해주고 있다.

다음으로 살펴볼 것은 '삼종설'과 더불어 대표적인 성차별 요소로 지적되고 있는 '여인오장설'이다. 결론부터 말한다면, 이것은 '삼종설'보다도 여성에게 더 치명적이었다고 생각한다. '삼종설'은 《불설옥야녀경》 등에 '부자유(不自由)', '부자재(不自在)'라고 표현되고 있듯이, 단지 여성의 자유를 허락하지 않는 것이었다. 즉 《마누법전》의 규정에 따른 세속적인 측면에서의 여성차별이었다. 하지만 '여

인오장설'은 정신적 · 종교적 측면에서의 여성차별로 여성의 깨달음의 가능성을 원천적으로 봉쇄하고, 여성 그 자체를 부정하고 있는 것이다. 더구나 '삼종설'의 경우는 《현우경》과 같이 그것을 따르지 않으면 해결되는 문제였다. 다시 말해 출가하면 그 구속에서 벗어날 수 있는 것이다. 그러나 '여인오장설'의 경우는 출가여부와 상관없이 단지 여성이기 때문에 부처가 될 수 없다고 하는 것이다. 따라서 '삼종설' 보다 '여인오장설'이 대승불교에 있어 보다 중대한 문제였다고 할 것이다.

그러면 대승불교는 어떻게 '여인오장설'을 극복하고 있는가? 이것에 대해 크게 두 측면으로 나누어 살펴보고자 한다. 하나는 이론적인 측면에서의 접근방식으로, 남녀의 성차를 '공(空)'의 논리로써 부정하는 불전들을 살피는 것이다. 그리고 다른 하나는 현실과의 관계를 통해 불전을 이해하는 방식으로, '변성남자설'이 바로 이 범주에 속한다. 이제 이것을 보다 구체적으로 살펴보기로 한다.

나. 공사상과 여인오장설

주지하듯이, 공의 논리는 대승불교 초기부터 하나의 중심 테마였다. 특히 대승불교 초기의 반야계 경전은 이러한 공사상에 의거하여 제작된 것이다. 나아가 이것은 대승불교의 여성관에도 적지 않은 영향을 미쳤는데, 앞으로 살펴볼 '변성남자설'이나 '여신성불설'과도 밀접한 연관성을 갖는다.

'공(空)'이란 산스크리트 'śūnya'(ⓟ sɹñña)의 역어로서 뭔가가 결여된 상태를 의미하는데, 우리가 경험하는 일체의 세계는 그 자신의 고유한 본성, 즉 자성(自性)을 갖지 않는다는 말이다. 이러한 공의 의미를 이론적으로 확립한 사람은 용수(龍樹, Nāgārjuna)이다. 용수에 있어 공은 세계에 대한 인간의 분별인식과 이를 가능케 하는 언어의

허구성을 폭로함으로써 일체의 집착과 망상으로부터 벗어나게 하기 위한 것이다.[24] 즉 인간이 경험하는 세계는 사유분별에 의해 축조된 허구의 세계로서, 인간은 바로 이러한 언어의 세계를 실재의 세계로서 집착하고 있다는 것이다. 나아가 용수는 일체의 법도 타자와 관계하여 비로소 자신의 정체성을 지니는 연기적인 것으로서 자신의 고유한 본성을 갖지 않는 공한 것임을 밝히고 있다.[25] 《중론(中論)》 권4에서는 이것을 다음과 같이 말하고 있다.

> 무릇 인연에 의해 생겨난 법, 우리는 곧 이것을 공이라고 한다. 왜냐하면 무릇 연(緣)이 구족 화합하여 사물이 생긴다. 이 사물은 무릇 인연에 속하기 때문에 무자성(無自性)이다. 무자성이기 때문에 공이다.[26]

이렇게 보면 일체의 세계는 무자성 · 공으로서 어떤 차별도 없으며, 또한 그런 점에서 동체라고 할 수 있는 것이다. 다시 말해 모든 존재의 차별적 특성은 언어적 분별에 의한 것일 뿐 진실이 아닌 것이다. 이것이 바로 세계의 실상이며, 이와 같이 관하는 것이 무분별의 지혜이다. 이러한 사고는 대승불교 초기 반야계 경전의 중심사상이기도 하였는데, 공에 대한 예지의 통찰인 무차별 · 무분별의 지혜가 이른바 반야(般若, prajñā)인 것이다.

---

24) 권오민, 《인도철학과 불교》, p.261.
25) 나아가 용수는 진리를 두 차원, 즉 세속제(世俗諦, 俗諦)와 승의제(勝義諦, 眞諦)로 나누고 있는데, 세속제란 언어적 진실, 승의제란 궁극의 진리를 말하는 것으로 개념적 언설을 넘어선 이른바 무분별의 진리를 말한다. 나아가 용수는 붓다의 교법도 모두 이러한 승의제에 이르기 위한 방편으로 이해하고 있다(위의 책, pp.275-280).
26) "衆因緣生法 我說卽是空 何以故 衆緣具足和合而物生 是物屬衆因緣故無自性 無自性故空"(《대정장》 제30권, p.33중).

이와 같이 대승의 공관에 의하면, 일체의 존자는 그 자체로서 개별적이고 독립적인 실체가 아니라 인간사유에 의해 분별되어진 가설적 개념에 불과하며, 타자와의 관계를 통해 일시적으로 존재하는 것에 지나지 않는다. 그리고 이러한 입장에 서면 분별의 대상이 되는 성스러운 것과 세속적인 것, 열반과 생사, 출가와 재가, 남자와 여자도 각기 개별적으로 실재하는 세계가 아니다. 즉 이러한 것은 인간의 사유분별을 통해 그렇게 드러난 것일 뿐 실상은 어떠한 차별도 없으며 고유한 본성도 존재하지 않는 것이다.

물론 이러한 사고가 대승불교 이전에도 없었던 것은 아니다. 예컨대 《숫타니파타》 제1119게송에는 고타마 붓다의 말로서 다음과 같이 기술되고 있다.

> 항상 잘 주의해서 자아에 고집하는 견해를 완전히 부수고 세계를 공이라고 관하라. 그렇게 하면 죽음을 극복할 수 있을 것이다. 이와 같이 세계를 관하는 사람을 죽음의 왕은 보지 못한다.

이것은 자아에 대한 집착(아집)에 의해서 자타·유무·피차라는 상대적인 차별상이 생겨나기 때문에 그 아집을 버리는 것이 곧 공임을 말하고 있는 것이다. 그리고 이러한 공의 관점을 다시 부각시킨 것이 이른바 대승불교였다. 특히 구마라집이 번역한 《대품반야경》 권26의 〈평등품(平等品)〉[27]에는 일체법의 차별상에 구애받지 않고 평등상을 본다는 상기의 《숫타니파타》와 같은 '공'의 이념이 제시되고 있다.[28]

---

27) 《대정장》 제8권, pp.413하-415중.
28) 불교에 있어 '평등'이나 '차별'이라는 말은 '남녀평등'이나 '남녀차별'이라고 할 때의 용법과는 조금 다르다. 즉 불교에 있어 '차별'(anyatva)이란 현상세계

물론 여기에 남녀의 평등이 따로 논해지고 있는 것은 아니다. 하지만 남녀의 성차도 일체법의 하나임에는 틀림없는 사실이다. 따라서 비록 직접적인 언급은 없다 해도 그 이념상 남녀의 성차별을 부정하고 있다고 할 것이다. 결국 공의 논리는 이원적이고 상대적인 남녀의 성차를 부정함으로써 '여인오장설'을 극복하는 이론적 토대가 된 것이다.

공의 관점에서 남녀의 성차를 부정하는 경전으로는 먼저 《수능엄삼매경》을 들 수 있다. 이 경전의 산스크리트 원전은 산실되고 없지만, 현재 구마라집의 번역본이 남아 있다. 본 주제와 관련된 부분을 인용하면 다음과 같다.

> 이때, 견의보살(堅意菩薩)이 구역천자(瞿域天子)에게 묻기를, 어떤 공덕행으로 여인의 몸을 바꾸었는가? 답하기를, 선남자여, 대승을 발한 자는 남녀에 다름이 있음을 보지 않는다. 왜냐하면 살바야(薩婆若, sarvajña : 全智者)의 마음은 삼계에 있지 않기 때문이다. 분별이 있기 때문에 남녀가 있다. …… 선남자여, 내가 원하는 바에 따라 여인의 몸이 있다. 만약 나의 몸이 남자가 될 수 있다 해도, 여신상(女身相)이 괴멸되거나 버려지는 것은 아니다. 선남자여, 그러므로 마땅히 알라. 이것은 남자, 이것은 여자라는 것은 모두 전도된 것이다.[29]

를 구성하고 있는 일체의 사물이 천차만별임을 말하는 것으로, 여기에는 어떤 우열을 전제로 한 가치판단이 포함되어 있지 않다. 또한 '평등'(samatā)도 비록 천차만별의 현상세계이지만, 여기에는 일관된 보편적 진리(법)가 있어, 이것을 여실히 관찰하면 모든 것이 무차별적인 세계로서 나타난다고 할 때 사용되는 용어이다. 따라서 어떤 의미에서는 '공'의 다른 표현이라고도 할 수 있다.

29) "爾時堅意菩薩問瞿域天子言 行何功德轉女人身 答言 善男子發大乘者不見男女 而有別異 所以者何 薩婆若 心不在三界 有分別故有男有女 …… 善男子 我隨所 願有女人身 若使我身得成男子 於女身相不壞不捨 善男子 是故當知 是男是女俱 爲顚倒"《대정장》제15권, p.635상).

이것에 의하면, 남녀의 구분이란 결코 본질적인 것이 아니라 전도된 생각일 뿐이다. 그렇다면 여성이기 때문에 깨달음을 얻을 수 없다는 주장 역시 전도된 견해라는 결론에 도달하게 된다. 특히 이 인용문에는 '변성남자설'에 대한 사고도 나타나고 있는데, 이것은 《수능엄삼매경》에 이미 부파불교 내지 인도전통의 여성관을 극복하기 위한 노력이 있었음을 보여준다. 다시 말해 남녀의 차별을 전제로 한 기존의 여성차별 관념에 대해 이원적이고 상대적인 틀에 사로잡힌 전도된 견해임을 밝히고 있는 것이다.

다음으로 《유마경》은 사리불과 천녀(天女) 간의 대화를 통해 남녀의 성차가 공이며, 여신(女身)은 방편임을 논하고 있다. 물론 여기서도 '여인오장설'은 부정될 수밖에 없다. 그러면 구마라집의 번역본을 중심으로 이것에 대해 살펴보도록 하자. 먼저 이 이야기는 천녀가 천화(天華, māndārava, 曼陀羅華)를 불제자들 의에 뿌리는 것으로부터 시작된다. 그런데 이 꽃들이 보살들에게서는 곧 떨어져 버린 반면, 사리불을 비롯한 대제자들에게서는 달라붙어 떨어지지 않는다. 그리고 이 제자들이 꽃을 떼어내려고 하자, 천녀는 그 이유를 사리불에게 묻는다. 이에 사리불이 수행자에게 있어 꽃이 어울리지 않음을 말하는데, 이제 이것에 대한 천녀의 반론이 다음과 같이 이어진다.

천〔녀〕가 말하기를, 이 꽃을 여법(如法)하지 않다고 말하지 말라. 왜냐하면 이 꽃은 분별하는 바가 없다. 당신이 스스로 분별하는 생각을 일으킬 뿐이다. 만약 불법에 출가하여 분별하는 바가 있다면 여법하지 않다고 한다. 만약 분별하는 바가 없다면, 이것이 곧 여법이다. 모든 보살을 보건데, 꽃이 달라붙지 않는 것은 이미 일체의 분별하는 생각을 끊었기 때문이다.[30]

이 인용문도 앞서 말한 바와 같이, 자아에 대한 집착 때문에 자타·유무·피차 등의 이원적이고 상대적인 차별상이 생겨남을 말하고 있다. 즉 꽃 자체는 아무런 분별도 하지 않는데, 사리불 스스로가 꽃은 이러이러하다고 분별하며 얽매여 있다는 것이다. 천녀의 비판은 여기서 그치지 않고 다음과 같이 계속된다.

사리불이 말하기를, 그대는 무엇 때문에 여신(女身)을 바꾸지 않는가? 천녀가 말하기를, 나는 12년 전부터 여인의 상(相)을 구해왔지만 끝내 얻을 수가 없었다. 마땅히 무엇을 바꾸겠는가? 비유하면 마술사가 만들어낸 허깨비 여자와 같다. 만약 어떤 사람이 무엇 때문에 여신을 바꾸지 않는가 물으면, 이 사람은 바르게 물었다고 하겠는가? 사리불이 말하기를, 아니다. 허깨비에는 정해진 상이 없다. 마땅히 무엇을 바꾸겠는가? 천녀가 말하기를, 일체제법도 또한 이와 같이 정해진 상이 있지 않다. 어찌 여신을 바꾸지 않느냐고 묻는가? 그때 천녀가 신통력으로써 사리불로 하여금 천녀처럼 바꾸고, 천녀 자신은 사리불처럼 화신(化身)하였다. 그리고 묻기를, 무엇 때문에 여신을 바꾸지 않는가? 사리불이 천녀의 모습으로 답하기를, 나는 지금 어떻게 전변하여 여신이 되었는지 알지 못한다. 천녀가 말하기를, 사리불이여, 만약 이 여신을 바꿀 수 있다면, 일체의 여인 또한 마땅히 바꿀 수 있다. 사리불이 여인이 아니면서 여신을 나타내었듯이, 일체의 여인도 또한 이와 같다. 비록 여신을 나타내지만 여인이 아니다. 이 때문에 부처님은 일체제법이 남(男)도 아니고 여(女)도 아니라고 설하셨다. 그때 천녀는 신통력을 다시 거두어들였다. 사리불의 몸은 다시

---

30) "天曰 勿謂此華爲不如法 所以者何 是華無所分別 仁者自生分別想耳 若於佛法 出家有所分別爲不如法 若無所分別是則如法 觀諸菩薩華不著者已斷一切分別想故"《대정장》 제14권, pp.547하-548상).

옛날처럼 되돌아왔다. 천녀가 사리불에게 묻기를, 여신의 형상은 지금 어디에 있는가? 사리불이 말하기를, 여신의 형상은 있는 것도 아니고, 없는 것도 아니다. 천녀가 말하기를, 일체제법도 또한 이와 같다. 있는 것도 아니고 없는 것도 아니다. 무릇 있는 것도 아니고 없는 것도 아니라는 것은 부처님께서 설한 바이다.[31)]

이상의 인용문도 '여신'이라고 하는 고정된 실체가 없음을 논증하고 있다. 즉 그와 같은 것은 환상에 지나지 않는다는 것이다. 특히 여기에서는 "있는 것도 아니고 없는 것도 아니다.", "일체제법은 남(男)도 아니고 여(女)도 아니다."고 하는 공의 논리로서 남신과 여신에 대한 집착을 논파하고 있다. 그리고 이것을 통해서 궁극적으로는 여성도 여성인 그대로 성불할 수 있음을 밝히고 있는 것이다. 이것은 다음과 같은 유마힐(維摩詰, Vimalakīrti)과 사리불의 대화를 통해서 보다 분명하게 드러난다.

이때 유마힐이 사리불에게 말하기를, 이 천녀는 일찍이 92억의 부처님을 공양하고, 능히 보살의 신통으로 즐겁게 노닐며, 원하는 바를 구족하고 무생[법]인(無生[法]忍)을 얻어 불퇴전에 머문다. 본원(本願) 때문에 뜻에 따라 능히 [여신을] 나타내어 중생을 교화한다.[32)]

---

31) "舍利弗言 汝何以不轉女身 天曰 我從十二年來 求女人相了不可得 當何所轉 譬如幻師化作幻女 若有人問何以不轉女身 是人爲正問不 舍利弗言 不也 幻無定相 當何所轉 天曰一切諸法亦復如是無有定相 云何乃問不轉女身 卽時天女以神通力 變舍利弗令如天女 天自化身如舍利弗 而問言 何以不轉女身 舍利弗以天女像而答言 我今不知何轉而變爲女身 天曰 舍利弗 若能轉此女身 則一切女人亦當能轉 如舍利弗非女而現女身 一切女人亦復如是 雖現女身而非女也 是故佛說一切諸法 非男非女 卽時天女還攝神力 舍利弗身還復如故 天問 舍利弗 女身色相今何所在 舍利弗言 女身色相無在無不在 天曰 一切諸法亦復如是 無在無不在 夫無在無不在者佛所說也"(《대정장》 제14권. p.548중-하).

이것은 "남도 아니고 여도 아니다."고 하는 단순한 공의 논리를 넘어 천녀가 이미 불퇴전의 경지에 머물고 있으며, 여신도 단지 중생교화를 위한 방편임을 말하고 있다. 즉 여신은 중생교화를 위해 스스로 나타내고 있을 뿐이라는 것이다. 이것은 인도전통의 여성차별 관념을 정면에서 돌파하고 있는 것으로, 오히려 여성으로서의 자긍심이 표출되고 있는 것이다.

그런데 이 인용문에서 또 하나 주목할 것은 천녀가 이미 불퇴전의 경지에 머물고 있다는 점이다. 구마라집이 번역한 《법화경》 권4 〈제바달다품〉에도 '여인오장설'이 열거되고 있는데,[33] 이것에 해당하는 산스크리트 《법화경》에는 마지막의 불신(佛身) 대신에 '불퇴전 보살의 지위'가 말해지고 있다.[34] 따라서 양자를 비교하면 천녀는 곧 부처의 지위에 이르고 있었다는 말이 된다. 결국 이것을 통해서도 《유마경》이 '여인오장설'을 전면적으로 부정하고 있음을 알 수 있다.

이 외에도 방편으로서의 여신을 모티브로 한 경전으로는 《순권방편경(順權方便經)》, 《대보적경(大寶積經)》 등이 있다. 먼저 《순권방편경》은 그 하권의 〈가호품(仮號品)〉에 왕사성의 한 장자의 딸과 이 집에 탁발하러 온 수보리(須菩提)와의 문답을 통해서 여신이란 단지 일체중생과 여인을 교화하기 위한 방편임을 논하고 있다.[35] 또한 여기에는 이 여인의 전생담을 통한 부처님의 증명도 이어지고 있다.[36] 《대보

---

32) "爾時維摩詰 語舍利弗 是天女已曾供養九十二億佛已 能遊戲菩薩神通 所願具足 得無生忍住不退轉 以本願故隨意能現敎化衆生"(《대정장》 제14권, p.548하).
33) "又女人身猶有五障 一者不得作梵天王 二者帝釋 三者魔王 四者轉輪聖王 五者 佛身"(《대정장》 제9권, p.35하).
34) 植木雅俊, 앞의 책, p.165.
35) "問其女曰 姊以何所善權方便 而不棄捨一切衆生 隨時之宜悉開化之 …… 女人 情興好於欲樂 以故菩薩行權方便而導引之 故現女像因敎誨之 男子之身不可現入 貴人婬女 須菩提問 今姊何故女人之像化衆女人乎"(《대정장》 제14권, p.927중).

적경》권99의 〈무외덕보살회(無畏德菩薩會)〉에는 아자세왕의 공주를 주인공으로 그 이야기가 전개되고 있는데, 《불설아자세왕녀아술달보살경(佛說阿闍貰王女阿術達菩薩經)》에도 이와 동일한 내용이 전해지고 있다. 이것은 부처님이 말하는 공주의 전생담 속에 나온다. 먼저 사리불이 부처님에게 이 공주가 왜 여신을 바꾸지 않는지에 대해 묻는다. 그러자 부처님은 "보살로서 원력(願力)을 일으켰기 때문이며, 중생을 제도하기 위해서 여신을 나타내고 있다."[37] 고 설명한다. 그리고 공주 역시 "만약 일체법이 남도 아니고 여도 아니라면, 지금 나로 하여금 장부의 몸을 나타내리라."고 하고, 곧 여신을 바꾸어 장부의 몸이 되었다고 기술하고 있다.[38]

다음으로 살펴볼 것은 《법화경》이다. 특히 권4의 〈제바달다품〉에는 사가라 용왕의 딸인 용녀(龍女)의 여신성불(女身成佛)이 사실적으로 묘사되고 있다. 먼저 이 이야기는 문수사리보살이 대해(大海)의 용궁에

---

36) "彼時世尊告舍利弗 斯則菩薩名曰轉女 從阿閦佛所安樂世界沒來生此 欲以開化一切衆生 順權方便現女人身"(《대정장》제14권, p.930상). 이 이야기는 담마야사(曇摩耶舍)가 번역한 《요영락장엄방편품경(樂瓔珞莊嚴方便品經)》(《전녀신보살문답경(轉女身菩薩問答經)》이라고도 한다.)에서도 동일한 구조로 전개되고 있다. "女言 大德須菩提 若不以此樂莊嚴方便 不能敎化一切衆生 大德須菩提 女人之心多貪樂著 非男子也 大德 我以樂莊嚴方便多調伏女 非男子也 須菩提言 姉 汝是女身云何調女 爾時是女神力化身 如三十二盛壯男子 …… "爾時佛告舍利弗 是菩薩摩訶薩名轉女身 從阿閦佛土來至於此 化衆生故 舍利弗 是轉女身菩薩摩訶薩 此娑婆界成熟無量無邊衆生 住於無上正眞之道"(《대정장》제14권, pp.935하-p.938하).

37) "舍利弗言世尊 此女能轉女身不耶 佛言舍利弗 …… 以是菩薩發願力故 示現女身爲度衆生"(《대정장》제11권, p.555상).

38) "若一切法非男非女 令我今者現丈夫身 …… 卽滅女身現丈夫身"(《대정장》제11권, p.555상). 《불설아자세왕녀아술달보살경》에서 여기에 해당하는 부분은 다음과 같다. "舍利弗白佛 是女何故不棄女人 佛告舍利弗 …… 菩薩諮所樂喜以權道示現 有男女期限無所罣礙 欲度男女故 無愁憂女欲決舍利弗之狐疑 現身立願 使大衆中悉見我是男子 作是念已 卽諸大衆見無愁憂身爲男子不復見女人像"(《대정장》제12권, p.88下).

서 교화한 중생이 무량함을 말하는 것에서부터 시작된다. 그리고 그 대표적인 예로서 사가라 용왕의 딸인 8세의 용녀를 다음과 같이 소개한다.

지혜가 매우 뛰어나 중생의 제근(諸根 : 身·口·意)의 행업을 잘 알고, 다라니를 얻어 모든 부처님이 설한 바의 매우 깊은 비장(秘藏)을 능히 다 수지하고, 깊이 선정에 들어 모든 법을 요달하고, 찰나 동안에 보리심을 발하여 불퇴전을 얻는다. 변재(辯才)에 걸림이 없고, 중생을 사랑하는 마음 마치 젖먹이를 대하는 것과 같다. 공덕을 구족하여 마음속에 생각하고 구연(口演)하는 것 미묘하고 광대하다. 자비롭고 어질고 겸손하며 그 뜻과 마음이 부드럽고 우아해 능히 보리에 이른다.[39]

여기에는 붓다로서의 특징들이 나열되고 있는데, 문수사리는 용녀가 이것을 모두 갖추고 있다고 한다. 이것은 곧 상기의 《유마경》과 마찬가지로 여성의 몸으로 불퇴전에 이르고 있음을 말하고 있는 것이다. 따라서 이것도 '여인오장설'을 부정하고 있는 것이라고 할 수 있다. 그런데 이것에 대해 이번에는 지적보살(智積菩薩)이 다음과 같은 의문을 제기한다.

내가 본 석가여래는 무량겁에 걸쳐 난행고행하며 공덕을 쌓고, 보리의 도를 구함에 일찍이 잠시라도 멈춘 적이 없다. 삼천대천세계(三千大千世界)[40]를 보건데, 이 보살이 신명(身命)을 버리지 않은 곳은 겨자씨만큼도 있지 않다. 〔이것은〕 중생을 위하기 때문이다. 그런 후에 곧 보리의 도를

---

39) "智慧利根善知衆生諸根行業 得陀羅尼 諸佛所說甚深祕藏悉能受持 深入禪定了達諸法 於刹那頃發菩提心 得不退轉辯才無礙 慈念衆生猶如赤子 功德具足心念口演 微妙廣大慈悲仁讓 志意和雅能至菩提"(《대정장》 제9권, p.35중).
40) 삼천대천세계란 산스크리트어 'trisāhasramahāsāhasra-lokadhātu'의 번역으로,

이룰 수 있었다. 이 여인(용녀)이 잠깐 동안에 곧 정각을 이루었다는 것은 믿을 수 없다.[41]

여기에 나타난 지적보살의 말은 고타마- 붓다즈차도 무한한 시간대에 걸친 난행과 고행을 통해서 비로소 깨달음을 얻었기 때문에 8세 용녀의 여신성불은 도저히 믿을 수 없다는 말이다. 그리하여 이제 용녀가 등장하는데, 지적보살의 의문에 대해 다음과 같은 시로서 응답한다.

보리를 이루었음은 오직 부처님만이 마땅히 증지(證知)한다고 들었다. 나도 대승의 가르침을 펴서 고(苦)의 중생을 제도하겠다.[42]

그러자 이번에는 사리불의 다음과 같은 반론이 이어진다.

그대는 머지않아 무상도(無上道)를 얻는다고 말한다. 이 일은 믿기 어렵다. 왜냐하면 여신은 때 묻고 더러워서 바로 법의 그릇이 아니기 때문

수미산을 중심으로 그 주위에 사대주(四大洲 : 동쪽의 승신주(勝身洲, Videha), 남쪽의 섬부주(贍部洲, Jamba), 서쪽의 우화주(牛貨洲, Godāniya), 북쪽의 구로주(俱盧洲, Kuru))가 있고, 그 둘레에 구산팔해(九山八海 : 중앙의 수미산과 맨 바깥의 철위산(鐵圍山) 사이에 있는 지쌍(持双)·지축(持軸)·담목(擔木)·선견(善見)·마이(馬耳)·상이(象耳)·니민달라산(尼民達羅山)과 각각의 산을 둘러싼 8개의 바다)가 있다. 이것을 일수미(一須彌)세계라고 하는데, 이 세계를 1000개 모은 것이 소천(小天)세계이고, 이 소천세계를 1000개 모은 것을 중천(中天)세계, 중천세계를 1000개 모은 것을 대천(大天)세계라고 한다. 결국 대천세계란 1000의 3제곱, 즉 10억의 수미세계로 이루어져 있는데, 불교에서는 이것을 일불(一佛)이 교화하는 범위라고 한다

41) "我見釋迦如來 於無量劫難行苦行 積功累德求菩提道 未曾止息. 觀三千大千世界 乃至無有如芥子許非是菩薩捨身命處 爲衆生故 然後乃得成菩提道 不信此女於須臾頃便成正覺"(《대정장》 제9권, p.35중).

42) "又聞成菩提 唯佛當證知 我闡大乘敎 度脫苦衆生"(《대정장》 제9권, p.35하).

이다. 어찌 능히 무상보리를 얻을 수 있겠는가? 불도는 아득하다. 무량겁을 지나며 부지런히 고행을 쌓고, 모든 바라밀을 다 닦은 연후에 이루어진다. 또 여인의 몸에는 오장(五障)조차 있다. 첫째는 범천왕이 될 수 없다. 둘째는 제석, 셋째는 마왕, 넷째는 전륜성왕, 다섯째는 부처이다. 어찌 여신으로 속히 성불할 수 있겠는가?[43]

　앞에서 말한 지적보살의 비난은 고타마 붓다도 무량겁의 난행과 고행의 결과로서 성불하였기 때문에 용녀의 여신성불을 믿을 수 없다는 것이었다. 그런데 이것은 엄밀히 따지면 여성의 성불능력 자체를 부정하고 있는 것은 아니다. 다시 말해 지적보살의 말은 단기간의 성불 가능성을 부정한 것으로, 여성도 장기간의 난행고행을 한다면 성불할 수도 있음을 말하고 있는 것이다. 하지만 사리불은 여성이 아무리 지혜가 뛰어나고, 또한 아무리 노력한다고 해도 여성이기 때문에 부처가 될 수 없다고 주장하고 있다. 그리고 이것은 여성으로서의 성불 가능성을 본질적으로 부정하고 있는 것이다.[44]
　이처럼 《법화경》에 있어 지적보살과 사리불은 인도 전통의 여성관을 수용한 부파불교시대의 여성관을 대변한다고 볼 수 있다. 하지만 두 사람을 비교해 보면, 지적보살보다는 '여인오장설'을 주장하는 사

---

43) "汝謂不久得無上道 是事難信 所以者何 女身垢穢非是法器 云何能得無上菩提 佛道懸曠經無量劫 勤苦積行具修諸度 然後乃成 又女人身猶有五障 一者不得作梵天王 二者帝釋 三者魔王 四者轉輪聖王 五者佛身 云何女身速得成佛"(《대정장》 제9권, p.35하).
44) 여기서 사리불의 말은 앞서 언급한 《테리가타》 제60게송에서의 악마의 말과 거의 일치하고 있다. 예컨대 "이해하기 어려워 선인(仙人)들에 의해서만 파악될 수 있는 도리는 손가락 두 마디 정도의 지혜밖에 없는 여성으로서 체득하는 것은 불가능하다."는 표현은 비록 단순하지만, 여성이 부처의 경지에 도달할 수 없다고 하는 점에서 거의 동일하다. 하지만 《테리가타》에서 이 악마가 소마 비구니에 의해 논파되었듯이, 여기서는 용녀에 의해서 논파되고 있다.

리불 쪽이 훨씬 더 여성에 대한 편견이 심함을 알 수 있다. 따라서 《법화경》도 지적보살보다는 사리불을 납득시키는데 역점을 두고 이야기를 전개하고 있다.

그러면 이제 사리불을 설득하기 위한 용녀의 성불에 대해 살펴보자. 먼저 용녀는 보배구슬을 고타마 붓다에게 전하며, 자신의 성불은 세존이 이 보주를 받는 것보다 빠름을 사리불에게 선언한다. 이 장면은 다음과 같다.

> 당시의 대중 모두 용녀가 눈 깜짝할 사이에 변성남자하여 보살행을 갖추고 곧 남방무구세계(南方無垢世界)로 가서 보바로운 연화에 앉아 등정각(等正覺)을 이루고, 32상 80종호와 두루 시방의 일체중생을 위해서 묘법(妙法)을 연설하는 것을 본다. [45]

이상과 같이 《법화경》은 용녀의 성불을 통해서 부파불교시대의 여성관을 비판하고 있음을 볼 수 있다. 물론 여기어 제시된 용녀의 성불은 '변성남자' 과정을 수반하고 있어, 여성차별의 연장선상이라는 비판이 제기될 수 있다. 하지만 내용을 자세히 검토해 보면, 이것은 여성의 여신성불을 이미 전제하고 있음을 알 수 있다. 즉 변성남자는 여성의 성불을 불신하는 자들을 위한 하나의 방편으로서 제시되고 있는 것이다. 이것에 대해서는 다음 차례에서 다시 상세하게 논할 것이다.

그런데 여기에서 한 가지 주의할 점이 있다. 비록 《유마경》이나 《법화경》에서 천녀나 용녀에게 조롱을 당하고 있지만, 사리불은 고타마 붓다의 10대 제자 중에서도 '지혜제일(智慧第一)'로 칭송되던 존재

---

45) "當時衆會皆見龍女 忽然之間變成男子 具菩薩行 卽往南方無垢世界 坐寶蓮華成等正覺 三十二相八十種好 普爲十方一切衆生演說妙法"(《대정장》 제9권, p.35하).

였다는 점이다. 특히 나카무라 하지메에 의하면, 초기의 자이나교도 들은 고타마 붓다보다도 오히려 사리불을 불교의 대표자로 간주하고 있을 정도였다고 한다.[46) 결국 이러한 사실들은 역사적 인물로서의 사리불이 고타마 붓다에 비견될 정도의 인물이었음을 말하고 있는 것이다. 따라서 대승불전에서의 사리불을 역사상의 인물과 동일시해서는 안 될 것이다. 그러면 대승불교도들은 왜 사리불을 부파불교, 즉 소승불교의 대변자로서 등장시킨 것일까? 나카무라 하지메의 지적처럼 불교뿐만 아니라 외도에서조차 가장 존경받는 인물을 등장시킴으로써 자신들의 주장을 보다 극대화하고자 한 것이 아닐까 생각한다. 이것은 앞서 언급한 여성의 출가를 중재한 아난을 대가섭의 이름으로 비난하고 있는 경우와 같은 맥락이다.

지금까지 《수능엄삼매경》, 《유마경》, 《법화경》 등을 중심으로 대승불교가 기존의 여성관을 어떻게 극복하고 있는가에 대해 살폈다. 하지만 이러한 논조는 자세히 살펴보면, 이미 초기불전에 나타나 있던 것임을 알 수 있다. 예컨대 《테리가타》 제61게송과 《잡아함경》 권45 제1199경에는 다음과 같이 이미 남자라든가 여자라고 하는 현상적인 것에 얽매이지 말 것을 강조하고 있다.

마음이 잘 안정되고 지혜가 있을 때, 바르게 진리를 관찰하는 자로서 여성이라는 것이 어찌 장애가 되겠는가?

만약 남자니 여자니 하는 생각에서 마음이 모두 벗어날 수 없다면 그는 곧 악마의 말을 따르는 것이다.[47)

---

46) 中村元, 《원시불교의 성립》, p.378.
47) "若於男女想 心不得俱離 彼卽隨魔說"(《대정장》 제2권, p.326중).

따라서 이러한 것들을 종합해 보면, 대승불교의 여성관은 불교 초기의 여성관으로 돌아가자는 일종의 부흥운동이었다고도 할 수 있는 것이다.

다. 변성남자설과 여인오장설

다음으로 살펴볼 것은 대승불교 전반에 걸쳐 여성의 구제론으로 제시되고 있는 '변성남자설(變成男子說)'(전성남자(轉成男子), 전녀성남(轉女成男))이다. 이것은 이른바 여신에서 남신으로 변신함으로써 여성도 성불할 수 있다는 사고방식이다. 이 설의 기원에 대해서는 크게 알려진 바가 없다. 다만 이와모토 유타카(岩本裕)는 《법화경》 권4의 〈제바달다품〉을 근거로 제바달다(Devadatta) 교단에서 발달한 사상이라고 추론하고 있다.[48] 하지만 그의 주장에는 약간의 문제가 있어 보인다.

먼저 이와모토 유타카는 《법화경》의 '변성남자설'이 제바달다에 관한 내용 다음에 기술된다는 점에 주목하여, 이것이 제바달다 교단과 직접적인 관계가 있을 것으로 추정하고 있다. 특히 그의 주장에 따르면, 제바달다 교단은 계율의 엄격화를 고수하고 있었을 뿐만 아니라 인도전통의 통념에 따라 여성의 종교적 가치 내지 성불을 인정하고 있지 않았다고 한다. 그런데 대승불교운동이 일어나 그 세력을 확장해 가자 그들의 공격을 피하기 위한 방편으로 '변성남자설'을 도입했다는 것이다. 그리고 대승불교도들도 이것을 적극 수용하여 당시 사회와의 마찰을 모면하고자 했다고 주장한다.

그런데 이 주장은 발생 초기부터 대승불교운동의 중심사상이었던 공

---

48) 岩本裕, 《불교와 여성》, pp.79-82.

의 논리와 이타행을 그 본질로 하는 보살사상의 적극성을 감안하면 동의하기가 어렵다. 예컨대 반야계의 경전을 비롯한 초기 대승불전의 '공'의 논리에 따르면, 남성이라든가 여성이라는 등의 자성 내지 실체성은 부정될 수밖에 없는 것이다. 그리고 이것은 이전의 여인오장설의 문제를 더 이상 외면할 수 없음을 의미하는 것이기도 하다. 물론 여기에는 여성이라는 존재를 더 이상 방치할 수 없었던 당시의 상황도 고려해야만 한다. 《대지도론》권4에 "재가보살은 총설하면 우바새·우바이 속에 있고, 출가보살은 총설하면 비구·비구니 속에 있다."[49]고 하듯이, 대승불교운동에는 출가뿐만 아니라 재가의 남녀가 깊이 관여하고 있었다. 다시 말하면 대승불교에 있어 여성은 남성 못지않게 중요한 위치를 차지하고 있었던 것이다. 그렇기 때문에 일체중생을 구제하겠다는 대승보살도 여성성불을 위한 방법을 모색하지 않을 수 없었을 것이다. 이처럼 '변성남자설'의 필연성을 대승불교의 외부가 아니라 이미 대승불교 자체에 내재되어 있었던 것으로 보는 것이 옳지 않을까 생각한다.

하지만 앞에서도 언급했지만, 여기에도 약간의 의문들이 제기되어 왔다. 특히 히시키 마사하루(菱木政晴)는 여신을 남신으로 바꾸어야만 성불할 수 있는가, 변성남자는 여성의 성불에 있어 절대적인 조건인가, 또한 최종적으로 부처가 된다고는 하지만 일단 여성에서 남성으로 변하여야 하기 때문에 결국에는 여성을 부정하고 있는 것은 아닌가 하는 의문을 제기하고 있다.[50] 그러면 과연 '변성남자설'은 여성을 부정하고 있는 것인가? 이것에 대해 다음과 같은 두 가지 관점에

---

49) "在家菩薩總說在優婆塞優婆夷中 出家菩薩總在比丘比丘尼中"(《대정장》제25권, p.85상).
50) 菱木政晴, 앞의 논문, p.137.

서 접근해 보고자 한다. 하나는 대승불교운동 당시의 현실성을 고려한 관점이며, 다른 하나는 시각화를 통해 그들의 주장을 극대화한다는 관점이다.

첫 번째 관점은 초기의 대승불전이 성립하던 시대에 '삼종설'이나 '여인오장설'이 인도사회뿐만 아니라 부파불교 시대의 주된 여성관이었다는 점에 주목한 것이다. 이미 언급했듯이, 고타마 붓다는 평등사상에 입각하여 신분적인 차별이나 인간적인 차별을 부정하였다. 그리고 이러한 이념을 기반으로 성립한 것이 이른바 승가이다. 하지만 고타마 붓다 멸후에도 이 이념이 그대로 유지되었다고 보기는 어렵다. 특히 '삼종설', '여인오장설' 등 기존의 여성차별적인 관념이 유입됨으로써 남녀의 평등은 사실상 부정되고 있었다. 그리고 대승불교는 바로 이러한 시점과 맞물려 성립하고 있는 것이다. 만약 이런 상황이라면 여성성불의 문제는 어떻게 해결하면 좋을까? 먼저 생각해 볼 수 있는 것은 아래에 인용한 《대승열반경》권36〈가섭보살품(迦葉菩薩品)〉의 기술처럼 남녀를 구별하지 않고 일체중생의 성불을 주장하는 것이다.

일체중생은 모두 불성(佛性)이 있어 일천제인(一闡提人)[51]이 방등경(方等經:대승경전)을 비방하고, 오역죄(五逆罪)를 짓고, 사중금(四重禁)[52]

---

51) 산스크리트어 'icchantika'의 음사로, 한역에서는 '단선근(斷善根)', '신불구족(信不具足)' 등으로 의역해서 쓰기도 한다. 본래의 의미는 '욕구하는 사람'으로서 현세의 욕망을 추구하는 사람을 가리키지만, 불전에서는 인과·업보·내세를 믿지 않을 뿐만 아니라 불설에 따르지 않고 정법을 비방하여 성불의 연이 끊긴 사람을 말한다. 그러나 《대승열반경》에서는 일천제를 성불할 수 없는 자로 규정하면서도 결국에는 불성을 가지고 있기 때문에 성불할 수 있다고 한다.

52) 오역이란 ①어미를 죽인 죄(殺母), ②아비를 죽인 죄(殺父), ③아라한을 죽인 죄(殺阿羅漢), ④불신에 상처를 입힌 죄(出佛身血), ⑤승가의 화합을 깨뜨린 죄(破和合僧)를 말하며, 사중이란 4바라이, 즉 ①음계(婬戒), ②도계(盜戒), ③살계(殺戒), ④망어계(妄語戒)를 말한다.

을 범해도 반드시 보리의 도를 이룰 수 있다. 수다원인(須陀洹人) · 사다함인(斯陀含人) · 아나함인(阿那含人) · 아라한인(阿羅漢人) · 벽지불(辟支佛) 등도 반드시 아뇩다라삼먁삼보리를 이룰 수 있다.[53]

이것은 여성차별적인 당시의 사회통념상 여성을 전면에 내세우지 않고 여성의 문제를 해결하고자 한 것으로 볼 수 있다. 그러나 그런 만큼 설득력은 약할 수밖에 없다. 그러면 왜 이처럼 우회적인 방법을 선택했을까? 이것은 직접적인 여성성불론이 그만큼 위험성을 내포하고 있었기 때문일 것이다. 다시 말해 직접적인 남녀평등론 내지 여성성불론은 그 만큼 기존 사회와의 마찰을 일으킬 수밖에 없는 문제였던 것이다. 그리고 이것은 발전도상에 있던 대승불교도들에게는 치명적일 수 있는 문제였다. 《법화경》 권6의 〈상불경품(常不輕品)〉[54]에 출가와 재가, 남과 여의 구별 없이 누구나 성불할 수 있다고 주장하는 상불경보살에 대해 몽둥이와 돌 등으로 박해하는 장면은 바로 이러한 사실을 잘 보여준다. 뿐만 아니라 여성성불론과 관련한 대승불전에 '여신성불설'이 거의 없고, '변성남자설'이 대부분이라는 점도 이러한 사실을 뒷받침하는 것이다.

따라서 이러한 것들을 감안하면, '변성남자설'은 기존 사회와의 충돌을 피하기 위한 일종의 방편이었다고 할 수 있다. 이것에 대해 나카무라 하지메는 다음과 같이 말하고 있다.

부인을 멸시하는 관념에 바로 정면으로 반대하고 있는 것도 있으나, 어

---

53) "一切衆生悉有佛性 一闡提人謗方等經作五逆罪犯四重禁 必當得成菩提之道 須陀洹人斯陀含人阿那含人阿羅漢人辟支佛等 必當得成阿耨多羅三藐三菩提"(《대정장》 제12권, pp.574하-575상).
54) 《대정장》 제9권, p50하.

떤 경우에는 일단 그것과 타협하여 실질적으로 부인에게도 남자와 같이 구제가 주어진다고 하는 것을 밝히고 있다. 그 때문에 성립한 것이 '남자로 태어난다(轉成男子).'고 하는 사상이다 [55]

이 견해에서 보면, '변성남자'라는 표현의 배경에는 일단 여성차별적인 인도적 통념이 있었기 때문이라고 생각할 수 있다. 즉 기존의 여성관을 고려한다면, 변성남자를 통한 여성성불론이 보다 합리적인 선택이었다는 것이다.

이것과 관련하여 한 가지 더 부언하면, 윤회사상이 일반화된 당시의 사상계를 볼 때 '여신성불설'보다는 '변성남자설'이 보다 설득력이 있었을 것이라는 점이다. 이와모토 유타카도 고대 인도의 윤회전생설에 따라 변성남자를 설하는 것이 보다 합리적이었음을 지적하고 있다. 그 예로서 당시 유력한 사상 조류의 하나였던 자이나교를 들고 있다. 예컨대 자이나교의 공의파(空衣派, Digambara)는 지금까지도 이 입장을 고수하며, 여자는 남자로 태어나지 않는 한 해탈할 수 없다는 믿음을 가지고 있다고 한다.[56] 그런데 이 주장을 분석해 보면, 이것 역시 인도라는 당시의 현실을 전제로 한 것임을 알 수 있다. 따라서 이와모토 유타카의 이 주장은 지금까지 설명한 첫 번째 관점과 큰 차이는 없어 보인다.

두 번째 관점은 전통적인 여성차별 관념이 남녀의 성차에 기인하기 때문에 변성남자를 통해서 여신이 결코 고정적인 것이 아님을 눈으로 확인시켜 준다는 관점이다. 이것은 이미 《유마경》에서 사리불이 천녀의 모습으로, 천녀가 사리불의 모습으로 변신한다는 기술에도 나타나

---

55) 中村元, 《원시불교 그 사상과 생활》, p.236.
56) 岩本裕, 《불교와 여성》, p.47.

고 있다. 다시 말하면 '여인오장설'에 집착하여 여인의 성불을 불신하는 사리불에게 그것을 직접 눈으로 확인시켜 줌으로써 그 의구심을 해소하고 있는 것이다. 이것이 바로 '변성남자설'의 또 다른 의미로서, 이미 언급한 바 있는 《법화경》 권4 〈제바달다품〉의 다음 인용문은 이것에 대한 적절한 예가 된다.

당시의 대중 모두 용녀가 눈 깜짝할 사이에 변성남자하여 보살행을 갖추고 곧 남방무구세계로 가서 보배로운 연화에 앉아 등정각을 이루고, 32상 80종호와 두루 시방의 일체중생을 위해서 묘법을 연설하는 것을 본다.[57]

그리고 이 〈제바달다품〉을 면밀히 검토해 보면 용녀는 변성남자하기 전에 이미 불퇴전의 지위에 이르고 있음을 알 수 있다.

지혜가 매우 뛰어나 중생의 제근(諸根 : 신 · 구 · 의)의 행업을 잘 알고, 다라니를 얻어 모든 부처님들이 설한 바의 매우 깊은 비장(秘藏)을 다 능히 수지하고, 깊이 선정에 들어 모든 법을 요달하고, 찰나 동안에 보리심을 발하여 불퇴전을 얻는다.[58]

이 인용문은 용녀에 대한 문수사리보살의 증언이다. 그런데 이 내용들을 검토해 보면, 이미 용녀는 여래의 가르침을 터득하여 불퇴전의 지위에 이르고 있다. 그리고 여기서의 '불퇴전의 보살'이란 앞서 언급

57) "當時衆會皆見龍女 忽然之間變成男子 具菩薩行 卽往南方無垢世界 坐寶蓮華成等正覺 三十二相八十種好 普爲十方一切衆生演說妙法"(《대정장》 제9권, p.35하).
58) "智慧利根善知衆生諸根行業 得陀羅尼 諸佛所說甚深秘藏悉能受持 深入禪定了達諸法 於刹那頃發菩提心 得不退轉"(《대정장》 제9권, p.35중).

했듯이, 불신과 동격이다. 뿐만 아니라 용녀 자신도 부처님을 증인으로서 스스로의 성불을 확신하고 있다.[59] 이것은 곧 용녀의 성불에 있어 변성남자가 필요치 않음을 말하는 것이다. 즉 변성남자는 결코 용녀의 성불을 위한 절대적인 조건이 아니었던 것이다. 하지만 사리불은 용녀의 깨달음을 믿으려 하지 않았고, 그 이유는 오직 용녀가 여성이었기 때문이다. 이것이 이른바 여인오장설이다. 따라서 이제 사리불과 같은 위치에서 그가 말하는 성불의 모습을 구현함으로써 그것을 논파할 수밖에 없었던 것이다. 용녀의 성불을 '32상 80종호', 즉 음마장상을 갖춘 남성의 모습으로 표현하고 있는 것도 바로 이러한 입장을 반영한 것이다. 다시 말하면, 사리불이 집착하고 있던 전통적인 여성관을 토대로 여성의 성불을 보여줄 수밖에 없었던 것이다. 이것이 바로 변성남자라는 표현이 나온 또 하나의 이유가 아닐까 생각한다.

이상과 같이 변성남자는 사리불로 상징되던 부파불교시대의 여성관을 논파하기 위해 도입된 테마였다고 할 수 있다. 그리고 문수사리보살이 밝히고 있듯이, 《법화경》의 진의는 여신 그대로 불퇴전의 지위에 이르고, 여신 그대로 붓다가 될 수 있음(여신성불)을 나타내는 데 있었다. 그렇다면 '변성남자설'은 인도라는 제약 속에서 여성성불을 밝히기 위한 하나의 타협적인 표현법이라고 볼 수 있는 것이다. 즉 여신성불이 용인되던 사회였다면 변성남자라는 표현은 굳이 나올 필요가 없었다는 것이다. 이러한 사정을 감안하면, '변성남자설'은 여성성을 부정하고 남성성에로 일원화하는 것이라는 히시키 마사하루의 주장에는 동의하기가 어렵다.

그러나 같은 '변성남자설'이라 해도 다른 측면이 있다는데 주의하

---

59) 又聞成菩提 唯佛當證知 我闡大乘敎 度脫苦衆生"(《대정장》제9권, p.35하).

지 않으면 안 된다. 예컨대 《화엄경》(60화엄)의 경우는 《법화경》과 조금 다른 일면이 있다. 먼저 《화엄경》(60화엄) 권32 〈불소상광명공덕품(佛小相光明功德品)〉에 있어서의 '변성남자설'은 다음과 같이 전개되고 있다.

　　육욕천(六欲天)[60] 속의 일체의 천녀는 모두 여신을 버리고 다 남자가 되어 불퇴전의 보리심을 얻는다.[61]

　이것 역시 변성남자하여 불퇴전에 이른다는 구조는 같다. 하지만 남자가 되는데 있어, "여신을 버린다(捨女身)."는 표현에 주목할 필요가 있다. 이미 언급했듯이, 《법화경》의 변성남자는 사리불을 설득하기 위한 하나의 방편으로서, 여기에는 어떤 필연성도 없었다. 그런데 《화엄경》(60화엄)의 경우는 말 그대로 여신을 부정하는 변성남자로서, 여기에는 필연성이 내포되어 있는 것이다. 다시 말하면 여신을 버린다는 조건 하에서 불퇴전의 지위가 보장되는 것이다.

　이와 같은 '변성남자설'은 수(隋)나라 때 사나굴다(闍那崛多)가 번역한 《무소유보살경(無所有菩薩經)》 권4에서도 발견된다. 여기에서는 모습이 보이지 않는 '무소유'라는 보살을 주인공으로 이야기를 전개하고 있는데, '변성남자설'과 관련된 곳을 정리하면 다음과 같다.

　어느 때 무소유보살을 보고 싶어 하는 여인들의 간청과 부처님의 요

---

60) 욕망에 속박되어 있는 6종류의 천(天)으로서, 육도에서 보면 천에 속하나 아직까지 욕심을 떠나지 못한 세계이므로 삼계에서 보면 욕계에 속한다. 아래로부터 ①사대왕중천(四大王衆天), ②도리천(忉利天:三十三天), ③야마천(夜摩天), ④도솔천(兜率天), ⑤낙변화천(樂變化天), ⑥타화자재천(他化自在天) 순이다.

61) "六欲天中一切天女 皆捨女身悉爲男子 得不退轉菩提之心"《대정장》제9권, p.606상).

청으로 무소유보살이 모습을 나타내게 되었다. 그러나 7일이 지나자 다시 모습은 사라지고 다만 공중에서 소리만 들릴 뿐이었다.

> 그대들은 여인의 신상(身想)을 버리고, 마땅히 장부의 몸을 구해야 한다. …… 그대들은 아뇩다라삼먁삼보리 심을 발하여 장부의 몸을 받아야 한다.[62]

여기서도 《화엄경》(60화엄)과 마찬가지로 "여신을 버린다(捨女身)."는 표현이 사용되고 있다. 이외 일련의 반야계 문헌 속에서도 이와 같은 논조가 발견된다. 예컨대 《대반야바라밀다경(大般若波羅蜜多經)》 권550의 〈긍가천품(殑伽天品)〉, 《도행반야경(道行般若經)》 권6의 〈달갈우바이품(怛竭優婆夷品)〉, 《대명도경(大明度經)》 권4의 〈항갈청신녀품(恒竭淸信女品)〉, 《마하반야초경(摩訶般若鈔經)》 권4의 〈항가조우바이품(恒架調優婆夷品)〉, 《소품반야경(小品般若經)》 권7의 〈항가제바품(恒伽提婆品)〉 등에 동일하게 전하는 천녀의 변성남자 이야기가 그것이다.[63] 이것은 앞서 언급한 고대 인도의 윤회사상에 기초한 것으로 보인다. 내용은 대동소이하므로 《대반야바라밀다경》 권550의 〈긍가천품〉에 나타난 기술을 중심으로 이야기의 대강을 정리해 보고자 한다.

어느 때 세존이 사리불에게, 보살이란 모든 유정을 요익(饒益)하기

---

62) "汝等可捨女人身想 應當願求丈夫之身 …… 汝等可發阿耨多羅三藐三菩提心受丈夫身"(《대정장》 제14권, pp.691하–692상).

63) 《대반야바라밀다경》을 제외하고, 해당부분을 순서대로 열거하면 다음과 같다. "是優婆夷後當棄女人身 更受男子形"(《대정장》 제8권, p.458상), "是淸信女後於此時棄女爲男"(《대정장》 제8권, p.497상), "是優婆夷者 後當棄女人形體 更受男子身"(《대정장》 제8권, p.531상), "今轉女身得爲男子"(《대정장》 제8권, p.568중).

위해서 무상정등보리(無上正等菩提)를 증득하고, 항상 두려움 없이 용맹정진하지 않으면 안 된다고 설한다. 이때 그 자리에 있던 천녀 궁가천(殑伽天) 역시 "세존이시여, 이곳에 있는 나 또한 두려움이 없습니다. 모든 법에 있어서 또한 의혹이 없습니다. 나 또한 미래세에 유정을 위해서 두려움 없고, 의혹 없는 법을 설하겠습니다."[64]고 결의를 밝힌다. 그리고 이것에 대해 세존은 다음과 같이 말한다.

지금 이 천녀는 미래세에 마땅히 여래가 되어 정등각을 이룰 것이다. 겁(劫)의 이름은 성유(星喩)이며, 부처의 이름은 금화(金花)이다. 경희(慶喜)하며 마땅히 알라. 지금 이 천녀는 최후로 받은 바의 여신이다. 이 [여]신을 버리고 곧 남신을 받는다. 미래를 다할 때까지 다시는 여인이 되지 않는다.[65]

경전에는 이 다음에 천녀가 무수한 부처님의 세계를 윤회하며 수행하여 마침내 붓다가 되었다고 기술하고 있다. 이상과 같이 이 경전들 역시 여신을 버린다(捨, 棄)[66]는 전제 하에서 변성남자가 설해지고 있는 것이다.

이처럼 '변성남자설'은 불전에 따라 조금씩 그 의미가 다른 경우가

64) "世尊 我於是處亦無怖畏 於諸法中亦無疑惑 我未來世亦爲有情說無怖畏無疑惑法"(《대정장》 제7권, p.833중).
65) "今此天女於未來世 當成如來應正等覺 劫名星喩 佛號金花 慶喜當知 今此天女卽是最後所受女身 捨此身已便受男身 盡未來際不復爲女"(《대정장》 제7권, p.833하).
66) 비록 《소품반야경》에는 '전녀신(轉女身)'이라는 표현이 사용되고 있지만, 뒤에 "남자가 되어 아촉불토(阿閦佛土)에 태어난다(今轉女身得爲男子生阿閦佛土)."(《대정장》 제8권, p.568중)는 말이 이어지고 있기 때문에, 내용상 동일하다고 볼 수 있다.

보인다. 이 이유 역시 당시의 현실과 무관하지 않다고 보는데, 비록 대승불교운동이 일어났다고는 하지만 인도전통의 여성차별적인 관념이 무력화된 것은 아니었다. 오히려 대승불전도 당시의 사회적 통념을 그대로 반영하고 있는 경우가 적지 않다. 《전녀신경(轉女身經)》의 다음 인용문은 인도 전통의 여성멸시적인 관념을 수용한 대표적 사례이다.

> 또한 이 [여자의] 몸속에는 100호(戶)의 벌레가 있다. 항상 고뇌와 근심걱정의 인연이 된다. …… 이 [여자의] 신체는 곧 부정한 그릇이다. 악취와 더러움으로 충만해 있다.[67]

이것은 대승불교 역시 시대적·사회적 제약에서 완전히 자유로울 수 없었음을 보여준다. 그러나 분명한 것은 대승불교도들이 이러한 사회적 통념과 그것을 묵인하고 있던 기존불교에 대해 적극적으로 대응하려고 했다는 점이다. 그리고 '변성남자설'은 바로 이러한 노력의 하나가 아닐까 생각한다.

라. 여신성불설

이상과 같이 변성남자(전녀성남, 전녀신)설을 통해서 남녀평등을 주장하는 형태는 《소품반야경》이나 《법화경》 등의 초기의 대승불전을 비롯하여 《대보적경》, 《대방등대집경(大方等大集經)》 등의 후기의 대승불전에까지 이어지고 있다. 이것은 곧 '여인불성불(女人不成佛, 女人不作佛)'이라는 사고의 극복이 대승불교도들의 주된 과제였음을 말

---

67) "又此身中有一百戶虫 恒爲苦患愁惱因緣 …… 此身便爲不淨之器 臭穢充滿"(《대정장》 제14권, p.919상-중).

해주는 것이다. 그리고 이제 변성남자가 아닌 여신 그대로 성불한다는 '여신성불설'도 등장하고 있다.

'변성남자설'과 '여신성불설'의 선후관계에 대해서는 크게 밝혀진 바가 없다. 다만 '변성남자설'과 관련하여 지금까지 인용된 한역경전에는 축법호(竺法護)에 의한 것이 많은데, 이것은 그가 활약한 3세기 후반 이전에 이미 인도불교계에 '변성남자설'이 유행하고 있었음을 말해준다. 그런데 주목되는 점은 여신성불을 설하는 대표적 경전인 《불설해룡왕경》역시 축법호가 번역하고 있다는 것이다. 따라서 이런 점을 고려하면, 반드시 어느 한쪽에서 다른 쪽으로 전개되었다고 보기는 어렵다. 그래서 일단 양자가 동시에 성립하고 있었다는 전제 하에 이 논의를 시작하고자 한다.

여신성불을 설하는 대표적인 불전으로는 위에 언급한 《불설해룡왕경》을 비롯하여 《승만경》, 《대보적경》, 《대지도론》 등을 들 수 있다. 하지만 이미 언급했듯이, 《법화경》의 경우도 그 내용상 여신성불을 설하는 것으로 분류해야 할 것이다.

먼저 《불설해룡왕경》에서는 해룡왕의 딸 보금(寶錦)과 대가섭의 문답 속에 여신성불에 대한 이야기가 나오고 있다. 이것은 권4의 〈여보금수결품(女寶錦受決品)〉에서 다음과 같이 보금이 많은 부인들과 함께 부처님에게 발원하는 장면으로부터 시작된다.

오늘 우리 일족은 한결같은 마음으로 다 무상정진도의(無上正眞道意)를 발하였습니다. 우리는 내세에 여래가 되어 진실한 등정각에 이르고자 합니다.[68]

---

68) "今日吾等一類平心皆發無上正眞道意 吾等來世得爲如來至眞等正覺"(《대정장》 제15권, p.149중).

그러자 대가섭이 그녀들을 향해서 다음과 같이 말한다.

무상정각은 매우 얻기가 어렵다. 여신으로서 불도를 이룰 수는 없다.[69]

여기서의 대가섭도 《유마경》이나 《법화경》에서의 사리불과 마찬가지로 부파불교시대의 여인오장설을 대표하는 인물로 설정되고 있다. 그리고 보금은 이것에 대해 다음과 같은 반론을 제기한다.

심지(心志)가 본래 청정하며 보살[도]를 행하는 자가 부처되는 것은 어렵지 않다. 그가 도심(道心, 보리심)을 발하여 성불하는 것은 마치 손바닥을 보는 것과 같다. …… 또한 〔그대가〕 말한 바와 같이 여신으로써 불도를 이룰 수 없다면, 남자의 몸으로도 또한 이룰 수 없다. 왜냐하면 그 도심에는 남자도 없고 여자도 없기 때문이다.[70]

이처럼 보금과 문답을 거듭한 끝에 마침내 대가섭도 다음과 같이 그녀의 말을 인정하기에 이른다.

그녀와 같은 변재라면 머지않아 마땅히 무상정진도최정각(無上正眞道最正覺)을 이룰 것이다.[71]

나아가 부처님도 이 보금의 성불을 예언하고 있다.

---

69) "無上正覺甚難可獲 不可以女身得成佛道"(《대정장》 제15권, p.149중-하).
70) "心志本淨行菩薩者得佛不難 彼發道心成佛如觀手掌 …… 又如所云 不可以女身得成佛道 男子之身得成佛道 所以者何 其道心者無男無女"(《대정장》 제15권, p.149하).
71) "如女之辯才不久當成無上正眞道最正覺"(《대정장》 제15권, p.150중).

이 보금이라는 여인은 3백이라는 헤아릴 수 없는 겁(劫) 뒤에 마땅히 부처가 될 것이다.[72]

여기서 주목할 것은 변성남자 등 기존의 여성에 대한 고정관념과 타협하지 않고 정면에서 돌파하고 있다는 점이다. 이러한 이야기 구조는 섭승원이 번역한 《불설초일명삼매경》에서도 발견되는데, 여기서는 혜시(慧施)라는 장자의 딸이 다음과 같이 부처님에게 발원하는 것으로부터 시작된다.

나는 지금 여신이지만, 무상정진도의(無上正眞道意)를 발하여 여상(女像)을 바꾸고 속히 정각을 이루어 시방을 도탈(度脫)하고자 합니다.[73]

그러자 이번에는 상도(上度)라는 비구가 다음과 같이 말한다.

여신으로는 불도를 이룰 수가 없다. 왜냐하면 여자에게는 삼사격(三事隔 : 삼종)과 오사애(五事礙 : 오장)가 있기 때문이다.[74]

이렇게 시작된 혜시와 상도 비구의 논쟁은 결국 상도 비구가 "원래 남녀의 차별은 없다."[75]는 혜시의 말을 인정함으로써 끝을 맺는다. 이야기 구조상으로 보면 《불설해룡왕경》과 《불설초일명삼매경》은 거의 동일하다. 다만 차이라면 《불설해룡왕경》은 여신성불을 주장하는데 반

---

72) "此寶錦女三百不可計劫後 當得作佛"(《대정장》 제15권, p.150중).
73) "我今女身 願發無上正眞道意 欲轉女像疾成正覺度十方(《대정장》 제15권, p.541중).
74) "不可女身得成佛道也 所以者何 女有三事隔五事礙"(《대정장》 제15권, p.541중).
75) 《대정장》 제15권, p.541하-542상.

해, 《불설초일명삼매경》은 변성남자를 설하고 있다는 점이다. 특히 《불설초일명삼매경》은 《법화경》 이외 '여인오장설'과 관련하여 변성 남자를 설하는 유일한 경전으로 알려지고 있다. 물론 이것도 상도라 는 비구가 '여인오장설'에 집착하고 있기 때문에 여성의 성불을 직접 눈으로 확인시켜 주기 위해 변성남자하는 형태를 취하고 있다.

여신성불과 관련하여 다음으로 살펴봐야 하는 것은 《승만경》이다. 구나발타라(求那跋陀羅, Guṇabhadra)에 의해 436년에 한역된 《승만 경》은 승만(勝鬘, Śrīmālā)이라는 재가여성이 고타마 붓다를 대신해 법 을 설하고, 그것을 고타마 붓다가 승인한다는 형식을 취하고 있다.

이 경전의 주인공인 승만부인은 코살라국의 파사익왕과 말리 왕비 의 딸로, 고타마 붓다로부터 2만 아승기겁 뒤에 성불한다는 수기를 받 는다.[76] 이에 승만부인이 10대 서원을 세워 정법을 섭수하고, 대승불 교의 진리를 설법한다는 것이 이 경전의 주된 내용이다. 물론 이것도 "여신을 바꾼다(轉女身)."는 표현이 없기 때문에 여신성불을 설하는 경전으로 분류할 수 있다. 이러한 경향은 《아촉불국경》에서도 발견되 는데, 그 상권 〈아촉불찰선쾌품(阿閦佛刹善快品)〉에 의하면, 아촉불 (Akṣobha)의 국토에는 여신 그대로 태어날 뿐만 아니라 이곳의 여성 은 매우 뛰어나다고까지 한다.[77] 이처럼 '여신성불설'은 비록 그 예는

76) "爾時勝鬘及諸眷屬 頭面禮佛 佛於衆中卽爲受記 汝歎如來眞實功德 以此善根當 於無量阿僧祇劫 天人之中爲自在王一切生處常得見 我現前讚歎如今無異 當復供 養無量阿僧祇佛過二萬阿僧祇劫 當得作佛號 普光如來應正遍知 彼佛國土 無諸惡 趣老病衰惱不適意苦亦無不善惡業道名 彼國衆生色力壽命五欲衆具皆悉快樂勝於 他化自在諸天 彼諸衆生純一大乘諸有修習善根衆生皆集於彼 勝鬘夫人得受記時 無量衆生諸天及人願生彼國 世尊悉記皆當往生"(《대정장》 제12권, p.217중).

77) "佛語舍利弗 阿閦如來佛刹女人 意欲得珠璣環玔者 便於樹上取著之 欲得衣被者 亦從樹上取衣之 舍利弗 其佛刹女人無有女人之態 如我刹中女人之態也 舍利弗 我刹女人態云何 我刹女人 惡色醜惡舌 嫉妬於法 意著邪事 我刹女人有是態 彼 佛刹女人無有是態 所以者何 用阿閦如來昔時願所致 佛復語舍利弗 阿閦佛刹女

많지 않지만, '변성남자설'과 더불어 대승불교의 여성관을 보여주는 대표적인 사례 가운데 하나이다.

하지만 《승만경》은 앞서 기술한 《불설해룡왕경》과 비교하면 너무 단순하고 평이하다는 지적도 있다.[78] 즉 여신성불을 설하고는 있지만, 기존의 여성차별적인 관념을 적극적으로 논파하려는 의지가 보이지 않는다는 것이다. 특히 변성남자를 설하는 경전에서 발견되는 '일체제법에 남녀의 차별은 없다.'는 언급조차 보이지 않는다.

다음으로 살펴볼 것은 용수의 찬술로 알려진 《대지도론》이다. 특히 이것은 '여인오장설'과 '변성남자설'의 관계에 대해 논하고 있다는 점에서 주목된다.

> 또한 다음과 같이 경 속에 설한다. '여인에게는 오애가 있어, 석제환인·범[천]왕·마왕·전륜성왕·부처가 될 수 없다.'[이러한 오애로 부처가 될 수 없음을 듣고] 여인의 마음이 물러나서 발심하지 않는다. 또한 어떤 설법자도 여인을 위해 불도를 설하지 않는다. 이 때문에 부처님은 여기서 설한다. '선남자 선여인이여, 여인도 부처가 될 수 있다. [단] 여신을 바꾸지 않으면 안 된다.'[79]

이것에 의하면, '여인오장설'로 인해 불도를 구하는 여성이 없고, 또한 여성에 대한 불도도 설해지지 않기 때문에, 그 대책으로서 '변성남

人 妊身産時身不疲極 意不念疲極 但念安隱亦無有苦 其女人一切亦無有諸苦 亦無有臭處惡露"(《대정장》 제11권, p.756중).

78) 岩本裕, 《불교와 여성》, p.77.

79) "復次經中說 女人有五礙 不得作釋提桓因梵王魔王轉輪聖王佛 聞是五礙不得作佛 女人心退不能發意 或有說法者 不爲女人說佛道 是故佛此間說善男子善女人 女人可得作佛 非不轉女身也"(《대정장》 제25권, p.459상).

자설'이 설해진 것이다. 다시 말해 용수는 '여인오장설'로부터 여성을 해방하기 위해 '변성남자설'이 설해졌다고 분석하고 있는 것이다. 이 것은 앞서 언급한 《법화경》이나 《불설초일명삼매경》에서 변성남자가 설해진 이유로서, 이미 여신성불을 전제하고 있다고 볼 수 있다.

지금까지 대승불교에 있어서의 여성구제론에 대해서 살펴보았다. 비록 표현상의 문제점이 없는 것은 아니지만, 적어도 대승불교가 기존의 여성관과는 다른 관점에서 여성문제에 접근하고 있음을 확인할 수 있다. 그리고 이것이 이른바 대승불전 속에서 '변성남자설' 내지 '여신성불설'로서 나타난 것으로 생각된다.

4. 정토교의 여성구제론

다음으로 살펴볼 것은 대승불교에 있어 또 하나의 흐름을 형성한 정토교의 여성구제론이다. 이러한 주제의 설정은 정토교의 여성구제론을 대표하는 《무량수경》 등의 '여인왕생사상(女人往生思想)'에 성차별적인 요소가 있다는 비판 때문이다.[80]

앞에서 살펴 보았듯이, 고타마 붓다 및 초기불교에 있어서는 여성도 그 깨달음의 가능성을 인정받고 있었다. 하지만 고타마 붓다 멸후 '삼종', '여인오장' 등 인도전통의 여성차별적인 관념이 유입되면서 여성의 깨달음은 점점 부정되기에 이른다. 그리고 이러한 모순성을 지적하면서 여성의 성불가능성을 다시 제기한 것이 이른바 대승불교였다. 물론 여기에도 '변성남자설'과 같은 현실타협적인 측면이 없는 것

---

80) 菱木政晴, 앞의 논문, pp.131-137.

은 아니다. 하지만 이것은 구제방법 상의 문제로 '일체중생 실유불성(一切衆生 悉有佛性)' 및 '공(空)'의 논리에 따라 일체중생을 구제한다는 대승불교의 본질에 있어서는 조금도 변함이 없는 것이었다. 그리고 이것은 정토교의 중생구제에 있어서도 예외는 아니었다. 다만 정토교는 이러한 대승불교의 귀결을 아미타불의 본원력과 그 정토에 대한 왕생을 통해서 이끌어내고 있을 뿐이다. 다시 말하면 정토교는 남녀노소 누구나 염불을 통해 정토에 왕생함으로써 구제될 수 있음을 밝히고 있는 것이다.

그런데 이러한 정토교의 중생구제론에 성차별적인 요소가 있다는 비판이 제기되고 있다. 그리고 그 대표적인 것으로 지적되고 있는 것이 '여인왕생사상'이다. 하지만 이것 역시 '변성남자설'과 마찬가지로 당시의 현실성과 관련이 있을 것으로 생각한다. 이제 이것을 '여인왕생사상'이 설해지고 있는 경론을 중심으로 살펴보기로 한다.

가. 여인왕생사상의 성차별 논쟁

'여인왕생사상'과 관련하여 먼저 주목할 것은 《무량수경》이다. 《무량수경》은 정토삼부경[81]의 하나로, 아미타불과 그 정토(극락)의 양상

---

81) 정토삼부경(淨土三部經)이란 《무량수경(無量壽經)》 2권(강승개(康僧鎧) 역), 《관무량수경(觀無量壽經)》 1권(강량야사(畺良耶舍) 역), 《아미타경(阿彌陀經)》 1권(구마라집(鳩摩羅什) 역)을 말하는데, 시기적으로는 《무량수경》과 《아미타경》의 초기형태가 대략 기원후 1~2세기경에 서북인도에서 성립하고, 《관무량수경》은 이보다 늦은 4, 5세기경에 편찬되었다고 한다. 또한 이 시기(기원후 100년경)는 정치적으로는 쿠샤나 왕조 시대에 해당되는데, 《무량수경》과 《아미타경》에 나타난 정토의 양상도 이 시기의 사회적 특징과 상당한 관련성이 있을 것으로 보인다. 예컨대 당시 쿠샤나 왕조에는 로마 내지 헬레니즘 세계와의 무역을 통해 서방으로부터 많은 금이 유입되고 상업자본이 발전하고 있었는데, 정토경전에서 극락정토의 모습을 황금이나 보석 등으로 화려하게 묘사하고, 호상이나 자산가를 유력한 사회적 신분으로 등장시키고 있는 것은 바로 이러한 사회적 현상을 반영한 것이 아닐까 생각된다.

및 정토왕생의 행법에 대해 설하고 있는 대표적인 경전이다. 특히 《무량수경》은 아미타불의 전신인 법장(法藏)보살의 중생구제를 위한 48원을 중심으로 전개되고 있는데, '여인왕생사상'은 이 가운데 '여인성불의 원'으로 알려진 제35원에 나타나고 있다.

만약 내가 부처될 때, 시방의 무량하고 불가사의한 제불(諸佛)세계에 있는 여인이 나의 이름을 듣고 환희신요(歡喜信樂)하며 보리심을 일으켜 여신을 염오(厭惡)하였는데도, 목숨이 다한 후 다시 여상(女像)이 된다면 정각을 취하지 않겠다.[82]

그리고 《무량수경》의 이역(異譯)[83] 가운데 법장보살의 서원을 24원으로 설정하고 있는 《대아미타경》에는 제2원에 이와 같은 내용이 나타나고 있다.

내가 부처가 될 때, 나의 국토 안에는 부인이나 여인이 있지 않도록 하겠다. 나의 국토 안에 내생하려는 자는 곧 남자가 된다. 헤아릴 수 없는 천(天)이나 인민, 기고 날고 꿈틀거리는 동물류 모두 나의 국토에 내생한

---

82) "設我得佛 十方無量不可思議諸佛世界 其有女人聞我名字 歡喜信樂發菩提心厭惡女身 壽終之後復爲女像者 不取正覺"(《대정장》 제12권, p.268하).

83) 《무량수경》의 이역으로는 5존(存) 7결(缺)이 있는데, 위에 인용된 강승개 역(252년)을 비롯하여, 지겸 역(223~226년)의 《대아미타경》(《대정장》 제12권, pp.300상-317하, 정식명칭은 《불설아미타삼야삼불살루불단고-도인도경(佛說阿彌陀三耶三佛薩樓佛檀過度人道經)》), 지루가참 역(147~186년)의 《무량청정평등각경(無量淸淨平等覺經)》(《대정장》 제12권, pp.279중-299하), 보리류지(菩提流支) 역(693~713)의 《무량수여래회(無量壽如來會)》(《대보적경》 권17 · 18, 《대정장》 제11권, pp.91하-101하), 법현(法賢) 역(980년경)의 《대승무량수장엄경(大乘無量壽莊嚴經)》(《대정장》 제12권, pp.318상-326하)이 있다. 일반적으로 《무량수경》이라고 하면 강승개 역을 가리킨다.

다면 다 칠보로 된 연못의 연화 속에서 화생(化生)하고, 성장하여 모두 보살이 된다. 아라한도 도무지 헤아릴 수 없다. 이 원을 이루어 곧 부처가 되겠다. 이 원이 이루어지지 않으면 끝내 부처가 되지 않겠다.[84]

이 내용들을 보면, 앞서 대승불교의 대표적인 여성구제론으로 언급한 '변성남자설'과 동일한 구조임을 알 수 있다. 또한 그렇기 때문에 여기에는 '변성남자설'에서와 같은 비판이 제기되고 있다. 특히 히시키 마사하루(菱木政晴)는 이 제35원을 현실에 대한 비판 없이 기존의 여성차별적인 관념에 따른 차별, 지배, 억압의 긍정에 지나지 않는다고 말한다. 뿐만 아니라 여성으로 하여금 스스로를 부정하게 함으로써 여성의 주체성을 박탈하는 논리가 여기에 있다고 주장한다.[85] 그러나 이 제35원 역시 당시의 현실과 관련해서 이해되어야 할 점이 있다. 다시 말하면 '삼종'과 '여인오장'이라는 관념이 지배하는 현실 속에서 여성구제를 위한 최선의 방법이 무엇인지를 고려해야 한다는 것이다. 이렇게 보면, 제35원은 오히려 당시의 현실을 비판적으로 인식한 결과로서 설정되었다고 볼 수 있다. 이제 이것을 구체적인 예를 통해 살펴보도록 하자.

먼저 《무량수경》의 현실 비판적인 측면과 관련하여 주목할 것은 법장보살의 48원 가운데 처음의 4원이다. 이것을 차례로 나열하면 다음과 같다.

---

84) "使某作佛時 令我國中 無有婦人女人 欲來生我國中者 即作男子 諸無央數天人民 蜎飛蠕動之類 來生我國者 皆於七寶水池蓮華中化生 長大皆作菩薩 阿羅漢都無央數 得是願乃作佛 不得是願終不作佛"(《대정장》 제12권, p.301상-중).
85) 菱木政晴, 앞의 논문, pp.134-137.

만약 내가 부처될 때, 〔나의〕 국토에 지옥, 아귀, 축생이 있다면 정각을 취하지 않겠다. (제1원)

만약 내가 부처될 때, 〔나의〕 국토 속의 인천(人天)의 수명이 다한 뒤 또다시 삼악도〔지옥 · 아귀 · 축생〕에 떨어진다면 정각을 취하지 않겠다. (제2원)

만약 내가 부처될 때, 〔나의〕 국토 속의 인천이 모두 진정한 금색(眞金色)이 아니라면 정각을 취하지 않겠다. (제3원)

만약 내가 부처될 때, 〔나의〕 국토 속의 인천의 형색이 같지 않고, 호추(好醜)가 있다면 정각을 취하지 않겠다. (제4원)[86]

이것들을 분석해 보면, 이미 현실에 대한 비판적 인식이 전제되고 있음을 알 수 있다. 예컨대 제1원과 제2원은 현실세계가 지옥, 아귀, 축생의 삼악도에 비견될 정도로 비참함을 나타내고 있으며, 제3원과 제4원은 이러한 현실세계의 양상을 구체적으로 표현하고 있는 것이다. 특히 제4원은 인도사회의 남녀차별 및 카스트에 의한 차별을 전제한 것으로 볼 수 있다.

이러한 관점은 《무량수경》과 동시대에 제작된 《아미타경》[87]에서도 발견되는데, 여기에는 '오탁악세(五濁惡世)'라는 말로서 표현되고 있다.

---

86) "設我得佛 國有地獄餓鬼畜生者 不取正覺 設我得佛 國中人天 壽終之後 復更三惡道者 不取正覺 設我得佛 國中人天 不悉眞金色者 不取正覺 設我得佛 國中人天 形色不同有好醜者 不取正覺"(《대정장》 제12권, p.267하).
87) 《아미타경》은 아미타불과 그 정토의 모습을 간결하게 묘사하고, 염불에 의한 극락왕생이 육방(六方)의 제불(諸佛)에 의해 증명되고 있음을 밝히고 있다. 여기에는 《무량수경》과 중복되는 내용도 적지 않지만, 법장보살의 수행과 본원에 대한 《무량수경》과 같은 언급은 보이지 않는다. 또한 《무량수경》은 그 불명(佛名)을 Amitābha(무한한 광명을 지닌 자)로 하는데 반해, 《아미타경》은 Amitā-yus(무한한 수명을 지닌 자)로 하고 있다.

석가모니불은 매우 어렵고도 희유한 일을 능히 하셨다. 이 사바국토의 오탁악세, 즉 겁탁(劫濁), 견탁(見濁), 번뇌탁(煩惱濁), 중생탁(衆生濁), 명탁(命濁) 속에서도 능히 아뇩다라삼먁삼보리를 얻고, 모든 중생을 위하여 일체세간이 믿기 어려운 법을 설하셨다.[88]

여기서 '겁탁'이란 나머지 4탁(濁)이 도래하는 시대적인 더러움으로서, 기아 · 질병 · 전쟁 등이 일어나는 것을 말한다. 그리고 '견탁'과 '번뇌탁'은 사람들이 그릇된 사상이나 견해에 집착하거나 탐(貪) · 진(瞋) · 치(癡) 등의 번뇌가 만연하게 되는 것, '중생탁'과 '명탁'은 견탁과 번뇌탁의 결과로서 심신의 질이 낮아지고, 수명이 점점 줄어드는 것을 말한다. 이렇게 보면, '오탁' 역시 죄악과 부조리로 충만한 현실세계의 실태를 냉철하게 분석하고 있는 것이라고 할 수 있다. 나아가 《무량수경》에서는 이러한 오탁이 악세가 된다는 의미로서 살생, 도둑질, 음행, 망어, 음주 등의 '오악(五惡)'에 대해서 말하고 있다.

그 첫 번째 악이란 …… 강자가 약자를 굴복시키고, 서로서로 적대하면서 해치고 살육하며 서로 먹고 먹힌다. …… 그 두 번째 악이란 …… 오로지 악을 행하려고만 하며 헛되이 비법(非法)을 짓는다. 항상 도심(盜心)을 품고 남의 이익을 시샘하며 부러워한다. …… 그 세 번째 악이란 …… 오로지 음탕하게 노는 것만을 생각하며 그 고뇌로 가슴 속이 꽉 차 있고, 애욕으로 번민하며 안절부절 하지 못한다. …… 그 네 번째 악이란 …… 서로서로 가르쳐 온갖 악을 함께 하도록 하며, 양설(兩舌 : 이간질), 악구

---

88) "釋迦牟尼佛能爲甚難希有之事 能於娑婆國土五濁惡世 劫濁 見濁 煩惱濁 衆生濁 命濁中 得阿耨多羅三藐三菩提 爲諸衆生 說是一切世間難信之法"(《대정장》제12권, p.348상).

(惡口 : 욕설), 망언(妄言 : 거짓말), 기어(綺語 : 궤변)로서 중상 모략하여 원수가 되어 싸우게 한다. 선인을 미워하고 시샘하며, 현명한 사람을 헐뜯는다. …… 그 다섯 번째 악이란 …… 술에 빠지고 맛있는 것만을 좋아해서 음식에 절도가 없다.[89]

이상의 내용에 따르면, 정토사상은 현실에 대한 비판적 인식 위에 성립하고 있다고 할 것이다. 또한 이것을 근거로 반대급부적인 양상으로서의 정토를 묘사하고 있다. 이것은 정토의 양상으로서 인간의 장수와 재물에 대한 기본적인 욕망을 그대로 수용하고 있는 것을 통해서 확인된다.

만약 내가 부처될 때, 〔나의〕 국토 속의 인천의 수명에는 능히 한량이 없을 것이다. 예외로 그 본원에 따라 〔수명의〕 짧음은 자재이다. 만약 그렇지 않다면 정각을 취하지 않겠다.(제15원)[90]

만약 내가 부처될 때, 지상에서 허공에 이르기까지 궁전이나 망루, 연못, 시냇물, 꽃, 나무 등 국토에 있는 일체만물은 모두 무량한 온갖 보배와 백 천 종류의 향으로 함께 이루어져 있으며, 그 장엄한 장식과 기묘함은 모두 인천을 초월할 것이다. 그 향이 두루 시방세계에 퍼져 보살이 맡으면 모두 불행(佛行)을 닦을 것이다. 만약 그렇지 않다면 정각을 취하지 않겠다.(제32원)[91]

---

89) "其一惡者 …… 强者伏弱轉相剋賊 殘害殺戮迭相呑噬 …… 其二惡者 …… 但欲爲惡妄作非法 常懷盜心悕望他利 …… 其三惡者 …… 但念婬妷 煩滿胸中 愛欲交亂坐起不安 …… 其四惡者 …… 轉相教令共爲衆惡 兩舌惡口 妄言綺語 讒賊亂憎嫉善人敗壞賢明 …… 其五惡者 …… 耽酒嗜美 飮食無度"(《대정장》 제12권, pp.275하-277상).

90) "設我得佛 國中人天 壽命無能限量 除其本願修短自在 若不爾者 不取正覺"(《대정장》 제12권, p.268상).

이외에도 현실상을 적극적으로 반영하고 있는 것으로는 다음과 같은 것들이 있다.

> 그 불국토는 저절로 금, 은, 유리, 산호, 호박, 자거, 마노의 칠보가 함께 어울려 땅이 되고, 그 넓은 행랑은 광활하여 끝이 없다.[92]
>
> 또한 춘하추동의 사시(四時)가 없어 춥지도 않고 덥지도 않으며, 항상 온화하고 상쾌하다.[93]
>
> 거처하는 궁전, 의복, 음식, 온갖 미묘한 꽃과 향, 장엄구가 마치 제육천(第六天 : 타화자재천)에서 저절로 갖추어지는 것과 같다. 만약 먹고자 할 때에는 응당 칠보 그릇이 저절로 앞에 나타나고, 금, 은, 유리, 자거, 마노, 산호, 호박, 명월진주와 같은 온갖 그릇이 마음대로 나타나는데, 백미의 음식이 저절로 가득 찬다.[94]

이러한 것들을 고려하면, 기존의 현실 도피적이라는 정토교에 대한 비난은 재론의 여지가 없어 보인다.[95] 즉 이미 논한 '변성남자설'과 마찬가지로, 현실에 대한 비판적 자각이 없었다면 '정토'라는 개념 자체

---

91) "設我得佛 自地以上至于虛空 宮殿樓觀池流華樹 國土所有一切萬物 皆以無量雜寶百千種香而共合成 嚴飾奇妙超諸人天 其香普薰十方世界 菩薩聞者皆修佛行 若不爾者 不取正覺"(《대정장》 제12권, p.268하).

92) "其佛國土自然七寶 金銀琉璃珊瑚琥珀車磲瑪瑙合成爲地 恢廓曠蕩不可限極"(《대정장》 제12권, p.270상).

93) "亦無四時春秋冬夏 不寒不熱常和調適"(《대정장》 제12권, p.270상).

94) "所處宮殿衣服飮食 衆妙華香莊嚴之具 猶第六天自然之物 若欲食時 七寶應器自然在前 金銀琉璃車磲瑪瑙珊瑚虎珀明月眞珠 如是衆缽隨意而至 百味飮食自然盈滿"(《대정장》 제12권, p.271중-하).

95) 이외에도 정토교의 칭명염불(稱名念佛)은 주술이며, 타력이행(他力易行)의 구제는 무기력한, 의지가 약한 사람들의 가르침이라는 등의 비난이 있어 왔다(淺井成海, 〈정토의 가르침이란 무엇인가-정토사상에의 초대-(淨土の敎えとは何か-淨土思想への招き-)〉, 《불교입문(佛敎入門)》, pp.110-111).

가 성립할 수 없는 것이다.[96] 오히려 현실상의 문제를 그 본질로서 받아들인 것이 정토교라고 해야 할 것이다. 특히 정토교는 현실세계에 대한 비판적 자각 위에 그 속에서 고뇌하는 중생을 구제하기 위한 방법으로서의 정토왕생을 제시하고 있다. 따라서 《무량수경》의 제35원도 당시의 현실을 고려한 교설로서 이해해야 하는 것이다.

그런데 《무량수경》의 내용을 자세히 검토해 보면, 《유마경》이나 《법화경》과 마찬가지로 이미 여성의 성불을 전제하고 있음을 알 수 있다. 이것은 제18원에 일체중생의 성불이 예언되고 있다는 사실을 통해서 확인된다.

> 만약 내가 부처될 때, 시방의 중생들이 지심신요(至·心·信樂)하며 나의 국토에 태어나고자 내지 십념(十念)하였는데도, 만약 태어나지 못한다면 정각을 취하지 않겠다. 단 오역죄와 정법을 비방하는 자는 제외한다.[97]

---

96) '정토(淨土)'라는 말은 '정(淨)'을 동사로 해석하느냐 관형사로 해석하느냐에 따라 약간 의미상의 차이가 있다. 첫 번째의 경우는 '토(土: 국토)를 청정하게 한다.'는 의미로서, 이것은 다시 중생이 사는 세계를 정화하여 청정한 국토를 만든다는 의미와 이 세계(차토(此土), 예토(穢土))와는 다른 청정한 국토(피토(彼土), 정토(淨土))를 만들어 거기로 중생들을 인도한다는 의미로 나누어진다. 여기서 전자는 부처의 중생제도를 위한 교화활동을 말하고, 후자는 이 세계가 오탁(五濁), 부정(不淨)의 세계이기 때문에 이 세계와는 다른 청정한 세계를 만들고자 하는 보살의 활동을 말한다. 두 번째의 경우는 '청정한 토(土: 국토)'라는 의미로서, 보살이 발원하고 수행을 완성하여 어루어진 청정한 세계, 곧 오탁과 부정이 없는 정토를 말한다. 이 가운데 정토교는 특히 두 번째의 의미에 중점을 두는데, 오탁과 부정이 없는 정토만이 오탁과 부정에 휩싸인 중생의 마음을 정화하고 마침내 깨달음에 이르게 할 수 있다는 인식에 따른 것이다. 결국 이 정의들도 정토교가 철저하게 현실에 바탕을 드고 있음을 말해주고 있다(坪井俊映, 한보광 역, 《정토교개론》, pp.16~21).

97) "設我得佛 十方衆生至心信樂 欲生我國乃至十念 若不生者不取正覺 唯除五逆誹謗正法"(《대정장》 제12권, p.268상).

이 원의 핵심은 누구나 단지 십념만으로도 성불할 수 있다는 데 있다. 다만 여기에서는 "단 오역죄와 정법을 비방하는 자는 제외한다(唯除五逆誹謗正法)."라고 하여 약간의 모순점이 발견되는데, 담란에 의하면 이것은 중생으로 하여금 신심을 일으키게 하고 불법의 길로 들어서게 하기 위한 하나의 방편에 지나지 않는다.

먼저 담란은 《무량수경》과 《관무량수경》을 인용하여 오역죄와 비방정법죄[98]의 중생에 대한 구제관의 차이를 설명하는데, 《무량수경》에서는 오역과 비방정법의 1인 2죄이므로 구제에서 제외된다고 하고, 《관무량수경》에서는 오역의 1인 1죄이므로 구제된다고 한다. 나아가 그는 《관무량수경》에 의거하여 오역죄의 중생이 정법을 비방하지는 않기 때문에 왕생할 수 있다고 한다. 즉 《무량수경》에서는 중생이 1인 2죄이며 원생(願生)의 도리를 막는 비방정법을 근본으로 하기 때문에 구제에서 제외된다고 한 것이며, 《관무량수경》에서는 비방정법에 의거하지 않은 오역의 단죄이기 때문에 구제된다는 것이다.[99] 그러나 담란이 비록 비방정법죄를 지은 사람이 구제에서 제외한다고는 하지만 사실 이것도 잠재적인 것이다. 왜냐하면 담란에 있어 비방정법이란 이른바 불법을 부정하는 것으로서 만약 회심하여 불법을 믿으면 비방정법죄를 지은 사람도 구제되기 때문이다.

이렇게 보면 《무량수경》은 처음부터 여성의 정토왕생과 성불을 인정하고 있었다고 볼 수 있다. 그렇다면 제35원에서 다시 이것을 언급

---

98) "만약 부처님이 없고, 부처님의 법이 없고, 보살이 없고, 보살법이 없다고 하는 이와 같은 등의 견해를 혹은 스스로 품고, 혹은 다른 사람으로부터 받아 그 마음이 결정된 것을 모두 비방정법이라고 한다.(若言無佛無佛法無菩薩無菩薩法如是等見若心自解若從他受其心決定皆名誹謗正法)"(《대정장》 제40권, p.834중).
99) "一經以具二種重罪 一者五逆二者誹謗正法 以此二種罪故 所以不得往生 一經但言作十惡五逆等罪 不言誹謗正法 以不謗正法故 是故得生"(《정토론주(淨土論註)》, 《대정장》 제40권, p.834상).

한 것은 무엇 때문일까? 이것은 당시 여성에 대한 편견이 그만큼 심각했음을 반증하는 것으로 볼 수 있다. 즉 남성뿐만 아니라 여성조차도 자신의 정토왕생과 성불을 의심하는 상황에서 이것을 다시 한 번 강조할 필요가 있었다는 것이다. 또한 이처럼 여성의 의구심이 적지 않았기 때문에 보다 현실적인 '변성남자설'이 채용되었을 것이다. 만약 여성의 정토왕생과 성불이 당연시되는 상황이었다면 변성남자가 아니라 여신성불이 설해지고, 제35원은 애당초 설정되지도 않았을 것이다. 이와 같이 제35원은 앞서 히시키 마사하루의 주장처럼 단순히 여성의 주체성을 박탈하는 논리가 아니라 현실적인 여성에 대한 비판적 인식과 그에 따른 구제론으로 이해되어야 할 점이 있다. 그리고 이러한 관점을 견지하면서 여성의 정토왕생 및 성불을 보다 적극적으로 주장한 사람이 중국의 선도(613~681년)이다.

도작(道綽)의 정토사상[100]을 계승한 선도는 5부 9권의 찬술을 남기고 있는데,[101] 그의 여성구제론은 《관경소》와 《관념법문》에 보다 구체

---

100) 담란교학을 계승한 도작은 당시에 대두하고 있던 말법사상을 수용하여 정토사상을 한층 고양하였는데, 특히 그의 《안락집(安樂集)》에는 안락세계가 '정토의 초문(初門)'이자 '예토의 마지막 자리(종처(終處))'인 우리들의 세계와 경계를 접하고 있기 때문에 왕생에 가장 유리하다고 논하고 있다.*
　나아가 불교를 성도문(聖道門)과 정토문(淨土門)으로 나누고, 정토문만이 이러한 말법시대에 있어 진실한 구제의 길임을 강조하고 있다.**
　* "安樂世界旣是淨土初門 卽與此方境次相接 往生甚便(《대정장》 제47권, p.10상).
　** "何者爲二 一謂聖道 二謂往生淨土 其聖道一種今時難證 …… 當今末法 現是五濁惡世 唯有淨土一門 可通入路"(《대정장》 제47권, p.13하).

101) 《관무량수경소(觀無量壽經疏)》(《관경소》, 《대정장》 제37권) 4권, 《전경행도원왕생정토법사찬(轉經行道願往生淨土法事讚)》(《법사찬》, 《대정장》 제47권) 2권, 《관념아미타불상해삼매공덕법문(觀念阿彌陀佛相海三昧功德法門)》(《관념법문》, 《대정장》 제47권) 1권, 《왕생예찬게(往生禮讚偈)》(《왕생예찬》, 《대정장》 제47권) 1권, 《의관경등명반주삼매행도왕생찬(依觀經等明般舟三昧行道往生讚)》(《반주찬》, 《대정장》 제47권) 1권을 말한다.

적으로 나타나고 있다. 먼저 《관경소》는 선도의 사상을 대표하는 찬술로서, 그는 여기서 기존의 《관무량수경》에 대한 해석을 비판하면서 독자적인 정토교학을 수립하고 있다.[102] 특히 그는 《관무량수경》에 설해진 9품 모두를 범부로서 파악할 뿐만 아니라 이들 모두가 아미타불의 본원력에 의해 왕생을 얻을 수 있다고 한다.[103] 이렇게 보면 선도교학에 있어서의 여성의 정토왕생도 어쩌면 당연한 귀결이었다고 할 수 있는 것이다.

여기서 또 하나 주목할 것은 《관무량수경》의 주인공인 위제희 부인에 대한 성격의 규정이다. 이것에 대해서는 예로부터 다소의 견해차가 있어 왔는데, 혜원(慧遠)의 《관무량수경의소(觀無量壽經義

---

102) 《관무량수경》은 마가다국의 태자 아자세(阿闍世, ⒫Ajātasattu, ⒮Ajātaśatru)가 부왕 빔비사라(Bimbisāra)를 살해한 이른바 '왕사성의 비극'을 배경으로 하는데, 고타마 붓다가 태자의 어머니인 위제희(韋提希, Vedehī) 부인의 요청을 받고 극락정토에 왕생하는 방법에 대해 설한 것이 주된 내용이다. 사상적으로 주목할 점은 아미타불과 극락정토의 장엄을 관상(觀想)하고, 또 그 정토에 왕생하는 방법으로서 16관(觀)*을 제시하고 있다는 점이다. 선도는 이것을 《관경소》에서 '정산이선(定散二善)'으로 정리하고 있는데,** 그에 의하면 일상관(日想觀)에서 잡상관(雜想觀)까지의 정선 13관은 잡념을 버리고 마음을 집중해서 정토 및 불·보살의 모습을 차례로 관상하는 것이며, 산선 3관은 평상시의 산란한 마음 그대로 선을 닦는 것을 말한다. 나아가 선도는 정토에 왕생하는 양상을 중생의 근기에 따른 상배(上輩)·중배(中輩)·하배(下輩)로 나누고, 각각을 다시 상·중·하[9품(品)]로 나누어 설명하고 있다.
* ①일상관(日想觀), ②수상관(水想觀), ③지상관(地想觀), ④보수관(寶樹觀), ⑤보지관(寶池觀), ⑥보루관(寶樓觀), ⑦화좌관(華座觀), ⑧상상관(像想觀), ⑨진신관(眞身觀), ⑩관음관(觀音觀), ⑪세지관(勢至觀), ⑫보관(普觀), ⑬잡상관(雜想觀), ⑭상배관(上輩觀), ⑮중배관(中輩觀), ⑯하배관(下輩觀) (《대정장》 제12권, pp.341하-346상).
** "問日 云何名定善 云何名散善 答日 從日觀下至十三觀已來名爲定善 三福九品名爲散善"(《대정장》 제37권, p.247중).
103) "上品三人是遇大凡夫 中品三人是遇小凡夫 下品三人是遇惡凡夫 …… 今時善惡凡夫同沾九品 生信無疑 乘佛願力悉得生也"(《대정장》 제37권, p.179상, 《대정장》 제37권, p.191중).

疏)》나 천태대사(天台大師) 지의(智顗)의 《곤무량수경소(觀無量壽經疏)》에서는 "위제희는 실은 대보살이다."[104]고 하여, 위제희를 고차원적인 보살의 화신으로서 평가하고 있다. 하지만 선도는 다음과 같이 위제희를 성인이 아니라 악인범부의 한 사람으로서 평가하고 있다.

〔《관무량수경》의〕 '불고위제(佛告韋提)'에서 이하 '영여득견(令汝得見)'[105]에 이르기까지는 실로 부인이 범부이며 성인이 아님을 밝힌 것이다.[106]

이것은 그의 《반주찬》에도 그대로 반복되고 있다.

위제희는 곧 여인의 상(相)이다. 탐진(貪瞋)을 구족한 범부의 위(位)이다.[107]

이처럼 선도에 있어 위제희는 보살의 화신이 아니라 한사람의 범부에 지나지 않았다. 선도의 이러한 결론은 어쩌면 당연한 것이었다고 생각되는데, 만약 혜원이나 지의의 주장대로 위제희가 보살의 화신이었다면, 《관무량수경》에 예언된 위제희의 정토왕생도 어떤 특별한 자질을 지닌 한 여성의 구제에 지나지 않게 되는 것이다. 하지만 《관무량수경》의 9품왕생설이나 악인범부를 위한 칭명염불설은 그 본의가 일체중생의 구제에 있음을 말하고 있는 것이다. 뿐단 아니라 《관무량수경》에는 위제희뿐만 아니라 500명의 시녀들도 함께 정토왕생의 수

---

104) "韋提夫人實大菩薩"(《대정장》 제37권, p.179상, 내정장 제37권, p.191중).
105) "부처님께서 위제희에게 말하기를, 그대는 범부이니 마음이 여리고 얕으며, 아직 천안을 얻지 못해 멀리 볼 수도 없다. 제놀여래는 특별한 방편을 가지고 있어 그대로 하여금 볼 수 있게 할 것이다.(佛告韋提希 汝是凡夫心想羸劣 未得天眼 不能遠觀 諸佛如來有異方便 令汝得見)"(《대정장》 제12권, p.341하).
106) "從佛告韋提下至令汝得見已來正明夫人是凡非聖"(《대정장》 제37권, p.260하).
107) "韋提卽是女人相 貪瞋具足凡夫位"(《대정장》 제47권, p.455하).

기를 받고 있다.[108] 이러한 사실들은 결국 《관무량수경》이 이미 여성 일반의 구제를 전제하고 있음을 보여준다. 또한 그렇기 때문에 위제희만 보살의 화신이어야 할 이유도 없다. 이처럼 선도는 일체중생의 구제라는 《관무량수경》의 본의에 따라 위제희를 비롯한 여성일반의 구제를 모색하고 있는 것이다.

그리고 이러한 선도의 여성관이 가장 잘 드러나고 있는 것은 《관념법문》이다. 여기서 그는 《아미타경》을 인용하여 남녀 모두 염불에 의해 왕생할 수 있음을 밝히고 있다.

> 또 《사지미타경(四紙彌陀經)》(《아미타경》)[109] 속에 설하는 것과 같다. 부처님께서 말하기를, 만약 어떤 남자와 여인이 혹은 1일, 혹은 7일 동안 일심으로 오로지 아미타불의 이름을 염한다면, 그 사람의 목숨이 끝나려고 할 때 아미타불과 모든 성중(聖衆)이 직접 와서 영접하여 곧 서방극락세계에 왕생한다.[110]

이러한 염불에 의한 정토왕생사상은 이미 초기 대승경전의 하나인 《반주삼매경》(기원 전후~1세기경 성립)에서도 발견되는데, 이렇게 보면 정토왕생을 통한 여성구제론도 대승불교 초기부터 하나의 테마

---

108) "韋提希與五百侍女 聞佛所說 應時卽見極樂世界廣長之相 得見佛身及二菩薩 心生歡喜歎未曾有 豁然大悟得無生忍 五百侍女發阿耨多羅三藐三菩提心 願生彼國 世尊悉記皆當往生 生彼國已"(《대정장》 제12권, p.346상-중).

109) "舍利弗 若有善男子善女人 聞說阿彌陀佛 執持名號 若一日 若二日 若三日 若四日 若五日 若六日 若七日 一心不亂 其人臨命終時 阿彌陀佛與諸聖衆 現在其前 是人終時心不顚倒 卽得往生阿彌陀佛極樂國土"(《대정장》 제12권, p.347중).

110) "又如四紙彌陀經中說 佛言 若有男子女人 或一日七日 一心專念彌陀佛名 其人命欲終時 阿彌陀佛與諸聖衆自來迎接 卽得往生西方極樂世界"(《대정장》 제47권, p.27중). 이것은 선도의 《관경소》(《대장정》 제37권, p.250상)와 《법사찬》(《대정장》 제47권, p.433중)에도 그대로 인용되고 있다.

였다고 볼 수 있을 것이다.

이때 아미타불이 이 보살의 물음에 답하기를, 나의 국토에 내생하려면 항상 나를 염(念)하고, 항상 그 염을 지키며 쉽이 있어서는 안 된다. 이와 같이 나의 국토에 내생할 수 있다.[111]

그리고 선도는 마지막으로 《무량수경》의 제35원을 인용하여 여인이 왕생할 수 없다는 주장을 망설이라고 비난한다.

만약 내가 부처가 될 때, 시방세계에 있는 여인이 나의 이름을 듣고 환희신요(歡喜信樂)하며 발보리심하여 여신을 염오(厭惡)하였는데도, 목숨이 다한 후 다시 여신이 된다면 정각을 취하지 않겠다. 그 뜻을 말한다. 곧 미타의 본원력으로 말미암아 여인도 부처님의 명호를 칭하면 틀림없이 목숨이 끝날 때 곧 여신을 바꾸어 남자가 될 수 있다. 미타가 손을 잡고 보살이 몸을 부축하여 보배연화 위에 앉아 부처님을 따라 왕생하여 부처님의 대회(大會)에 들어가 무생(無生)을 깨닫는다. …… 마땅히 알라. 지금 혹은 도속(道俗)에서 여인이 정토에 태어날 수 없다고 하는 것은 바로 망설이다. 믿어서는 안 된다. 또한 이 경(《무량수경》)으로써 증명된다.[112]

---

111) "爾時阿彌陀佛 語是菩薩言 欲來生我國耆 常念我數數 常當守念 莫有休息 如是得來生我國"(《대정장》 제13권, p.905중). 이 경은 아미타불이 태타화(颬陀和) 보살의 "마땅히 어떤 법을 수지해야만 아미타불의 정토에 태어날 수 있겠습니까?(當持何等法生阿彌陀佛國)"라는 물음에 답하고 있는 것이다.

112) "設我得佛 十方世界其有女人 聞我名字 歡喜信樂 發菩提心 厭惡女身 命終之後 復爲女身者 不取正覺 義日 乃由彌陀本願力故 女人稱佛名號 正命終時 卽轉女身得成男子 彌陀接手 菩薩扶身 坐寶華上 隨佛往生 入佛大會 證悟無生 …… 應知 今或有道俗 …… 云女人不得生淨土者 此是妄說 不可信也 又以此經證"(《대정장》 제47권, p.27중).

이상과 같이 선도도 일체중생의 구제라는 정토교의 본의에 따라 여성의 정토왕생을 의심의 여지가 없는 것으로 받아들이고 있다. 또한 위의 인용문에 나타나듯이, 선도는 《무량수경》의 제35원을 '여인은 정토에 왕생할 수 없다(女人不得生淨土)', 곧 '여인오장설'에 대응하기 위한 것으로 이해하고 있다. 다시 말하면 《무량수경》 제35원의 '변성남자설'도 하나의 방편일 뿐, 거기에 집착해서는 안 된다고 주장하고 있는 것이다.

지금까지 《무량수경》 제35원을 중심으로 정토교의 '여인왕생사상'에 대해 말하였는데, 대승불교와 마찬가지로 정토교 역시 여성의 전면적인 구제를 전제하고 있음을 볼 수 있다. 특히 선도는 제35원을 기존의 '여인오장설'에 대한 방편으로 해석하여, 그 본의가 남녀노소, 귀천, 현명한 자와 어리석은 자를 떠난 정토왕생에 있음을 밝히고 있다. 따라서 《무량수경》의 제35원도 '변성남자설'과 마찬가지로 단순한 성차별적 표현이 아니라 당시 여성의 현실과 관련해서 이해되어야 할 것으로 본다.

나. 《정토론》의 여인불생설

정토교의 여성구제론과 관련하여 또 하나 주목할 것은 세친의 《정토론》, 구체적으로는 《무량수경우바제사원생게(無量壽經優婆提舍願生偈)》이다. 이것은 그 제명에서 알 수 있듯이 원생(願生)의 대상인 정토의 양상을 밝히고 있는데, 크게 24행(行)의 원생게(願生偈) [5언 4구]와 그것에 대한 해설문인 장행(長行:산문)으로 이루어져 있다. 먼저 세친은 원생게의 제1행 〈귀경게(歸敬偈)〉에서 "나는 일심으로 진시방무애광여래(盡十方無礙光如來)에게 귀명하여 안락국에 태어나기를 원한다."는 자신의 원생을 밝히고 있다. 이어 제2행에서는 《무량수

경》에 의거해서 원생게를 설하고 불교와 상응시키고자 한다는 《정토론》의 찬술의도, 다음의 제3행~제23행에서는 정토의 구체적인 양상을 29종(국토장엄 17종, 불장엄 8종, 보살장엄 4종)으로서 설명하고 있다. 마지막 제24행의 〈회향게(廻向偈)〉에서는 모든 중생과 함께 안락국에 왕생하기를 원한다고 하여, 《정토론》의 본의가 일체중생의 구제에 있음을 밝히고 있다.[113]

다음으로 장행은 "이 원생게가 무슨 뜻인가를 밝힌다. 안락세계를 관하여 아미타불을 친견하고, 그 국토에 태어나기를 원하기 때문이다."고 하는 문장으로 시작해서, 정토에 왕생하기 위한 실천행으로 예

---

113) "①世尊我一心 歸命盡十方 無礙光如來 願生安樂國 ②我依修多羅 眞實功德相 說願偈總持 與佛敎相應〔국토장엄 17종〕③觀彼世界相 勝過三界道(淸淨功德成就) 究竟如虛空 廣大無邊際(量功德成就) ④正道大慈悲 出世善根生(性功德成就) 淨光明滿足 如鏡日月輪(形相功德成就) ⑤備諸珍寶性 具足妙莊嚴(種種事功德成就) 無垢光焰熾 明淨曜世間(妙色功德成就) ⑥寶性功德草 柔軟左右旋 觸者生勝樂 過迦旃鄰陀(觸功德成就) ⑦寶華千萬種 彌覆池流泉 微風動華葉 交錯光亂轉 ⑧宮殿諸樓閣 觀十方無礙 雜樹異光色 寶欄遍圍繞 ⑨無量寶交絡 羅網遍虛空 種種鈴發響 宣吐妙法音(莊嚴功德成就) ⑩雨華衣莊嚴 無量香普熏(雨功德成就) 佛慧明淨日 除世癡闇冥(光明功德成就) ⑪梵聲語深遠 微妙聞十方(聲功德成就) 正覺阿彌陀 法王善住持(主功德成就) ⑫如來淨華衆 正覺華化生(眷屬功德成就) 愛樂佛法味 禪三昧爲食(受用功德成就) ⑬永離身心惱 受樂常無間(無諸難功德成就) 大乘善根界 等無譏嫌名 ⑭女人及根缺 二乘種不生(大義門功德成就) 衆生所願樂 一切能滿足(一切所求功德成就) ⑮故我願往生 阿彌陀佛國〔불장엄 8종〕無量大寶王 微妙淨花臺(座莊嚴) ⑯相好光一尋 色像超群生(身莊嚴) 如來微妙聲 梵響聞十方(口莊嚴) ⑰同地水火風 虛空無分別(心莊嚴) 天人不動衆 淸淨智海生(衆莊嚴) ⑱如須彌山王 勝妙無過者(上首莊嚴) 天人丈夫衆 恭敬繞瞻仰(主莊嚴) ⑲觀佛本願力 遇無空過者 能令速滿足 功德大寶海(不虛作住持莊嚴)〔보살장엄 4종〕⑳安樂國淸淨 常轉無垢輪 化佛菩薩日 如須彌住持(不動應化功德成就) ㉑無垢莊嚴光 一念及一時 普照諸佛會 利益諸群生(一念遍至功德成就) ㉒雨天樂花衣 妙香等供養 讚佛諸功德 無有分別心(無餘供養功德成就) ㉓何等世界無 佛法功德寶 我皆願往生 示佛法如佛(示法如佛功德成就) ㉔我作論說偈 願見彌陀佛 普共諸衆生 往生安樂國"《대정장》제26권, pp.230하~231중).

배(禮拜) · 찬탄(讚歎) · 작원(作願) · 관찰(觀察) · 회향(廻向)의 오념문(五念門)을 들고, 또한 이 오념문행을 통해서 얻어지는 근문(近門) · 대회중문(大會衆門) · 택문(宅門) · 옥문(屋門) · 원림유희지문(園林遊戲地門)이라는 5종의 공덕을 들고 있다. 그리고 마지막에서는 이것을 통해서 속히 아뇩다라삼먁삼보리를 성취할 수 있다는 결말을 내리고 있다.[114]

대략적이지만 이상의 내용에 따르면, 세친의 《정토론》은 자신과 일체중생의 구제를 위해 찬술된 것임을 알 수 있다. 그리고 29종의 정토장엄과 오념문행 등은 정토왕생이 중생구제에 있어 최선책임을 말하고 있는 것이다. 하지만 여기에도 그 표현상의 성차별적인 요소가 발견되고 있다. 이것이 이른바 '여인은 정토에 태어나지 않는다.'는 '여인불생설(女人不生說)'이다. 그러면 이것은 여성의 정토왕생, 나아가 여성의 성불을 부정하고 있는 것인가? 만약 그렇다고 하면 이것은 모순이 아닐 수 없다. 왜냐하면 세친은 이미 원생게에서 일체중생의 정토왕생을 담보하고 있기 때문이다. 그러면 우리는 이것을 어떻게 이해해야만 할 것인가?

이 논의를 진행하기에 앞서 여기에는 또 하나 주목해야 할 논서가 있다. 바로 앞서 언급한 담란의 《정토론주(淨土論註)》〔또는 《왕생론주(往生論註)》〕, 구체적으로는 《무량수경우바제사원생게바수반두보살조(병)주(無量壽經優婆提舍願生偈婆藪槃頭菩薩造(幷)註)》이다.

---

114) "此願偈明何義 觀安樂世界 見阿彌陀佛 願生彼國土故 …… 若善男子善女人 修五念門成就者 畢竟得生安樂國土 見彼阿彌陀佛 何等五念門 一者禮拜門 二者讚歎門 三者作願門 四者觀察門 五者廻向門 …… 復有五種門漸次成就五種功德應知 何者五門 一者近門 二者大會衆門 三者宅門 四者屋門 五者園林遊戲地門 …… 菩薩如是修五門行自利利他 速得成就阿耨多羅三藐三菩提故"(《대정장》제26권, pp.231중-233상).

이것은 그 제명에서 알 수 있듯이, 세친의 《정토론》에 대한 주석서이다. 또 그런 만큼 상기의 문제와 관련한 세친의 본의를 파악하는데도 중요한 단서를 제공한다.

《정토론주》에서 주목할 것은 먼저 그 서두에 용수의 《십주비바사론(十住毘婆沙論)》 권5 〈이행품(易行品)〉의 '난이이도(難易二道)'를 인용하여[115] 이행도(易行道)로서 아미타불의 본원력에 의한 정토왕생과 타력으로서의 칭명염불을 강조하고, 앞서 언급했듯이 오역죄에 대한 《무량수경》[116]과 《관무량수경》[117]의 차이를 해명하여 악인도 왕생할 수 있다고 한다는 점이다. 이것은 《정토론주》가 단지 《정토론》의 주석서가 아니라 담란 자신의 독창적인 사상을 닫고 있는 찬술임을 말해 주는 것이다. 그리고 이것으로 인해 담란-도작-선도로 이어지는 칭명염불 중심의 중국 정토교도 체계화되었다.[118] 또한 왕생의 행법에 대

---

115) "佛法有無量門 如世間道有難有易 陸道步行則苦 水道乘船則樂 菩薩道亦如是 或有勤行精進 或有以信方便易行疾至阿惟越致者 …… 若菩薩欲於此身得至阿惟越致地成就阿耨多羅三藐三菩提者 應當念是十方諸佛稱其名號"(《대정장》 제26권, p.41중).

116) "設我得佛 十方衆生至心信樂 欲生我國乃至十念 若不生者不取正覺 唯除五逆誹謗正法"(《대정장》 제12권, p.268상).

117) "下品下生者 或有衆生作不善業五逆十惡 具諸不善 如此愚人以惡業故 應墮惡道經歷多劫受苦無窮 如此愚人臨命終時 遇善知識種種安慰爲說妙法敎令念佛 彼人苦逼不遑念佛 善友告言 汝若不能念彼佛者 應稱歸命無量壽佛 如是至心令聲不絶 具足十念稱南無阿彌陀佛 稱佛名故 於念念中 除八十億劫生死之罪 命終之時見金蓮花猶如日輪住其人前 如一念頃卽得往生極樂世界"(《대정장》 제12권, p.346상).

118) 중국의 정토사상은 그것에 관한 경전의 번역과 관련이 깊다. 앞서 언급했듯이, 불전이 본격적으로 한역되기 시작한 것은 기원후 2세기 이후인데, 정토경전도 이 시기와 맞물려 번역된 것으로 알려져 있다. 하지 만 사상적으로 주목할 것은 4세기 이후부터이다. 중국에 있어 정토사상의 흐름은 크게 세 계통으로 나누어진다. 첫 번째는 여산(廬山)의 혜원(慧遠, 334~416년)에 의한 백련사(白蓮社)의 흐름으로, 《반주삼매경》에 의거하여 염불삼매를 닦는 계통이다. 두 번째는 이른바 정토삼부경을 중심으로 한 담란(476?~542?년)-도작(562~645년)-선도(613~681년)로 이어지는 흐름으로, 칭명염불 중심의 교학을 확립

해서도 독자적인 해석을 시도하고 있는데, 특히 《정토론》의 '작원', '관찰'을 고차원적인 지관(止觀)의 행법으로 지적하고, 오직 아미타불을 염하고 그 정토에 태어나고자 원하는 마음을 '작원'이라고 한다. 뿐만 아니라 '관찰'도 정토의 양상을 관하는 것으로서, 그 정토에 갖추어져 있는 공덕으로 인해 불(佛)과 동일한 깨달음을 얻을 수 있다고 한다. '회향'에 있어서도 담란의 독자적인 생각을 엿볼 수 있는데, 자신의 공덕을 일체중생들에게 베풀어 함께 왕생하기를 원하는 '왕상회향(往相廻向)'과 다시 예토로 돌아와 일체중생을 구제하는 '환상회향(還相廻向)'으로 나누고, 정토에 태어나는 것이 결코 현실도피적인 원생이 아님을 밝히고 있다.

이제 세친의 《정토론》과 담란의 《정토론주》를 중심으로 '여인불생(女人不生)'의 의미를 살펴보도록 하자. 먼저 《정토론》의 '여인불생설'은 앞서 언급한 국토장엄 17종 가운데 제16 '대의문공덕성취(大義門功德成就)'(제13행~제14행) 속에 나온다.

대승선근(大乘善根)의 세계는 평등하여 비난받는 이름이 없다. 여인 및 근결(根缺 : 장애자), 이승(二乘 : 성문·연각)의 종은 태어나지 않는다.[119]

그러면 이것은 말 그대로 여성이 정토에 태어날 수 없다는 말인가? 이것에 대해 장행에는 다시 다음과 같은 부연설명이 붙어 있다.

함으로써 이후 정토교의 원류가 되었다. 세 번째는 자민삼장(慈愍三藏) 혜일(慧日, 680~748년)의 선·정토·계율 등을 통합한 흐름으로, 중국 후대에 있어 각 종파의 융합에 영향을 준 계통이다. 이외에도 다양한 사상가들이 있지만, 이와 같은 세 흐름이 중국 정토교의 주류라고 할 수 있다. 이 가운데 정토사상 그 자체를 더욱 심화, 발전시켰다는 점에서 두 번째의 흐름이 중시되고 있다.

119) "大乘善根界 等無譏嫌名 女人及根缺 二乘種不生"(《대정장》 제26권, p.231상).

정토의 과보는 2종류의 비난에서 벗어나 있다. 마땅히 알라. 첫째는 형상에 대해서이며, 둘째는 이름에 대해서이다. 형상에 3종류가 있다. 첫째는 이승(성문·연각)의 사람, 둘째는 여인, 셋째는 장애자이다. 이러한 3가지의 허물이 없기 때문에 형상에 대한 비난이 없다고 말한다. 이름 또한 3종류이다. 단 3가지의 형상이 없는 것은 아니다. 내지 이승, 여인, 장애자라는 3종류의 이름을 들을 수 없기 때문에 이름에 대한 비난이 없다고 말한다.[120]

그런데 위의 두 인용문을 비교해 보면, 여기에는 하나의 모순점이 발견된다. 즉 원생게에서는 '여인불생'이라고 한 반면, 장행에서는 비난받는 이름이 없을 뿐 여인이라는 형상은 있다고 말하고 있는 것이다. 이것에 대해 담란은 《정토론주》에서 다음과 같이 주석하고 있다.

'대승선근의 세계는 평등하여 비난받는 이름이 없고, 여인 및 근결(장애자), 이승(성문·연각)의 종이 태어나지 않는다.'고 한 이 4구는 장엄대의문공덕성취(莊嚴大義門功德成就)라고 이름한다. 문(門)이란 대의(大義)에 통하는 문이다. 대의란 대승인 까닭이다. 사람이 성(城)을 지어 문을 만들면 곧 들어갈 수 있는 것과 같다. 만약 사람이 안락국에 태어난다면 이것은 곧 대승의 문을 성취하는 것이다. 부처님은 본래 무엇 때문에 이 원을 일으켰는가? 어떤 국토를 보건데, 비록 불(佛)·여래(如來)·현성(賢聖) 등의 무리가 있어도 국토가 탁함으로 말미암아 일(一)〔일승(一乘)〕을 나누어 삼(三)〔삼승(三乘):성문·연각·보살〕을 설한다. 혹

---

120) "淨土果報離二種譏嫌過應知 一者體 二者名 體有三種 一者二乘人 二者女人 三者諸根不具人 無此三過故 名離體譏嫌 名亦三種 非但無三體 乃至不聞二乘女人諸根不具三種名故 名離名譏嫌"(《대정장》 제26권, p.232상).

은 아양을 떪으로써 책망을 당하고, 혹은 말을 손가락으로 함(수화)으로
인해 비난을 초래한다. 이 때문에 원컨대 나의 국토는 모두 대승일미(大
乘一味), 평등일미(平等一味)이게 하여 결함이 있는 종자가 필경 태어나
지 않고, 여인과 장애자라는 이름 또한 끊어질 것이라고 하였다.[121]

  여기서 주목할 것은 "아양을 떪으로써 책망을 당한다(以拓眉致誚)."
와 "말을 손가락으로 함(수화)으로 인해 비난을 초래한다(緣指語招
譏)."는 표현이다. 여기서 전자는 여성이 현실 속에서 비난되는 하나
의 이유이며, 후자는 장애자 역시 비난의 대상이었음을 말해주는 것
이다. 다시 말해 《정토론》의 "비난받는 이름이 없다(無譏嫌名)"는 현
실 속에 비난의 이름이 있다는 것을 역설적으로 나타내고 있는 것이
다. 따라서 정토에 여인 및 장애자가 없다고 한 것도 여인과 장애자가
구제되지 않는다는 것이 아니라 여인 및 몸의 장애로 인한 비난과 괴
로움이 없다는 의미로 받아들여야 할 것이다.
  이것은 "이승의 종은 태어나지 않는다(二乘種不生)."에 대한 담란
의 주석을 통해서도 확인된다. 즉 담란은 많은 경전에서 성문이 있다
고 하는데, 왜 이 《정토론》에는 성문이 없다고 하는가를 묻고, 이것을
다음과 같이 설명한다.

  답한다. 이치로서 그것을 따지면 안락정토에는 마땅히 이승(성문·연
  각)이 있을 리 없다. 왜냐하면, 무릇 병이 있으면 곧 약이 있는 것이 당연

---

121) "大乘善根界等無譏嫌名女人及根缺二乘種不生 此四句名莊嚴大義門功德成就
門者通大義之門也 大義者 大乘所以也 如人造城得門則入 若人得生安樂者 是
則成就大乘之門也 佛本何故興此願 見有國土 雖有佛如來賢聖等衆 由國濁故分
一說三 或以拓眉致誚 或緣指語招譏 是故願言 使我國土皆是大乘一味平等一味
根敗種子畢竟不生 女人殘缺名字亦斷"(《대정장》 제40권, p.830하).

한 이치이기 때문이다. 《법화경》에 말하기를, 석가모니여래가 오탁[악] 세에 출현했기 때문에 일(一)을 나누어 삼(三)으로 하였다. 정토는 이미 오탁이 아니니 삼승이 없는 것은 분명하다. …… 성문이라 한 것은 바로 타방의 성문이 내생할 때 본래의 이름에 의하기 대문에 성문이라 칭한 것이다. 제석천이 인간 속에서 태어났을 때 그 성(姓)은 교시가(憍尸迦)였다. 뒤에 비록 천주(天主)가 되었지만, 부처님이 사람들에게 그 유래를 알게 하려고 제석이라 말할 때 마치 교시가라고 부르는 것과 같다. 그것도 이와 같다. 또 이 [정토]론에 단 이승의 종은 태어나지 않는다고 한다. 이른바 안락국에는 이승의 종자가 태어나지 않지만, 또한 어찌 이승의 내생을 막겠는가? 비유하면 귤나무의 묘목이 강북(江北 : 양자강 북쪽)에서는 자랄 수 없지만, 하낙(河洛 : 황하와 낙수 유역, 곧 낙양)의 과일가게에 또한 귤이 있는 것을 보는 것과 같다. 또 앵무새는 농서(隴西 : 섬서성 남정현 지방)를 건널 수 없다고 하지만, [농서의 동쪽에 있는] 조(趙)와 위(魏)나라의 새장에 또한 앵무새가 있다. 이 두 가지 일은 다만 그 종이 건널 수는 없다는 것을 말한다. 거기에 성문이 있다는 것도 또한 이와 같다. 이와 같이 해석을 하면, 경론은 곧 회통된다.[122]

여기서 보면 정토에도 성문이 없는 것은 아니다. 하지만 정토의 성문은 그 이름만 같을 뿐 현실세계에서의 성문과는 질적으로 다르다. 마찬가지로 '여인불생'도 정토에 여인이 없다는 것이 아니라 현실세

---

122) "答曰 以理推之 安樂淨土不應有二乘 何以言之 夫有病則有藥 理數之常也 法華經言 釋迦牟尼如來以出五濁世故分一爲三 淨土旣非五濁 無三乘明矣 …… 如言聲聞者 是他方聲聞來生仍本名故稱爲聲聞 如天帝釋生人中時姓憍尸迦 後雖爲天主 佛欲使人知其由來 與帝釋語時猶稱憍尸迦 其類也 又此論但言二乘種不生 謂安樂國不生二乘種子 亦何妨二乘來生耶 譬如橘栽不生江北 河洛莫肆亦見有橘 又言鸚鵡不渡隴西 趙魏架桁亦有鸚鵡 此二物但言其種不渡彼有聲聞亦如是 作如是解經論則會"(《대정장》제40권, pp.830하-831상).

계에서 비난의 대상이던 그러한 여인이 없다는 말이다. 즉 정토의 여인은 단지 현실상의 이름을 그대로 쓰고 있을 뿐 전혀 다른 성격의 존재라는 것이다. 상기의 인용문에서 비록 제석과 교시가라는 명칭이 사용되고는 있지만, 양자가 결코 동일한 성격일 수 없는 것과 같다.

이상과 같이 《정토론》의 '여인불생'은 여인이기 때문에 정토에 왕생할 수 없다는 '여인오장' 등의 관념과 관련하여, 정토에는 이러한 현실적인 원인들이 없다는 의미이다. 다시 말하면 앞서 언급한 《불설초일명삼매경》에서 여인이 부처가 될 수 없는 이유, 즉 색욕에 집착하고, 정에 얽매고, 속마음과 겉모양이 다른 그러한 속성들이 없다는 것이다.[123] 그리고 담란도 정토에 불생(不生)하는 여인의 속성으로서 다음과 같은 것들을 지적하고 있다.

묻는다. 이름으로써 사물을 부른다. 사물이 있으면 곧 이름이 있다. 안락국에는 이미 이승, 여인, 장애자라는 것이 없다. 또한 모름지기 무엇 때문에 다시 이 세 이름이 없다고 하는가? 답한다. 연심(軟心)[124]의 보살이 심히 용맹하지 않음을 비난하여 성문이라고 하듯이, 남에게 아첨하며 굽

---

123) 제4장 제3절 '나' 항 참조 바람.
124) 《십주비바사론》에 의하면, 보살에는 견심(堅心)과 연심(軟心)이 있다. 연심보살은 생사의 고뇌가 두려운 나머지, 무엇 때문에 이런 고뇌를 오래도록 받을 것인가 생각하며 스스로 보살도를 버리고 이승(성문·벽지불)의 수행에 의해서 속히 그 고뇌에서 벗어나고자 하는 보살을 말한다. 반면 견심보살은 지옥·축생·아귀·천인·아수라 등이 받는 고뇌를 보고 두려움 없는 대비심을 일으켜, 내가 멸도를 얻는다면 마땅히 이들을 제도하리라. 대비심으로 근행정진하면 머지않아 바라는 바를 이룰 수 있을 것이라는 원을 일으키는 보살을 말한다 (軟心者怖畏生死 自念何爲久在生死受諸苦惱 不如疾以聲聞 支佛乘速滅諸苦 …… 堅心者見地獄畜生餓鬼天人阿修羅中受諸苦惱 生大悲心無有怖畏 作是願言 …… 我得滅度當度此等 以大悲心勤行精進 不久得成所願, 《대정장》 제26권, p.21상-하).

실거리고, 혹은 나약함을 비난하여 여인이라고 하듯이, 또한 눈은 비록 밝지만 사태를 잘 알지 못함을 비난하여 맹인이라고 하듯이, 또한 귀는 비록 들리지만 그 뜻을 듣고도 이해하지 못함을 비난하여 귀머거리라고 하듯이, 또한 혀로 비록 말은 하지만 말을 더듬거림을 비난하여 벙어리라고 하는 것과 같다. 이와 같은 것 등이 있어 비록 근(根)을 구족해도 비난되는 이름이 있다. 이 때문에 모름지기 무명(無名)이라고 한다. 정토에는 이와 같은 것 등의 칭찬과 비난의 이름이 없다는 것은 분명하다.[125]

여기서 담란은 '아첨하며 굽실거림(諂曲)', '나약함(懦弱)'이라는 당시의 여성에 대한 편견에 주목하여, 이것이 정토에 없다는 의미로서 '여인불생'을 해석하고 있다. 다시 말하면 정토에는 '여성' 그 자체가 아니라 나약함, 열등함, 마음이 결정되지 않고 의심이 많은 것 등으로 대표되는 '여성성'이 없다는 것이다.

물론 여기에도 약간의 문제는 있다. 예컨대 나약함이나 열등함 등은 남녀를 불문하고 누구에게나 있을 수 있는 속성인데, 왜 하필 여성을 빌어 표현했는가 하는 점이다. 특히 히시키 마사하루(菱木政晴)는 나약하고 열등함 등을 개별 여성이 아니라 여성 일반의 속성으로 정형화함으로써 여성에 대한 사회적 편견을 조장해 왔다고 비판한다.[126]

그러나 이 문제를 다루기 위해서는 《정토론》 본래의 의도 및 당시 여성의 현실을 간과해서는 안 된다. 이미 원생게 제24게송에서 밝히

---

125) "問日 以名召事 有事乃有名 安樂國旣無二乘女人根缺之事 亦何須復言無此三名耶 答日 如軟心菩薩不甚勇猛譏言聲聞 如人諂曲或復懦弱譏言女人 又如眼雖明而不識事譏言盲人 又如耳雖聽而聽義不解譏言聾人 又如舌雖語而訥口蹇吃譏言啞人 有如是等根雖具足而有譏嫌之名 是故須言乃至無名 明淨土無如是等與奪之名"(《대정장》 제40권, p.831상).
126) 菱木政晴, 앞의 논문, pp.133-134.

고 있듯이,[127] 《정토론》의 궁극적 목표는 일체중생을 구제함에 있었다. 또한 이것을 위한 29종의 정토상과 오념문을 제시함으로써 누구나 아뇩다라삼먁삼보리를 성취할 수 있음을 밝히고 있다.[128] 이와 같이 세친은 처음부터 일체중생의 차별 없는 구제를 목표로 《정토론》을 짓고 있다고 할 것이다. 그리고 그에게 있어 정토왕생이란 일체중생의 존재방식에 따른 가장 적합한 구제방법으로서 제시된 것이었다. 다만, 고타마 붓다의 대기설법에서 보여주듯이, 중생이 처한 환경이나 능력에 따라 그 교설방법도 다를 수밖에 없다. 즉 《정토론》도 이 교설을 받아들이는 중생들의 입장을 고려하지 않을 수 없었다는 것이다. 이미 지적했듯이, 정토사상의 배경에는 여성차별적인 오랜 관념과 현실이 있었다. 더구나 여성 스스로도 자신의 정토왕생을 의심하고 있는 상황이었다. 이러한 상황이라면 남녀 평등한 정토왕생론이 오히려 역효과를 초래할 수도 있는 것이다. 따라서 《정토론》도 《무량수경》 제35원과 마찬가지로 당시의 관념과 현실을 고려해서 여성의 정토왕생을 주장한 것이라고 할 수 있다.

이처럼 《정토론》의 '여인불생설'은 단지 표현상의 문제가 아니라 당시의 현실과 관련지어서 생각해야 할 점이 있다. 그래서 담란도 여성이 아니라 당시 여성의 속성으로 고착화되고 있던 나약함이나 열등함 등이 없다는 식으로 주석하고 있는 것이다. 이렇게 보면 여기에는 정토왕생에 대한 여성의 의심을 해소하려는 현실적인 이유가 있었다고 할 것이다. 나아가 당시 가장 불리한 위치에 있던 여성의 정토왕생을 보장함으로써 일체중생의 구제라는 정토교의 본의를 다시 확인하고

---

127) "我作論說偈 願見彌陀佛 普共諸衆生 往生安樂國"(《대정장》 제26권, p.231중).
128) "菩薩如是修五門行自利利他 速得成就阿耨多羅三藐三菩提故"(《대정장》 제26권, p.233상).

있는 것이기도 하다.

　이상과 같이, 정토교의 여성론은 먼저 남성종속적인 여성을 종교적으로 해방하고, 나아가 여성을 깨달음의 세계로 이끄는데 그 목적이 있었다. 비록 표현상의 문제가 없는 것은 아니지만, 이것은 당시의 현실을 고려한 것이다. 또한 그렇기 때문에 《무량수경》의 '여인왕생사상'이나 《정토론》의 '여인불생설'도 단순한 성차별기 아니라 당시의 현실에 입각한 여성구제론이라고 할 수 있는 것이다.

맺음말 : 향후 불교여성의 방향

이 책은 불교 속의 여성, 즉 불교 속에서 여성은 과연 어떠한 존재이며, 또 어떠한 위상을 갖는지 그 실상을 살펴보는 데 그 목적이 있었다. 이러한 주제를 정한 것은 오늘날 대두되고 있는 페미니즘 담론에서 불교에 성차별적인 요소가 있다는 비판이 제기되고 있었기 때문이다. 물론 이 문제에 대한 불교적 대응이 없었던 것은 아니다. 하지만 지금까지의 대응들은 다분히 피상적인 측면에서의 접근일 뿐 불전에 나타난 성차별적인 요소들에 대한 현실과의 관계성을 읽어내지 못하는 면이 있었다. 이에 본서에서는 교설들의 현실과의 관계를 제시함으로써 그 성차별적인 요소 역시 그러한 현실성 위에서 이해되어야 함을 말하고자 하였다.

또한 본서에서 주목한 것은 불교가 인도, 중국, 한국 등 그 지역에 따라 다를 뿐만 아니라 그 발생지인 인도에서조차 초기불교, 부파불교, 대승불교로 대별되며 그 특징을 달리한다는 점이었다. 이것은 불교의 여성을 논함에 있어서도 어떤 한 시기의 특징만으로 그 일반을 논해서는 안 되며, 전체적인 흐름 속에서 이해되어야 한다는 사실을 말하는 것이다. 따라서 본서에서도 이러한 인식 하에 불교발생 전후에 있어 인도사회의 여성관을 비롯하여 고타마 붓다 및 초기불교의 여성관, 부파불교의 여성관, 대승불교의 여성관으로 나누어 그 변천의 역사적 배경을 밝히려고 노력하였다. 특히 불교에 있어 성차별적인 관념이 어느 시기에 어떻게 등장했으며, 또한 이것을 어떻게 극복하려

고 했는가를 밝히고자 하였다.

이런 점에서 첫 번째로 다룬 '고대 인도의 여성관'은 본서의 기본전제로서, 불교의 발생 및 그 전개과정상에 있어 인도여성의 실상을 밝히기 위한 것이었다. 여기서 주목한 것은 고대 인도의 여성이 상당히 멸시당하고 있었다는 점인데, 이미 고대 인도를 대표하는 《마누법전》에는 '삼종'뿐만 아니라 여성에 대한 살인을 곡물이나 가축을 훔친 것과 동일시하는 모습까지 나타나고 있었다. 이것은 바라문을 정점으로 하는 힌두사회가 여성을 본질적으로 부정하고, 사악하며, 음란한 존재로 보고 있었으며, 나아가 '출산의 수단', 특히 '아들을 낳아주는 사람'으로 간주하고 있었음을 말해주는 것이었다. 그리고 바로 이러한 사고가 불교의 발생 및 그 전개과정 상에 있어 인도 일반의 통념이었음을 논증하였는데, 이것은 고타마 붓다 및 이후 인도불교에 있어서의 여성관련 교설들에 대한 시대적, 사회적 배경을 밝히는 중요한 단서가 되었다. 나아가 비록 표현상의 성차별적인 색채를 부정할 수는 없지만, 고타마 붓다가 이러한 환경 속어서도 여성의 출가를 허용하고 남성과 동등한 깨달음의 완성을 설했다는 사실을 통해 불교가 결코 반여성적인 종교가 아님을 확인하였다.

두 번째로 다룬 '초기불교의 여성관'은 고타마 붓다의 여성에 대한 근본적 입장을 밝히기 위한 것이었다. 다시 말해 불교는 고타마 붓다의 교설을 근거로 성립한 종교이기 때문에 불교 속의 여성을 논함에 있어서도 마땅히 고타마 붓다의 여성관에서 그 근거를 찾지 않으면 안 되는 것이다. 먼저 고타마 붓다의 여성관련 교설을 부정적인 측면과 긍정적인 측면으로 나누어 살폈는데, 전자와 관련해서 특히 주목한 것은 '비구니팔경법'이었다. 이것은 현재 불교의 대표적인 성차별적 요소로 지목되고 있는 것이었기 때문이다. 그리고 이것을 다시 고타마

붓다의 직설일 경우와 후대의 부가·창작설일 경우로 나누어서 살폈는데, 먼저 당시 출가여성의 현실을 고려하면 고타마 붓다에 의한 어느 정도의 조건부 규정이 있었을 가능성을 배제할 수 없다는 점을 논하였다. 그러나 그 내용상 후대의 수정 내지 삽입 가능성도 완전히 부정할 수 없기 때문에, 고타마 붓다의 직설에 후대의 부분적인 부가 내지 창작 가능성이 있다는 잠정적인 결론을 도출하였다. 이것에 대해서는 이후 보다 많은 연구가 있어야 할 것으로 생각된다. 그리고 후자와 관련해서는 아내에 대한 남편의 봉사의무를 제시하고 있는 《싱가라에의 가르침》과 《상윳타 니카야》, 《테리가타》 등의 기술들을 들었는데, 특히 《상윳타 니카야》의 "이와 같은 수레에 탄 사람은 여성이든 남성이든 이 수레에 의해서 열반에 이른다."[1]고 한 것이 고타마 붓다의 여성에 대한 근본적 입장이라는 점을 논하였다.

그리고 이것을 출가여성들의 체험을 집대성한 《테리가타》를 통해서 확인하였는데, 여기에는 "나는 안락함을 얻었습니다.", "나의 마음은 해탈했습니다.", "나는 붓다의 가르침을 완수했습니다." 등으로 자신의 깨달음을 밝히고 있는 비구니들의 모습이 생생하게 묘사되고 있었다. 특히 여기서 주목한 것은 출가남성에 의한 여성차별적인 관념이라든가 여성자신의 비굴함이 전혀 보이지 않고, 오히려 각각의 여성이 수행자로서의 자신의 체험을 자랑스럽게 말하고 있었다는 점이다. 심지어 바셋티라는 비구니의 도움으로 깨달음을 얻은 바라문 수자타에 대한 이야기도 여과 없이 기술되고 있었다.

이상을 통해 초기불교에 있어서는 적어도 깨달음에 관한 한 남녀 사이의 어떤 차별도 없었음을 확인할 수 있었다. 그리고 이것은 고타마

---

1) 제4장 제1절 참조 바람.

붓다가 처음부터 깨달음에 있어 남녀 사이의 어떤 본질적인 차별도 설정하지 않았기 때문이라는 결론을 내릴 수 있었다. 물론 그 표현상의 성차별적인 요소를 부정할 수는 없다. 그러나 이것은 여성차별적인 시대를 살아갈 수밖에 없었던 고타마 붓다의 역사적 한계에 기인하는 것임을 잊어서는 안 될 것이다.

세 번째로 다룬 '부파불교의 여성관'에서는 불교 속에 성차별적인 요소들이 유입된 경위와 그 대표적인 교설들에 대해 살폈다. 먼저 주목한 것은 고타마 붓다 멸후, 시간이 지남에 따라 점차 바라문교적인 여성관이 불교 속으로 침투하게 되었다는 사실이다. 주지하듯이, 고타마 붓다의 평등사상에 입각하여 성립한 승가에 있어서는 출가 이전의 카스트가 불문이었다. 그러나 주목할 것은 이미 초기 비구 승가의 구성상에 있어 상당수의 비구들이 바라문 출신이었다는 점이다. 또한 그 비율이 고타마 붓다 멸후에도 크게 변하지 않았을 것이라는 연구보고도 있다.[2] 이와 같이 본서에서는 일차적으로 불교 내적인 요인들에 의해서 고타마 붓다 멸후 바라문교적인 여성관이 불교 속으로 유입된 것으로 보고 논의를 진행하였다.

부파불교시대를 대표하는 여성차별 관념으로서, 이 시기와 맞물려 유입된 것이 이른바 여성은 범천왕·제석·마왕·전륜성왕·부처가 될 수 없다고 하는 '여인오장설'과 어릴 때에는 부모에게 복종하고, 시집가서는 남편에게 복종하고, 늙어서는 아들에게 복종한다고 하는 '삼종설'이었다. 그리고 여기에 붓다의 신체적 특징으로서 32상설(相說)이 정형화됨으로써 '여성불성불설(女性不成佛說)'이 고착화되기에 이르렀다. 특히 '음마장상'은 붓다의 모습을 남성화함으로서 여성

---

2) 제1장 제2절 참조 바람.

의 깨달음에의 능력을 원천적으로 부정하는 요소로 작용하였다. 그리고 이 시기는 불전의 문자화가 일어나던 시기로, 이러한 언설들이 고타마 붓다의 말로서 불전에 기록되었을 가능성이 있음을 밝혔다.

네 번째로 다룬 '대승불교의 여성관'에서의 주된 관심은 대승불교가 기존의 여성차별적인 관념을 어떻게 극복하고 있는가에 있었다. 주지하듯이, 기원 전후가 되면서 대승불교라는 새로운 불교운동이 일어나게 되었다. 그리고 스스로를 '대승'이라고 불렀듯이, 이 운동은 기존불교와의 차별화 내지 극복을 목표로 하고 있었다. 또한 그렇기 때문에 자연히 기존불교의 여성차별적인 사고의 극복도 제기될 수밖에 없었다. 그리고 본서는 대승불교의 여성론을 대표하는 '변성남자설'이 바로 이러한 현상의 하나라는 점을 밝히는데 역점을 두었다. 특히 여기서 주목한 것은 비록 표현상의 성차별을 부정할 수는 없지만, 이것이 당시의 시대, 사회적 환경을 고려하면 하나의 방편일 수 있다는 점이다.

먼저 용녀의 성불로 대표되는 《법화경》의 '변성남자설'에 대해서는 기존의 여성에 대한 편견을 논파하기 위한 일종의 타협적인 표현임을 밝혔다. 즉 비록 변성남자에 의한 것이기는 하지만, 이것은 여성도 성불할 수 있음을 밝힘으로써 사리불로 대표되는 기존의 '여인오장설'을 극복하는데 그 목적이 있었다는 것이다. 특히 여기서의 변성남자는 여성의 성불에 필연적인 조건이 아니라 '여인오장설'에 집착하고 있던 사리불에 대한 일종의 조롱이었음을 확인할 수 있었다.

다음으로 주목한 것은 모든 현상적인 것에는 고정적인 실체가 없다고 하는 공사상으로서 남녀의 평등을 주장하는 것이었다. 대표적인 것으로 《유마경》을 들었는데, 이것은 일체는 남(男)도 아니고, 여(女)도 아니다고 하는 관점으로서 여성의 지위향상을 호소하는 것이었다.

여기서도 사리불이 등장하는데, 특히 재가와 출가, 남자와 여자라는 이원적이고 상대적인 사고에 빠져 있는 인물로 설정되고 있었다. 그리고 《유마경》도 천녀를 통해 이러한 사리불을 논파함으로써 불교의 본질이 남녀라는 이원적이고 상대적인 사고를 넘어선 곳에 있음을 말하고 있었다.

그리고 그 다음으로는 여신 그대로 성불할 수 있다는 '여신성불설'을 다루었다. 이것은 바라문교와 기존 불교의 여성에 대한 비난을 단순히 방어하는데 그치지 않고, 직접적으로 여성의 구제를 주장하는 것이었다. 대표적인 불전으로 《불설해룡왕경》과 《승만경》을 들었는데, 먼저 《불설해룡왕경》은 불도에는 남자도 없고 여자도 없다는 공의 논리로서 여신성불을 주장하고 있는 것이었다. 반면 《승만경》은 여성을 그 주인공으로 하여 고타마 붓다 대신에 가르침을 설하고 그것을 고타마 붓다가 인가한다는 형식의 불전으로서, 다소 그 적극성은 떨어지지만 역시 '여신성불설'을 대표하는 경전의 하나로서 다루었다.

마지막으로 다룬 것은 '정토교의 여성구제론'이었다. 주지하듯이, 정토교란 아미타불과 정토를 설정하고, 누구나 염불을 통해서 정토 왕생하여 성불할 수 있다는 가르침이다. 그런데 이러한 기본이념에도 불구하고, 《무량수경》 제35원의 '여인왕생사상'이나 《정토론》의 '여인불생' 등은 여성을 차별하는 것이라는 지적이 있어 왔다. 그러나 이것 역시 '변성남자설'과 마찬가지로 당시의 현실을 반영한 것이라는 점을 확인할 수 있었다. 먼저 《무량수경》 제35원에 나타난 '여인왕생사상'과 관련해서는 '여인오장설'에 대응하기 위한 방편이라는 선도의 분석을 근거로 상기의 '변성남자설'과 동일한 구조임을 밝혔다. 또한 그럼으로써 이것은 단순히 현실 도피적인 교설이 아니라 여성차별적인 현실에 대한 분석과 그에 따른 성불론이라는 결론을 내릴 수 있었

다. 그리고 세친의 《정토론》에 나타난 '여인불생'과 관련해서도 담란의 주석을 근거로, 여인이 구제되지 않는다는 것이 아니라 정토에는 '여인오장' 등의 관념에 따라 비난받는 그러한 여인이 없다는 의미임을 확인하였다.

그러면 이제 지금까지 살펴본 내용을 통해 본서가 의도한 바를 정리해 보고자 한다. 첫째는 불교를 연구함에 있어 방법론적으로 다양한 측면에서 접근할 필요가 있다는 점이다. 불교관련 연구의 기본 근거가 불전에 있음은 말할 필요도 없다. 하지만 지금까지 살펴봤듯이, 불전에는 편찬과정 상의 첨삭 가능성 내지 번역과 해석과정 상의 오류도 있기 때문에, 고고학이나 문헌학 등 주변 학문과의 연계를 통한 광의의 연구가 이루어질 필요가 있다. 특히 고타마 붓다의 교설은 상대의 현실적인 근기에 따른 대기설법 내지 차제설법의 형태를 취하고 있는 만큼, 당시의 시대, 사회적 현상에 대한 선행연구 없이 단지 불전 상의 표현만으로 논의가 이루어진다면 그 진의를 왜곡할 수도 있는 것이다. 따라서 불교의 여성을 논함에 있어서도 먼저 현실과의 관계 속에서 나온 교설들을 분류하고, 또 그 현실에 대한 철저한 이해를 거친 다음 논의가 이루어져야 할 것이다.

둘째는 '8만 4천의 법문'이라는 말로서 대변되듯이, 불교의 범위가 너무 넓기 때문에 부분적인 사항만을 가지고 불교일반을 논해서는 안 된다는 점이다. 단적으로 고타마 붓다의 여성관련 교설들조차도 친여성적인 것과 반여성적인 것으로 나눌 수 있다. 그리고 불교사적으로도 여성을 차별한 시대와 그룹이 있었고, 한편으로 그것을 극복하려는 시대와 그룹도 있었다. 따라서 이러한 사정을 면밀히 검토하지 않고, 어느 한 시기 혹은 불전의 어느 한 부분만의 표현으로서 불교를 성차별적인 종교라고 단정해서는 곤란하다. 현재 불교를 성차별적인 종

교라고 단정하는 사람들이 바로 이러한 오류에 빠져 있다고 생각한다.

셋째는 현 시대에 맞는 새로운 불전화 작업이 필요하다는 점이다. 경전은 현재 고타마 붓다의 교설을 전하는 유일한 것인 만큼 쉽게 수정하거나 폐기할 수 있는 것은 아니다. 그렇다고 현실사회와 괴리된 것을 그대로 방치한다면 불교의 미래 또한 밝을 수만은 없을 것이다. 따라서 지금까지의 연구 성과를 토대로 당시의 시대 사회적 상황에 따른 교설들은 따로 분류하여 현 시대에 맞게 재해석하고, 또한 그것을 불전화하는 작업이 이루어져야 한다고 본다. 그러나 이것은 결코 현행의 경전을 폐기하자는 말은 아니다. 오히려 그것은 그것으로서의 충분한 가치를 가지고 있다. 즉 현행의 불전은 과거 불교도들의 삶과 사상을 알 수 있는 귀중한 자료인 것이다. 다만 《대반열반경》에 "아난이여, 만약 승단이 원한다면 내가 죽은 후에 소소계(小小戒)는 폐지해도 좋다."[3]고 하였듯이, 당시의 시대적·사회적 상황에 따라 시설된 교설들은 현 상황에 맞게 재해석 냄은 물론 그것을 불전화할 수 있어야 한다는 것이다.

넷째는 오늘날 불교 내의 여성운동과 관련하여 그 방향성의 문제점에 대해 약간 지적하고자 한다. 특히 현재의 여성운동은 '여성불교'라는 말에서 보여주듯이, 남성에 대한 여성운동으로 오해될 소지를 안고 있다. 지금까지 살펴봤듯이, 고타마 붓다의 가르침에 있어 남자라든가 여자라는 것은 결코 본질적인 문제가 아니다. 특히 깨달음을 얻는데 있어 남녀의 성차는 어떤 의미도 없는 것이다. 그럼에도 불구하고 기존의 여성운동은 '남성에 대한 여성', '비구에 대한 비구니'라는 이원적이고 상대적인 측면에서 접근한 감이 없지 않다. 문제는 이것

---

3) 제3장 제3절 '나' 항 참조 바람.

자체가 이미 이원적이고 상대적인 견해를 배척하는 불교적 원리를 위반하고 있다는 점이다. 따라서 불교적 이상에 맞는 진정한 여성운동이 되기 위해서는 남성과 여성, 비구와 비구니라는 이원적이고 상대적인 관점이 아니라 오히려 이것을 넘어선 '인간'이라는 관점에서 접근하는 것이 보다 바람직하지 않을까 생각한다. 또한 그런 의미에서 그 성격도 여성의 지위향상을 위한 페미니즘보다는 휴머니즘에 바탕을 둔 여성운동이어야 한다고 본다.

  다음으로 지적하고 싶은 것은 불교의 여성운동에 있어 문제의식의 방향이다. 지금까지 살펴봤듯이, 현재 성차별적 요소들로 지적되고 있는 것들은 불교의 본질적인 요소라기보다는 대체로 현실과의 관계 속에서 유입된 것들이다. 물론 이것이 근거가 되어 지금까지 불교 내에서의 여성의 지위가 저하되어 왔다는 것은 부인할 수 없다. 하지만 이것은 엄밀히 말해 불교의 본질적인 것이 아니기 때문에 이것에 대한 비판도 피상적인 것일 수밖에 없다는 점이다. 따라서 보다 성공적인 불교의 여성운동을 위해서는 문제의식의 방향도 전환되지 않으면 안 된다. 즉 불교의 성차별적 요소들이 불교 외적인 요인들에 의한 것인 만큼, 문제의식의 방향도 불교 자체가 아니라 오히려 그것이 등장한 시대의 불교적 현실에 맞춰져야 한다는 것이다. 그럴 때에만 현 상황에 맞는 불교적 대안도 마련될 수 있을 것으로 본다. 즉 성차별적인 요소와 관련된 시대의 불교적 현실을 분석함으로써 남녀평등을 지향하는 오늘날의 현실에 맞는 불교를 새롭게 정립할 수 있을 것이다.

인용 및 참고문헌

1. 원전류

《長阿含經》, 《대정장》 제1권.

《大般涅槃經》, 《대정장》 제1권.

《佛說尸迦羅越六方禮經》, 《대정장》 제1권.

《中阿含經》, 《대정장》 제1권.

《佛說瞿曇彌記果經》, 《대정장》 제1권.

《雜阿含經》, 《대정장》 제2권.

《增一阿含經》, 《대정장》 제2권.

《佛說玉耶女經》, 《대정장》 제2권.

《玉耶女經》, 《대정장》 제2권.

《玉耶經》, 《대정장》 제2권.

《賢愚經》, 《대정장》 제4권.

《法句經》, 《대정장》 제4권.

《法句譬喻經》, 《대정장》 제4권.

《大般若波羅蜜多經》, 《대정장》 제7권.

《摩訶般若波羅蜜經》(《大品般若經》), 《대정장》 제8권.

《道行般若經》, 《대정장》 제8권.

《大明度經》, 《대정장》 제8권.

《摩訶般若鈔經》, 《대정장》 제8권.

《小品般若經》, 《대정장》 제8권.

《妙法蓮華經》(《法華經》), 《대정장》 제9권.

《大方廣佛華嚴經》(60華嚴), 《대정장》 제9권.

《大方廣佛華嚴經》(40華嚴), 《대정장》 제10권.

《大寶積經》, 《대정장》 제11권.

《阿閦佛國經》, 《대정장》 제11권.

《法鏡經》, 《대정장》 제12권.

《佛說阿闍貰王女阿術達菩薩經》, 《대정장》 제12권.

《遺日摩尼寶經》, 《대정장》 제12권.

《勝鬘師子吼一乘大方便方廣經》(《勝鬘經》), 《대정장》 제12권.

《無量壽經》, 《대정장》 제12권.

《無量淸淨平等覺經》, 《대정장》 제12권.

《佛說阿彌陀三耶三佛薩樓佛檀過度人道經》, 《대정장》 제12권.

《大乘無量壽莊嚴經》, 《대정장》 제12권.

《大阿彌陀經》, 《대정장》 제12권.

《觀無量壽經》, 《대정장》 제12권.

《大般涅槃經》, 《대정장》 제12권.

《大方等大集經》, 《대정장》 제13권.

《般舟三昧經》, 《대정장》 제13권.

《維摩詰所說經》(《維摩經》), 《대정장》 제14권.

《無所有菩薩經》, 《대정장》 제14권.

《轉女身經》, 《대정장》 제14권.

《順權方便經》, 《대정장》 제14권.

《樂瓔珞莊嚴方便品經》, 《대정장》 제14권.

《佛說海龍王經》, 《대정장》 제15권.

《佛說阿闍世王經》, 《대정장》 제15권.

《佛說超日明三昧經》, 《대정장》 제15권.

《首楞嚴三昧經》, 《대정장》 제15권.

《五分律》, 《대정장》 제22권.

《摩訶僧祇律》, 《대정장》 제22권.

《四分律》, 《대정장》 제22권.

《十誦律》, 《대정장》 제23권.

《薩婆多部毘尼摩得勒伽》, 《대정장》 제23권.

《薩婆多毘尼毘婆沙》, 《대정장》 제23권.

《根本說一切有部毘奈耶雜事》, 《대정장》 제24권.

《律二十二明了論》, 《대정장》 제24권.

《善見律毘婆沙》, 《대정장》제24권.

《毘尼母經》, 《대정장》제24권.

《大智度論》, 《대정장》제25권.

《十住毘婆沙論》, 《대정장》제26권.

《無量壽經優婆提舍願生偈》(《淨土論》), 《대정장》제26권.

《俱舍論》, 《대정장》제29권.

《中論》, 《대정장》제30권.

《那先比丘經》, 《대정장》제32권.

《觀無量壽經疏》(《觀經疏》), 《대정장》제37권.

《無量壽經優婆提舍願生偈婆藪槃頭菩薩造(幷)註》(《淨土論註》), 《대정장》제
        40권.

《安樂集》, 《대정장》제47권.

《觀念阿彌陀佛相海三昧功德法門》(《觀念法門》), 《대정장》제47권.

《轉經行道願往生淨土法事讚》(《法事讚》), 《대정장》제47권.

《往生禮讚偈》(《往生禮讚》), 《대정장》제47권.

《依觀經等明般舟三昧行道往生讚》(《般舟讚》), 《대정장》제47권.

《異部宗輪論》, 《대정장》제49권.

《南海寄歸內法傳》, 《대정장》제54권.

《出三藏記集》, 《대정장》제55권.

《팔리律》(*Vinaya-piṭaka*), 《남전》제1 · 2 · 4권.

《長部經典》(*Dīgha-nikāya*) · 《大般涅槃經》(*Mahāparinibbāna-suttanta*),
        《남전》제7권.

《中部經典》(*Majjhima-nikāya*), 《남전》제11권(상).

《相應部經典》(*Saṃyutta-nikāya*), 《남전》제12권.

《增支部經典》(*Aṅguttara-nikāya*), 《남전》제17 · 18 · 20권.

《彌蘭王問經》(*Milinda-pañha*), 《남전》제59권(상 · 하).

2. 단행본

권오돈 역해, 《예기》, 서울: 홍신문화사(2003).

권오민, 《아비달마불교》, 서울: 민족사(2003).

_____, 《인도철학과 불교》, 서울: 민족사(2004).

김진열, 《불교사회학 원론》 I, 서울: 운주사(1993).

김형준, 《이야기 인도사》, 서울: 청아출판사(1998).

목정배, 《계율론》, 서울: 불지사(1988).

박용길 역, 《비구의 고백·비구니의 고백》, 서울: 민족사(2003).

백도수, 《대장경에 나타난 여성불교》, 서울: 불교여성개발원(2001).

법정 역, 《숫타니파타》, 서울: 이레(1999).

석지현 역, 《숫타니파타》, 서울: 민족사(2001).

이기석 역해, 《소학》, 서울: 홍신문화사(1982).

이영자, 《불교와 여성》, 서울: 민족사(2001).

이재숙·이광수 역, 《마누법전》, 서울: 한길사(1999).

한국비구니연구소 편, 《비구니와 여성불교》, 경기: 한국비구니연구소(2003).

한국여성불교연합회 편, 《불교의 여성론》, 서울: 불교시대사(1993).

立川武藏, 김구산 역, 《여신들의 인도》, 서울: 동문선(1993).

平川彰, 이호근 역, 《인도불교의 역사》(상·하), 서울: 민족사(1991).

_____, 석혜능 역, 《비구계의 연구》 I, 서울: 민족사(2002).

_____, 《원시불교의 연구》, 서울: 민족사(2003).

木村清孝, 장휘옥 역, 《중국불교사상사》, 서울: 민족사(1991).

增谷文雄, 목정배 역, 《불타시대》, 서울: 경서원(1984).

中村元, 정태혁 역, 《원시불교 그 사상과 생활》, 서울: 동문선(1993).

_____·三枝充悳, 혜원 역, 《바웃드하 불교》, 서울: 김영사(1999).

佐藤密雄, 김호성 역, 《초기불교교단과 계율》, 서울: 민족사(1991).

D. L. Carmody, 강돈구 역, 《여성과 종교》, 서울: 서광사(1992).

Émile Durkheim, 노치준·민혜숙 역, 《종교생활의 원초적 형태》, 서울: 민영
    사(1992).

Étienne Lamotte, 호진 역, 《인도불교사》 2, 서울: 시공사(2006).

Môhan Wijayaratna, 온영철 역, 《비구니승가》, 서울: 민족사(1998).

Ram Sharan Sharma, 이광수 역, 《인도고대사》, 서울: 김영사(1996).

Rita M. Gross, 김윤성·이유나 역, 《페미니즘과 종교》, 서울: 청년사(1999).

Simone de Beauvoir, 조홍식 역, 《제2의 性》(하), 서울: 을유문화사(1993).

Vātsyāyana, 정태혁 역, 《카마수트라》, 서울: 동문선(1995).

早島鏡正, 《佛弟子の詩》, 東京: 世界聖典刊行協會(1994).

平川彰, 《律藏の硏究》, 東京: 山喜房佛書林(1970).

岩本裕, 《佛敎と女性》, 東京: 第三文明社(1980).

_____, 《佛敎入門》, 東京: 中央公論社(1990).

道端良秀, 《中國佛敎史全集》 제7권, 東京: 書苑(1985).

中村元, 《シンガーラへの敎え》, 《佛典》Ⅰ, 東京: 筑摩書房(1972).

_____, 《原始佛敎の成立》, 東京: 春秋社(1978).

_____, 《原始佛敎の思想》(下), 東京: 春秋社(1978).

_____, 《ブッダ最後の旅(大パリニッバーナ經)》, 東京: 岩波書店(1981).

_____, 《宗敎と社會倫理》, 東京: 岩波書店(1983).

_____, 《ブッダのことば(スッタニパータ)》, 東京: 岩波書店(1984).

_____, 《佛弟子の告白 尼僧の告白》, 東京: 岩波書店(1984).

_____, 《佛弟子の生涯》, 東京: 春秋社(1991).

橫超慧日, 《法華思想》, 東京: 平樂寺書店(1975).

辻直四郎, 《リグ・ヴェーダ讚歌》, 東京: 岩波書店(1976).

田辺繁子, 《マヌの法典》, 東京: 岩波書店(1983).

植木雅俊, 《佛敎のなかの男女觀》, 東京: 岩波書店(2004).

渡瀨信之, 《マヌ法典》, 東京: 中央公論社(1991).

日本佛敎學會 編, 《日本佛敎學會年報》第56號, 京都: 平樂寺書店(1991).

3. 논문류

곽만연, 〈고대 인도의 여성관〉, 《현대와 종교》 제19집, 대구: 이문출판사(1996).

민성효, 〈한국 여성 불자의 위상과 역할〉, 《불교평론》 제3호, 서울: 불교시대사(2000).

본 각, 〈불전에 보이는 여성에 관한 문제〉, 《비구니와 여성불교》 제2권, 경기: 한국비구니연구소(2003).

안옥선, 〈초기 경전에 나타난 여성성불 불가설의 반불교성 고찰〉, 《철학연

구》제68집, 대구: 대한철학회(1998).

_____, 〈불교페미니즘의 선구자〉, 〈법보신군〉 745호(2004. 3. 10).

유승무, 〈한국 비구니승가의 성불평등 의식 연구〉. 《불교와 사회복지》 4, 서울: 조계종출판사(2000).

이영자, 〈불교 여성관의 새로운 인식〉, 《불교와 여성》, 서울: 민족사(2001).

_____, 〈인도 불교교단에서의 여성〉, 《불교와 여성》, 서울: 민족사(2001).

이창숙, 〈원시불교의 재가여성관〉, 《한국불교학》 지17집, 서울: 한국불교학회(1992).

_____, 〈인도불교의 여성성불사상에 대한 연구〉, 서울: 동국대학교 대학원(1993).

_____, 〈장로니게(Therī-gāthā)에 나타난 여성성도〉, 《한국불교학》 제18집, 서울: 한국불교학회(1993).

_____, 〈불교 페미니즘의 회복을 위해〉, 《불교평론》 제3흐, 서울: 불교시대사(2000).

전해주, 〈비구니교단의 성립에 대한 고찰〉, 《한국불교학》 제11집, 서울: 한국불교학회(1986).

_____, 〈변성성불론의 비판적 검토〉, 《불교의 여성론》, 서울: 불교시대사(1993).

_____, 〈불교의 여성관〉, 《불교교리강좌》, 서울: 불광출판사(1993).

하정남, 〈불교 페미니즘의 이상과 현실〉, 《불교평론》 제3흐, 서울: 불교시대사(2000).

中村元, 〈초기 경전에 나타난 불교의 가정윤리〉, 《불교의 여성론》, 서울: 불교시대사(1993).

淺井成海, 〈淨土の敎えとは何か-淨土思想への招き-〉, 《佛敎入門》, 京都: 法藏館(1990).

平川彰, 〈大乘佛敎の特質〉, 《講座 大乘佛敎》 1, 東京: 春秋社(1981).

廣岡郁, 〈善導敎における女性觀〉, 《印度學佛敎學研究》 第39卷 第2號, 東京: 日本印度學佛敎學會(1991).

菱木政晴, 〈佛敎の性差別〉, 《日本佛敎學會年報》 第56號, 京都: 平樂寺書店(1991).

石飛道子, 〈インド思想にあらわれた女性の譬喩〉, 《日本佛教學會年報》第 56號, 京都: 平樂寺書店(1991).

香川孝雄, 〈佛教の女性觀〉, 《印度學佛教學研究》第23卷 第2號, 東京: 日 本印度學佛教學會(1975).

苅谷定彦, 〈法華經における女性〉, 《日本佛教學會年報》第56號, 京都: 平 樂寺書店(1991).

春日禮智, 〈女人成佛と男女平等〉, 《印度學佛教學研究》 第15卷 第1號, 東 京: 日本印度學佛教學會(1966).

源淳子, 〈佛教の女性性 否定〉, 《印度學佛教學研究》第38卷 第1號, 東京: 日本印度學佛教學會(1989).

中村元, 〈佛教における人間論〉, 《講座佛教思想》4, 東京: 理想社(1975).

永崎亮寛, 〈Mahāpajāpatī-Gotamī 比丘尼の出家具足に關する一考察〉, 《印度學佛教學研究》第26卷 第2號, 東京: 日本印度學佛教學會 (1978).

永田瑞, 〈律典の女性觀〉, 《印度學佛教學研究》第27卷 第2號, 東京: 日本 印度學佛教學會(1979).

淸水海隆, 〈《瑜伽師地論》菩薩地における女人成佛の構造について−階位說 との關連において〉, 《日本佛教學會年報》第56號, 京都: 平樂寺 書店(1991).

田上太秀, 〈불교여성관의 바른 이해〉, 《불교의 여성론》, 서울: 불교시대사 (1993).

高崎直道, 〈大乘佛典發達史〉, 《講座 大乘佛教》1, 東京: 春秋社(1981).

龍村龍平, 〈變成男子考〉, 《印度學佛教學研究》第26卷 第2號, 東京: 日本 印度學佛教學會(1978).

宇井伯壽, 〈阿育王刻文〉, 《印度哲學研究》, 東京: 岩波書店(1982).

渡辺守順, 〈說話文學の佛教と女性〉, 《日本佛教學會年報》第56號, 京都: 平樂寺書店(1991).

山下博司, 〈南インドの文化・社會における女性と女神の問題(序)〉, 《日本 佛教學會年報》第56號, 京都: 平樂寺書店(1991).

Karma Lekshe Tsomo, 운월 譯, 〈비구니 율장은 성차별적인가〉, 《명성 스님

고희기념 불교학논문집》, 서울: 운문승가대학출판부(2000).

I. B. Horner, *Women under Primitive Buddhism*, George Routledge, London, 1930.

Kajiyama Yuichi, *Women in Buddhism*, The Eastern Buddhist Vol. 15, No. 2, 1982.

Rita M. Gross, *Buddhism after Patriarchy*, State University of New York Press, Albany, 1993.

4. 사전류

곽철환, 《시공 불교사전》, 서울: 시공사(2003).

赤沼智善 編, 《印度佛敎固有名詞辭典》, 京都: 法藏館(1979).

早島鏡正 외, 《佛敎・インド思想辭典》, 東京: 春秋社(1987).

雲井昭善, 《パ-リ語佛敎辭典》, 東京: 山喜房佛書林(1997).

水野弘元 외, 《佛典解題辭典》, 東京: 春秋社(1966).

中村元, 《佛敎語大辭典》, 東京: 東京書籍(1981).

_____ 외, 《岩波佛敎辭典》, 東京: 岩波書店(1989).

菅沼晃 編, 《インド神話傳說辭典》, 東京: 東京堂出版(1985).

찾아보기

구자상(具滋尙)

동아대학교 대학원에서 불교철학을 전공, 철학박사 학위를 받았다. 현대 동아대학교 인문학부 외래교수로 재직 중이며, 불교 및 동양철학 강의를 하고 있다.

주요 논문으로 〈담란의 정토왕생사상 연구〉, 〈불교의 여성관 연구〉, 〈담란의 정토사상〉, 〈불교의 인간론에서 본 석존의 여성관〉, 〈마누법전을 통해 본 고대 인도여성에 관한 연구〉, 〈정토교에 있어서의 여성구제론〉, 〈불전에 나타난 성차별적 교설의 분석〉 외 다수가 있다.

여성성불의 이해

초판 인쇄 2010년 2월 10일
초판 발행 2010년 2월 15일

지은이 구자상
펴낸이 이규만

편집디자인 진혜경
편집 · 교정 임동민

펴낸곳 불교시대사
등록일자 1991년 3월 20일
등록번호 제300-1991-27호
주소 우) 110-320 서울시 종로구 낙원동 58-1
       종로오피스텔 1020호
전화 02-730-2500, 725-2800
팩스 02-723-5961
ISBN 978-89-8002-121-5 93220

*잘못된 책은 바꾸어드립니다.
*값은 뒤표지에 있습니다.

KB235336